當東方**通靈人**遇到西方**塔羅牌占卜師**

李振瑋◎著

心理、**宗教**與**通靈**的20個密契經驗

【推薦序】存而不論 子不語怪力亂神

徐孟弘

想認識振瑋，是被他從歌仔戲演員到高級心理分析師的生涯歷程吸引。

想瞭解振瑋，是對他使用宗教與靈學涉入心理諮商的技術感到好奇。

想接觸振瑋，是要看他如何將塔羅當作幫助當事人自我探索的工具。

諸多因緣糾結，2011年的3月，我和振瑋見了面。很開朗、隨和、領悟力很高的一個年輕人。他沒有幫我抽塔羅，倒是很高興的和我天南地北的聊了起來；他分享了他的靈修經驗與生活事件，我從心理學的角度詮釋了他自我實現的歷程與我個人對於宗教的觀點，我們從James宗教經驗之種種的「密契經驗」談到了Maslow的「高峰體驗」；從Freud夢的解析談到了Jung的「陰影」「面具」；也談了羅夏克墨漬測驗…，很快樂的一次會談；沒有任何「神秘的」氣氛，沒有任何「怪力亂神」的不舒服感覺！

他，就好像認識的鄰居一般，熟悉而且親切的與我閒聊了起來。

第二次見面，帶了冰烤蕃薯去與他分享，見到他靦腆、愧於受贈的神情（他不知道我要開始說教了），還是像熟識鄰居一般的陽光親切！這次我們討論了「學院派的輔導」和「涉入宗教與靈學的輔導」兩者之間的差異性，他領悟力很高，馬上眉飛色舞的在白板上畫出、並且詮釋了兩者之間的關鍵性差異（天啊！那是我花兩年時間統整出來的架構耶！）；我提醒他，當他擁有「和學院派不一樣的治療技術」時，更應當小心翼翼的使用這項天賦，千萬不要誤用了。又是很高興的一次會談，很有主題性，很有建設性。

第三次會面，振瑋分享了他對於一個自閉症兒童的治療經驗：「……透過眼睛，我們的元神交會，我看到他大腦超乎快速的運轉著，我理解了自閉兒是如何被自己的反芻思考緊緊綁住，……我先讓他大腦的運轉放慢，他開始願意和我溝通……」，哇！這是哪一門派的治療技術呀！但，只是第一次的治療，自閉兒讓他擁抱了！我則分享了學理上自閉症的典型特徵與治療上的難處，並舉例了一些「學院派的治療案例」……；當天要離開的時候，我突然對某領導人「不管是黑貓白貓，只要能抓老鼠就是好貓」一語有所感慨！

也許很多人不知道，「巫師」是人類最早的「心理治療工作者」；也很少人答的出來，是什麼時候在學術殿堂上把「宗教的心理治療功能」排除在「諮商系統理論」之外；我們都只記得「子不語怪力亂神」，卻很少思考存在主義教我們的「存而不論」具有什麼樣的意涵。我仍無法體會「元神交會」是什麼意境，更不具有「通靈問事」的技術，也沒辦法讓自閉兒的大腦轉速變慢；但，我不會因此否定振瑋在輔導諮商領域所做的努力。

放開心胸吧！和我們不一樣的雖然不見得對，但也不一定就是錯。

振瑋《我在人間與靈界對話》一書，仔細的描繪了他在「意識層面的自我探索」；在《學會塔羅牌的第一本書》，慷慨的分享了他以塔羅為工具的探索經驗；在第三本書《當東方通靈人遇到西方塔羅牌占卜師》，則是融合了他對於佛法學習的領悟、東方哲學的理解、塔羅運用的心得、心理諮商的案例和自己的生活體驗，給予讀者們多樣化的視野與多面向的理解。一言以蔽之，我看到了振瑋企圖以各種方式引導讀者「建立正信正念的人生觀、學習正向積極的生活態度」！

我為振瑋的努力喝采！

有幸為振瑋的新書寫序，也熱切的把這本好書推薦給各位！

教育學博士
心靈美學工作坊 創辦人
2011年4月於心靈美學工作坊

【推薦序】勾勒內在最真誠的心靈悸動

馮嘉雯

振瑋熟諳傳媒行銷，是一位對生命充滿熱忱，對周遭人事物極為敏銳，擅長以輕鬆的方式和他朋友及諮詢個案分享，鼓勵他們和他一起邁進覺醒的道途。雖然他已經是一個對於塔羅牌研究及諮商技巧熟練的老師，但他從不曾以高姿態來擺弄他的專業。

閱讀他的著作，不知不覺地被振瑋文字魅力所深深吸引，當下閱讀每一篇故事的分享，常有想看完一篇緊接著另一篇的衝動，每一篇故事背後刻劃著每一個諮商個案的心路歷程，混雜著生命中的悲、歡、離、合，同時帶領我們穿越時間，瞬間感受到書中個案心中的喜、怒、哀、樂、怨、嗔、痴等情緒波動，每一則故事以簡淺易懂的文字闡述著每一段人生歷練，讓每一位讀者當下閱讀能深深地敲及內在深層的意識，撩起您沉封於記憶迴廊中每一個人生當中重要時刻，從振瑋與書中每一位主人翁的精彩對話，就像一張張插夾在人生日記的書籤，鮮明地勾勒我們那段回憶，那

或許是你我內在最真誠的心靈悸動，有時是一段不復記憶的過往感情！曾經在人生當中相處過的事業伙伴！是與我們今生割捨不了的親情！是年少時伴隨我們成長的同學！！

最後誠摯地推薦您一同細細咀嚼這本振瑋歷經四年撰寫，透過文字及精彩的心靈對話，帶領我們一起探尋塔羅牌神祕世界及不同的生命歷程。

榮頒2008年度 100位MVP優秀經理人獎
榮獲2007年度 某餐飲集團區經理經理人獎
任職 某餐飲集團區經理15年資歷

【自序】當通靈遇到塔羅牌占卜

有一位禪師是這麼說的：「人們都相同，但並不完全相同，然而最終分析起來都是相同的。」因為不同的生活背景、處事態度，編織出千變萬化的精彩人生哲學，但是，唯一不變的是人性。在故事中，蘊藏著人世間親情、愛情、感情、友情等悲歡離合，這不僅是他們人生的故事，也是我們的故事。

自從出版《我在人間與靈界對話》、《學會塔羅牌的第一本書—超直覺塔羅牌入門法典》等相關身心靈書後，常被讀者問到我的人生哲學從何而來？

哲學建立在體悟之上，不在於是否過著豐富的人生，它無法被複製、教導與傳承。

「悟」拆開來看，則是吾心。一個藉由外境來反省內心的修行方式。

每一個人內心都有未被探尋的陰影（Shadow），陰影藏匿於潛意識當

中，它承襲我們每一個人轉世時所殘留下來的劣根性——貪、瞋、痴、貢高、掉舉……等等。我們必須不斷藉由理性的思想、行為隱藏它，它並非如此地邪惡與不可告人。

在人生舞台上，我們無時無刻接觸到自在內心「陰影」這部分，只是我們不那麼喜歡真正地坦然接受它，它反而是我們向上昇華智慧的來源，只是大部分而言它令我們難以接受，且端看我們以何種心態來面對它。

在平時我們很難去真正地面對它，但在「靈性進化法則」中，陰影便是我們每日的心念，透過心念則不斷地吸引與我們相類似的人、事、物前來，而在我占卜過程中發現，每一個個案身上都隱約蘊藏著占卜師身上的陰影。在我所教授的「超直覺塔羅牌」課程中，我不斷地提醒每一位塔羅牌學員一個觀念：「你們必須感恩每一位前來找你們問事的人，有他們過往的經驗，你們才有機會以另一種角度、思考、探尋不同的人生哲學，因為，在他們身上都有你們未知的陰影。以平靜、謙虛、感恩的心來面對他們，我們才能從每一個個案身上反省到更高的智慧」。

在這本書中分享了20則塔羅牌占卜的精彩個案，本書是以第一人稱角度真實地呈現占卜問事訪談過程，是我從北到南通靈問事中彙整而成的精華，全書共四個章節——

因果．前世今生運作法則

愛情．人生必經的學習功課

覺醒．從內在昇華無限能量

解脫．斷輪迴

或許，你們也將在這20篇故事中，發現到自己內心未知的陰影……

將此書，獻給每一位曾經與我短暫心靈交流的朋友。

希望藉由你們的故事，讓更多人認識自己。

李振瑋（宇色）

【前言】

「從國小五、六年級開始，她對人即開始產生一種恐懼感，尤其是男性朋友，只要跟陌生人講話，她就會無意識地流露出不自然的表情，常讓對方感到不解與不舒服，當時常成為同學的笑柄……」必須改善的是，忘掉過去的傷痛……忘掉和原諒過去別人對您的指指點點，將您曾經受傷的心，用自己的能量治癒自己內心的傷痛。

「不知如何與老公相處，雖然已結婚多年，但在相處及溝通方面，始終缺乏交集……」前世是朋友的關係，都是男性，但個性相當迥異。延續前世的性別，這一世妳潛在著男性的性格，比較隨和和果斷，做事乾脆……夫妻的形式展開在這一世的緣分。妳繼續教導他更積極過生活，同樣地，因為妳做事太衝動了，所以必須從他身上學習慢活的態度，而你們這輩子要修的功課，就是勝任父母親的職務，藉由教導孩子而與彼此溝通。

「她表示目前老公有外遇，想問未來的狀況如何？」身為老婆要為老公的外遇負一半的責任。我知道妳心中一定有恨，但是，要告訴妳一句話：婚姻和感情的維持，有時不在於妳少做了什麼，而在於妳多做了什麼。

……………

二十場心靈深度對話，即將展開……

第二章　愛情・人生必經的學習功課

第三章　覺醒・從內在昇華無限能量

8
Strength
4

第一章

因果・前世今生運作法則

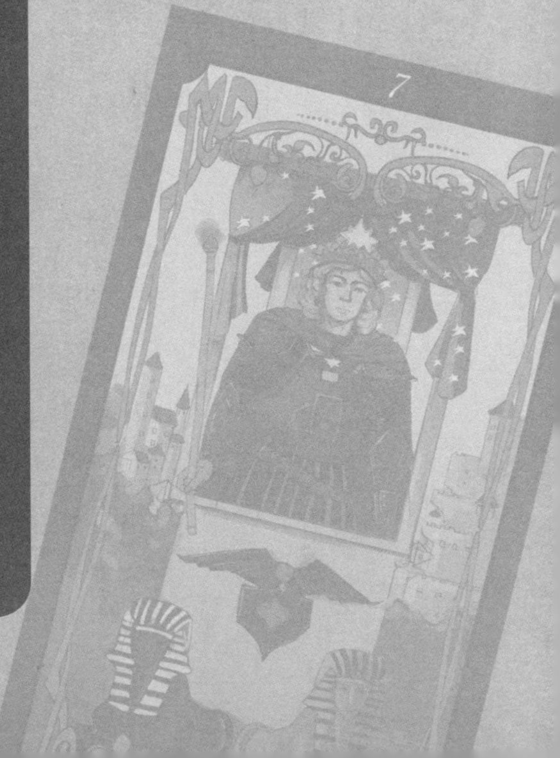

「因果」兩字充滿了宗教與靈界色彩，前世因種種心念產生的行為，行為之後所產生在當世與下一世的結果，如此生生不息的過程便是「因果」。每一世來到人世間最終的目的，便是了脫個人與他人的因果關係，不再產生新的因，便不會再產生新的下一世。說穿很簡單，但在這五濁世界中保持一顆平靜心，須靠平日修心所昇華的智慧與慈悲而來，有了平靜心才能了斷因果的輪迴。

有因必有果，因與果是相對性，因果關係無法單一討論，因果亦非線性的關係，有時，新因產生舊果時，當我們正在承受舊果時又注入了新的心念，亦會再產生另一個新的因。因因果果相互生成也互有關係。如此的運作法則套用在人與人之間關係更顯複雜難懂，有時，看似果有時卻是新的因，而看似因卻又是舊的果。或許透徹因果關係背後的起因過於複雜難懂，但無論如何，心中不再起混亂

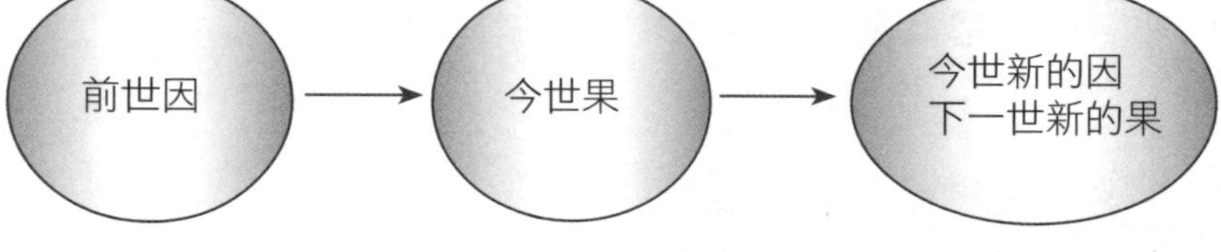

不平靜的心念，
再度延續果的行為，
再度產生新的因

心，以一顆平靜心了斷今世發生在我們生命周遭的一切，便是斷輪迴的方法。

因果以字面上來説是：成因與結果。成因與結果，不再侷限於前世與今世關係，而是放大化成心念產生行為後的結果，每一天環繞在我們身邊的親情、愛情、友情，無時無刻考驗著我們如何以平靜心來面對。當「心境」遇到紅塵俗世時，便是修行的開始，而修行也就是教導我們如何以不同的觀點、處事方式來面對他們嗎？

佛陀大弟子之一有著佛法大將之美名的舍利佛，未皈依佛陀之前，遇見了佛陀弟子——阿説示（Assaji）長老，舍利佛被阿説示長老如此莊嚴與安祥的威儀所震懾，開口問阿説示長老跟隨誰出家？又信奉何教法？阿説示長老坦然告知是世尊便是他師、所依是他法。舍利佛請阿説示長老開示世尊所弘揚之法，長老謙虛告知出家未久，無法詳説世尊所演説之佛法。

舍利佛告知：無論語多或少，唯有意義請直陳，但明深義吾所願，語多於我並無益。意思是，請根據長老你所知的部分，詳細地告知我，我自然有辦法瞭解其中的奧義。阿説示長老回他一偈：從因所生之諸法，如來説明其因緣，諸法復從因緣滅，此即大沙門之法。解脫輪迴的枷鎖便是滅絕因緣的產生，這便是世尊所演説佛法。舍利佛聽見前兩句得

入流道，再聽到後兩句便得入流果，成為須陀洹。

今日的親子關係更顯如此，有人說：父母與子女關係常是相欠債！父母總是為子女做牛做馬，來償還前世的人情，但，真相真是如此嗎？誠如方才所言，看似果有時卻是因，今世為子女的付出，有時卻也是我們轉世時，本身所願意的學習功課。是因或是果，其實，並非如此地重要，重要的是，我們該以何種心態跳脫傳統對於子女溺愛的包袱，同時，又能給予他們真正靈性成長的需要。

註：五濁乃是伴隨五陰而來，五陰：色、受、想、行、識。五濁分別為劫濁、眾生濁、命濁、煩惱濁、見濁等。

一、孩子，是父母一輩子的學習導師

「請問妳有什麼問題？」面對這位39年次的媽媽，我心中充滿了疑惑？一個在這地球生活半世紀之久的人，會帶來什麼樣的問題？「沒什麼問題，就看你看到什麼就聊什麼。」她的口氣充滿無奈，並帶有一種對生活的無力感。

我不禁笑了出來，如果是一般問卜者這樣說，我一律回答：「有問題再占卜，不要為了占卜而占卜，浪費無謂的時間，錢是小，浪費時間是大。」但這位媽媽從一進門，便明顯感受到：「她需要有人陪她聊一聊」。

我思考了一下，反問她：「請問妳怎會想要占卜？」「我上週來豐原素食生活館吃飯，剛好聽到有人預約占卜的來電，就想占卜看看。」我問她：「妳平時茹素嗎？」前來豐原素食生活館用餐的客人，都是茹素者居多。她回答：「沒有，但幾乎吃素，我早上都吃簡單的穀類，中午和晚上就吃一些燙青菜。」

為前一位占卜時，我看她在等待占卜正好在翻閱報紙，口中操著標準國語，令我對她的職業產生了好奇：「請問妳目前有工作嗎？」「沒有，目前和老公都已經退休了。」

「那之前工作……是老師嗎？」「嗯，是啊，是老師。」對於我的猜測她似乎沒有一絲驚訝。

最放不下心的母親

我問她：「有什麼特別想問的問題嗎？什麼都可以問，例如財運、運勢、工作、流年等，當然妳或許想問關於子女的問題，只要妳開口，只要我辦得到，一定會回答妳。」站在諮商占卜師的立場，這樣的開場白是不夠客觀與專業的，也許我言之過頭了，我只是希望引導她發問的動機。

她告訴我，她想知道家中每個孩子的運勢如何？

唉，又是一個天下父母心，我很想告訴她：「子女大都希望父母身體健康與不要過分操勞子女的一切。」但我認為她不一定聽得進去，所以我換另一種方法說：「占卜以當事人為主，準確度是最高的，但如果真要占卜第三者的事情，除非當事人在現場，不然我所占卜的結果，再透過妳轉達出去，一般而言對方通常不太相信也聽不太進去的。與其問子女的運勢，不如占卜妳與每個孩子之間的緣分如何，還有與這三個孩子今生的功課，這倒實際一點，瞭解全盤對於妳在思考或處理孩子之間的事，幫助性可能更大。」聽完我的分析，她蠻樂意接受我的建議。

塔羅牌占卜過程中，有時仙佛會給予其它訊息，雖然當事者所詢問是針對小孩的運勢，但祂們總是給予當事者現階段更需要的心靈訊息。

「嗯，妳與三個孩子的今生功課暫且不說，我必須要說的，對於妳今生在這家庭所扮演的角色，以及對待三位子女的態度，我只能說，妳辛苦了，妳吃太多太多苦了。」她聽了眼睛泛起淚光，開始訴說著過往：「婚前，我是父母的掌上明珠，從來不知受苦是什麼滋味，父母從不曾打過我；婚後我卻吃盡了苦頭，公公脾氣不太好，我老公是從小被打大的，娶我之前，他還被我的公公打，嫁過去後，家庭的重擔就落在我肩上（她與老公之間的相處過程，因不在討論範圍內，在此省略）。婚前，家人非常反對我和他交往，擔心我吃太多苦，但嫁了人就是如此，我的小孩也曾勸我，不要因為捨不得他們三個小孩就不敢離婚，但當母親的總是希望能給子女健全的家庭，所以我一直忍耐，直到最瞭解我的母親去世那一刻，我突然感覺到我最後的依靠都沒有了，我母親往生前仍對我放不下心，她告訴我，如果她死了，希望我不要哭，因為如果看到我掉眼淚，她會走不開。」說到這裡，她的眼淚忍不住滾落下來。

她繼續說：「我最難過的是，她往生前最後的遺憾是不能躺在自己的家中過世，她在安養病床兩年，家人不願讓她回家，我這個嫁出去的女兒沒有資格說話，我只能眼睜睜看著她在進門前一刻斷氣，我好氣，好怨，為什麼人生是如此？為了我母親那句話，在我母親的告別式上我沒有掉淚，我只想讓她好走……。」她輕描淡寫描述心中的怨，但我瞭解這是她一生的痛。看到她這般難受，我好想幫她，好想試著用塔羅占卜瞭解在另一個世界的母親心中，是否還罣礙著往生前無法入家門的痛，但心念一轉，唉，那又如何，人已死又何必再痛一次，就算占卜能夠調到訊息，那只不過是再次傷她罷了，也許靜靜地聆聽她的心事，讓她有個吐訴的機會，對她的幫助才是最實際的。

「有一次我看到我母親坐著一隻白鶴，出現在我面前，那景像非常清楚，我母親的表情好哀怨，她告訴我，不想再看到我那麼苦了，她希望我不要再思念她了，不然在另一個世界的她，也會感受與我一樣的情緒。」她擦擦眼淚：「我好難過，我無時無刻都在思念另一個世界的母親，但為了不讓她難過，我忍住心中的思念與眼淚，為了就是不讓我母親難過。」

這個非意料中的小插曲，竟讓她講出心中多年的痛，有句話說得好：「天下的事沒有巧合。」我相信這段小插曲是上天安排好的，我也將這句話送給她：「天下事絕無巧合，一切的一切都是安排好的，也許妳認為妳的母親非常苦，而妳在這一生也吃盡了苦頭，但別忘了，全天下所有的學習與成長，都必須走過煎熬與痛苦才能有所得，這世間本非享樂的場所，而是修練的場所，不要說是為了吃苦才來人世間，而是我們要學習成長所以才來到這人世間，不是嗎？有一天，當妳回到妳來的地方時，再回頭細細咀嚼這一生的種種，妳會發現，那都只是個學習的過程罷了，甜酸苦辣都只是學習的過程與工具罷了，我們要學習釋懷過去與珍惜當下，妳和母親的種種都已過去了，要珍惜的是妳們母女曾相處、所學習的種種，而不是依戀，也許說來簡單做來難，但人生不就是如此嗎？」

放手讓孩子成長

看她若有所思，我沒再講下去，她需要靜一靜。「要繼續占卜嗎？」徵求她的同意，我接著講三位子女的今生功課；說是「今生功課」，倒不如說是「妳內心所投射出來的今生關係」較為貼切。

我將牌攤開，先針對她與每個孩子之間的關係，給予建議。「大女兒是最像妳的，她擁有非常高的自主性與創造性，當問題發生時，她常會主動解決問題而不依靠任何人，她本身思想非常廣泛與多元化，妳這個女兒非常貼心，所以大小事她都不希望妳為她煩惱。」她告訴我，這個女兒小時候就常常告訴她，如果要離婚她非常的贊同，也一直不斷地鼓勵她，千萬不要因為她們三個小孩的事，而耽誤了自己的一生。聽到這裡，我也以兒女的角度勸她，人生苦短，有時要多為別人付出一點，但在付出同時，不要忘了人生不是來玩也不是來受苦的，而是來學習的，如果一味地付出，不管對象是家人或是兒女，而忘了自身的修行與學習，將來往生時，妳會發現這一生的學習是非常空洞的。如果就三個兒女來看，其實她可以不必擔心大女兒，多一分操心只是多一分煩惱罷了，但話說回來，為人父母者哪有不操心兒女的道理！

接著我又繼續看二女兒的部分，我笑了出來：「這個女兒以後有可能會離妳非常遠喔，若不是到遠地工作，就是會嫁到非常遠的地方。如果真要比較兩個女兒，二女兒更是妳心中的一塊石頭，因為從牌上來看，妳對她的操心不僅過多，而且已造成妳心中的壓力了。」她說：「很久之前，我請人為這幾個小孩算命，有不少人告訴我，這個老二以後會到國外工作之類的，但她目前沒有工作，我也很擔心她的感情。」我說：「其實她是大器晚成，在工作上及個性上所受的磨練，要比別人多一點，單就牌面上來看，兩位女兒都是屬於自主性還不錯的人，該是妳要放手讓她們自主成長的時候了，妳能保護她們到何時？是一時？是一世？何不趁現在還有餘力時，先學習釋懷對兒女的牽掛。」（事後經她介紹，二女兒曾找我占卜，第一件事便詢問到外地工作及海外留學的問題）。

再來就是看么兒的部分：「小兒子是個很能吃苦的人，但因能吃苦，所以許多的事情都會放在心中，很少跟妳討論，話說回來，也許是身為家中唯一的男生，所以和妳緣分最深的是這個小兒子。他蠻重朋友的，家人的話他聽不進去，當他有需要討論問題時，反而較會尋找朋友的幫助，如果妳有任何想法或想提醒他時，倒不如換一個方式，也許透過朋友來告訴他，會比較好，但也要多注意他身邊的朋友，有一句話：要捉住老公的心，就要捉住老公的胃，你如果想要小兒子有個好發展，或是希望他能學好，那就多留意一下他的朋友了，只要他不交到壞朋友就好。」

我告訴她：「從三個兒女的牌上來看，妳大可放手讓大女兒及二女兒自行發展，而小兒子，他是個懂很多的人，只是有心事較不懂得如何跟妳表達。總之，其實三個兒女都

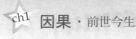

會有不錯的發展，妳好好將多餘的心力放在自己身上，讓自己下半輩子能多一點時間及空間學習，不管是學習任何事，例如交友、插花等，都應該好好犒賞自己上半輩子付出的辛勞。」

我一句話一直放在心中，沒有講出來，那就是，她對兒女的操心實在太多太多了，甚至對兒女的約束有點過頭了。古人說的好：「一根草一點露」，兒女的好壞須由自己承擔，煩惱過多只是增加自己與兒女的壓力，身為父母，關於兒女的功課部分，應該是給予良好的教養環境以及以身作則，其餘的，應放手讓兒女獨立成長。

靈性成長運作法則—挫折就是成長的墊腳石

如同我在結語所言：「『一根草一點露』，兒女的好壞須由自己承擔，煩惱過多只是增加自己與兒女的壓力，身為父母，關於兒女的功課部分，應該是給予良好的教養環境以及以身作則，其餘的，應放手讓兒女獨立成長。」

許多的父母親都會認為，給予小孩的幸福應是一生平安順利與成就大事業，小孩在成長的過程中，我們會竭盡所能給予他們所想要的，比如金錢、物質層面的東西，甚至當小

孩長大成人後造成社會負擔時，父母仍盡量去為小孩善後，但我們卻忘了一件事：「我們為小孩付出那麼多，我們是否有為自己下半生設想過，小孩已成人而我們已老邁，又還有幾年能繼續保護小孩。」

在心靈成長法則中，孩子最好的保護傘是不斷地在人生旅途中跌倒與遇到挫折，在心靈運作的法則中，這些過程的安排都是由我們內心所投射出來，當我們內心潛意識希望得到某種程度的靈性成長時，外在環境就會顯現適合你們的困境與功課，這是一種很奇妙的理論，因為你想成長而遇到挫折，如果在成長過程中，小孩因受到長輩的保護，心中自然就不會想要克服人生中所遇到的難題，或者當遇到挫折時就不會選擇面對，說穿了，靈性的成長操之在我們手上，千萬不要讓這些挫折當成阻礙了小孩以及我們成長的路，成長的基礎建立在阻礙與挫折之上，沒有阻礙哪來的成長，積極、樂觀以及進取態度，是從一次又一次跌倒中學習而來。靈性成長難以憑空想像與學習，須以一顆大無畏的心探索物質世界後的種種體悟。

舉例來說，一個天性孤傲的人，小時便會與團體生活顯得格格不入，父母如果過度保護之下，長大後，小孩便無法融入社會中，在沒有更多的善緣之下，有可能小孩心靈上會

與社會產生脫節現象。

反之，對於如此心性的朋友，父母從小便予以協助他在與人相處上的學習，過程中或許會產生許多不愉快的經驗。但那畢竟是成長的一部分。長大後，小孩不僅不會與社會脫節，同時，也不會因為社會適應的問題而與家人產生隙縫。我曾看過一份大陸報導，大陸實施一胎化的結果，促使許多父母過分地寵溺小孩，一對夫妻因捨不得小孩走路跌倒，便一路揹到小孩上幼稚園，導致他上幼稚園前不會走路，長大後小孩受不了社會競爭，從此躲藏於家中不出門靠父母養，父親在操勞過甚而病死，母親因無力獨自扶養小孩，多年後也隨丈夫後塵病死，小孩在沒有父母親的幫助之下，在二十歲出頭活活餓死在家中多日無人發現。這是一樁發生在大陸的真實故事。

如果不想讓小孩成為未來的負擔，身為家長的我們，便要思考如何讓小孩學習為自己負責任，對小孩的關懷是必然，但給予的同時又該如何教導小孩獨立思考與為自己行為負責，亦是父母所要思考之處。一個從小懂得為自己行為負責的小孩，長大後，必然不會讓父母操心。

一個出家眾師父與在家居士一同在印度出遊，路上遇到不少的小乞丐乞食，師父對

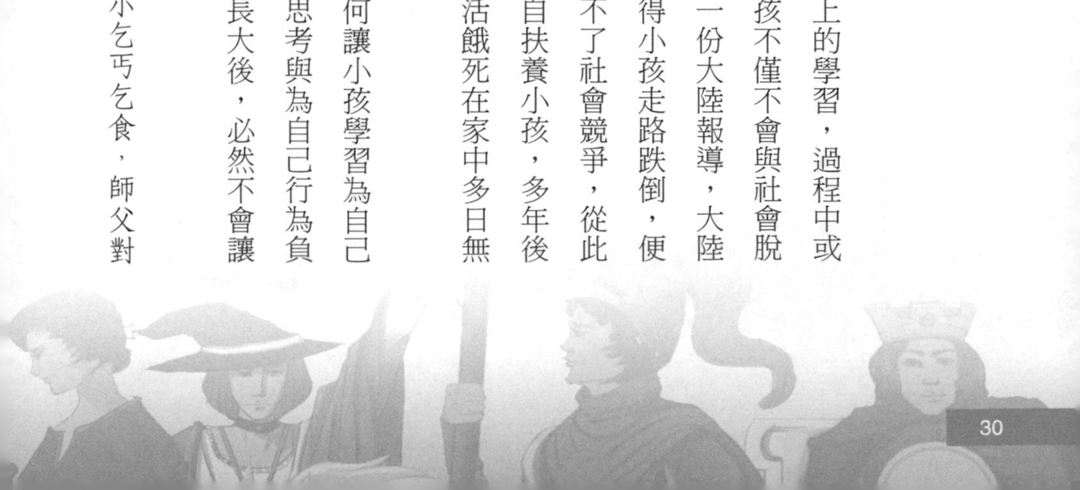

於小乞丐沿路乞食皆不為所動，當居士伸出手要贈送糖果給他們時，總是被出家眾師父阻擋，居士不懂師父用意，心中思忖著師父用意。到了一處佛寺前，師父拿出兩顆糖果給最後一位跟隨的小乞丐，道：我給你兩顆糖果，一顆給你吃，另一顆請拿去供佛做功德。小乞丐聽話地含著一顆糖果，另一顆送至佛像前供佛。師父此時才告訴居士：**幫助別人的同時，請記得要教導他們升智慧的機會**。

藉以上故事反觀父母教育小孩的方式，是不是也要學習如何在教育同時，啟迪小孩另一個思考機會？在孩子成長過程中，給予的同時是否要教導他們如何獨立思考，讓小孩從小學習為自己行為負責任。

在傳統的親子教育觀念中，從小孩一出世開始，自然而然便認為「小孩是我的」，也就是存有「我的」想法，故，會將小孩的得失心看得如此重。佛法教導我們要看透世間的無常，生存於這娑婆世間中的每一個物質，皆有成、住、壞、空的過程，既然如此，便沒有所謂「我」與「我的」的存在。**也就是因為我們把小孩當成是「我的」，小孩長大後也就習慣性把成長過程中所有的生活問題丟給父母，因為，是我們先把他們當成「我們的」，所以，「我們的」就必須包含孩子這一生所有行為後的結果，不論好與壞。**

消除親子之間的因果關係，最重要的觀念依然來自於父母本身，假使，從孩子一出世時我們就將他們當成獨立的生存個體，父母的角色是保護他們、關懷他們（非溺愛）、協助他們擁有獨立的思考習慣，同時，不斷從兒女回饋於父母的態度反思我們應改善的個性、心性，就算過去世真的因惡因而結下今世的果，以良善的心念改善親子之間的互動，不也就是在消除親子的因果關係嗎？

◎塔羅牌的生命輪迴—偉特牌中大爾克納與小爾克納的解牌技巧

在78張偉特塔羅牌中，可分為兩個部分，一是22張大爾克納（Major Arcana）或稱大祕儀（簡稱大牌），另一個則是56張的小爾克納（Minor Arcana）或稱小祕儀（簡稱小牌）。

而關係牌陣的解牌技巧上，當兩人關係出現大祕儀時，可以由牌中人物隱含的內在心理、潛意識、性格……等等，推算被占卜者與另一人的關係，出現小祕儀時，則又是顯現兩人關係的外在行為、運勢或是其它人、事、時、地、物等事件性。

以本篇故事為例，大女兒與這位媽媽的關係牌中，出現是一張魔術師：

在偉特塔羅牌中魔術師代表了水星，而水星更深一層的意義則是思考、創造、整合及對事物擁有獨特的看法與見解，由此可以延伸出大女兒是一個獨力性與主見的人，而在母親部分，在占卜諮商過程中，可以從母親的言行中可以瞭解，她是一個自我壓抑型的傳統女性，對於許多事雖然有許多想法，卻無法真正貫徹執行，以女兒與母親兩者存在的一強一弱的關係來判斷，可以瞭解女兒在今世中受到母親的影響程度較小，反過來也可以說是女兒影響母親成分居多（此部分的分析則須靠占卜師的直覺、生活經驗與諮商過程中的觀察。）

而在二女兒部分則是一張權杖八：

誠如以上所言，在小祕儀部分所呈現是外在的行為表現等，所以在權杖八部分就應以女兒未來運勢來推衍與當事人之間的關係，在偉特塔羅牌的權杖部分代表著主動、積極與行動力，而權杖八則有長途性的旅行，或是想要完成心中夢想的行動力，但如果僅有出現權杖牌沒有其它牌意的輔助，這樣的個性有可能會出現想法過於短淺與急燥的個性，在個案中才會得到「二女兒以後有可能會離母親較遠，甚至母親對於二女兒的掛心較多的現象。」（可以從其它關係牌中去分析比較。）

暫不論單張解牌法，如果運用到兩張以上的牌陣時，則必須巧妙地運用不同的解牌方式，才能貫觀全部的問題，在解牌技巧上後面故事中將有不同的分享。而在牌陣的運用上，在本篇中看似複雜的問題，我所運用的牌陣其實非常簡單，我只是以「關係牌陣」來回答本篇個案的問題，目前運用最廣的關係牌陣有兩種——

（一）兩人關係牌陣

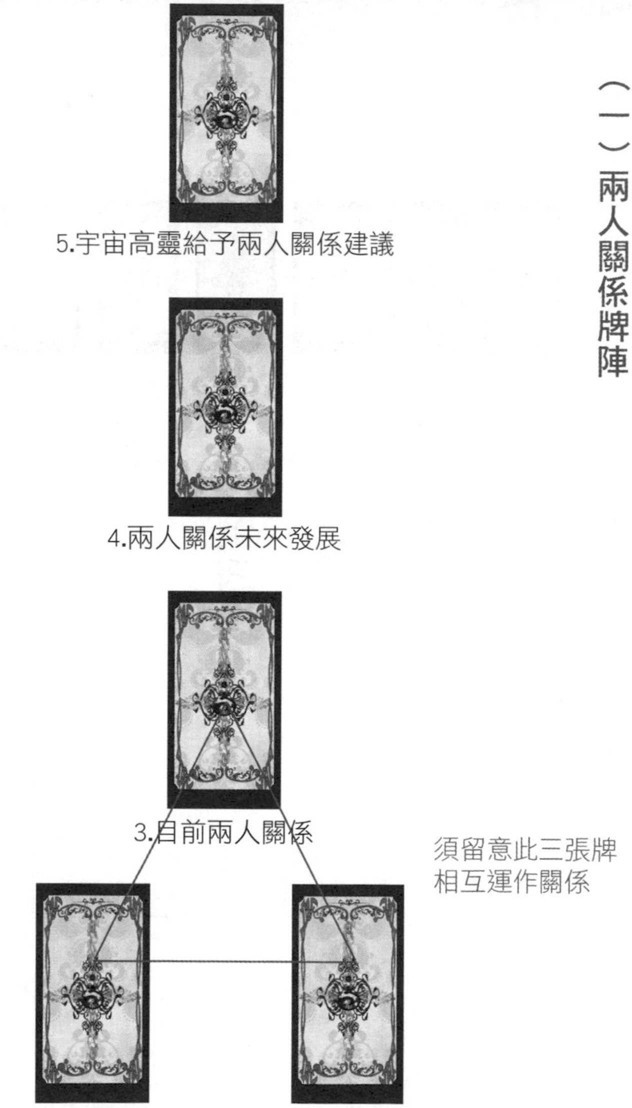

兩人關係牌陣廣泛用於兩人以上的問題，親人、朋友、愛情、部屬長官等等……

（二）緣分連結關係牌陣（兩人關係牌陣進階版）

7 不做任何改變後的結果

6 影響兩人關係最關鍵的問題

5 對方在此事件中的心態

4 問事者應採取方式解決兩人關係

3 問事者在此事件中的心態

2 目前雙方關係

1 過去關係

此三張牌
為此牌陣最重要的地方

緣分連結關係牌陣與兩人關係牌陣相同，可廣泛運用在兩人以上的問題。

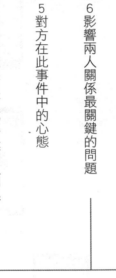

至於應該運用何種牌陣來回答問題，端視占卜師本身對牌陣的熟悉度而定，占卜是一種跨越時間與空間的能量儀式，一切的占卜結果，都只是以「當下能量」去推算未來發生的可能性。以此個案為例，所占卜的結果，也只是以今生所發生的結果，推算出前世發生的關係，但這也只是一種可能性，個案與占卜師本身應抱持參考的態度，看待占卜結果，個案在占卜過程中所尋求並不一定是對問題本身的解答，有時是為了尋求一種抒發內心深層負面情緒，以這個個案為例，占卜師須充分地扮演著聆聽與引導的角色，聆聽─聆聽個案在講解內心情緒時，所透露出來的任何訊息，比如與家人的關係、從小成長的背景、親子之間互動過程等等，這些訊息都有助於占卜師在解牌時的重要訊息，而在引導上占卜師則應適時地將當事人心中的苦悶抒發出來。占卜結果無論為何，都已不重要，我們只是藉占卜來做為個案紓解心中結的工具，這樣的目地達到了，就無須再深究其前世發生的真實性，不是嗎？

Q1：不可不知的祕密—塔羅牌真的可以透徹前世今生嗎？

牌所顯現的只是問卜者在有意識時，對這件事的看法罷了，請注意，占卜只是針對一件事所呈現的一個點而已，它無法完整地表示出靈界、前世今生與今生功課的全貌。或許可以這麼說，塔羅牌占卜只是表達問卜者潛意識內心的聲音，站在占卜師的立場，只是以客觀角度來看待這件事並給予建議罷了。千萬不能以為有靈媒體質便能憑藉著塔羅牌一窺靈界與前世今生的全貌，那是不可能的事情，就算是一位通靈人，他的信息來源是來自靈界的高靈，也會因外靈所處的空間及階層，對於一件事情，便會產生不同的詮釋角度與看法。如果不同階層的外靈對於人世間的看法亦有不同，更無須討論為何同樣是塔羅牌，但透過不同的占卜師會產生不同的解讀。

占卜本身就是透過塔羅牌解讀儲藏在個案集體意識中的資料庫，所得到的答案是狹隘與片面，無法全面性地瞭解個案的前世今生運作法則，前世今生的議題是如此廣大而複雜，不是單一牌面能解讀透徹，以「業力」兩字來說，世尊講經說法中便提到，業力依作用可分為今生業、支助業、阻礙業與毀壞業四種。

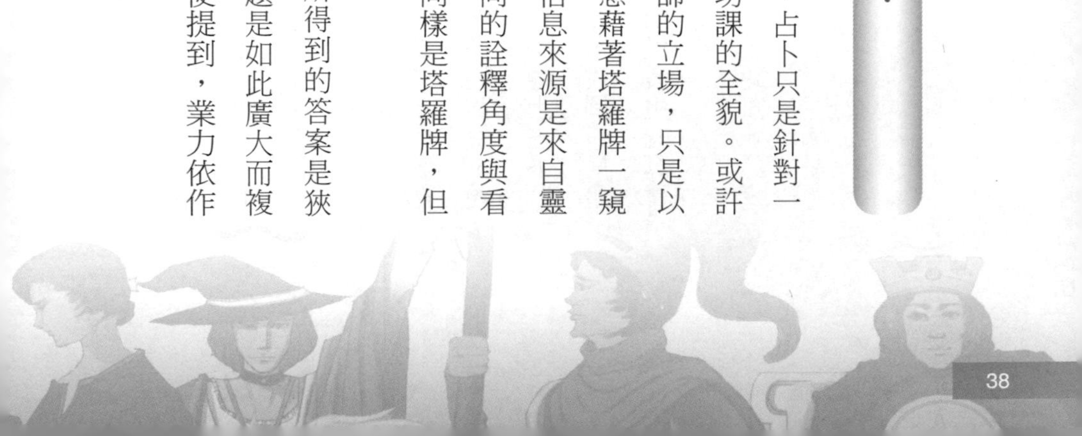

今生業—促使我們投生於下一世的業力。

支助業—沒有機會成熟與產生結生的業，此業力之能量無法與其它三種業比擬。它是暗中支持由令生業產生樂報或苦報。

阻礙業—亦是沒有機會成熟與產生結生業，但它能阻礙令生業縮短其產生樂報或苦報，或對抗其它所產生果報，亦可以稱之為障礙業。

毀壞業—此業是可以影響、終止其他業的生成。毀壞業有時是較常出現在意外死亡時。

從此可知，在轉世輪迴過程中，心念產生了業力，而業力又是促使因果輪迴的主因，如此複雜的元素交疊出無法單一而論的因果循環，如此，又如何能以短時間內以「占卜」或是「通靈問事」窺探全貌？

塔羅牌占卜探尋今生功課，偏向於以果倒因，也就是說，透過個案今世所產生的行為、意念、生活形態、態度等等，反推回去與影響今世最深某一世。與其去追根究底真實性，倒不是去思考，占卜後是否有助於解決今世的問題較為重要。

二、愛他，就給他成長空間

一位媽媽來找我占卜，她告訴我，多年來，她常處於子女之間的指責與不諒解，所生養的孩子當中，老大常常不能夠理解為什麼媽媽特別偏袒老么兒子；不僅在他無收入時還拿錢給他花用，甚至在一次意外中，老么不慎開車將人撞死，在家中經濟狀況不佳的情況之下，她還向銀行借貸四百多萬為老么還債，這樣愛子的行為，反倒讓其它兒女不諒解，認為她的做法不僅寵壞老么，看在其他兩姊姊眼中甚不平衡。

為人父母之苦

她說，當其它兒女有困難時，她也同樣如此愛護他們，他們認為老么居住在家中不用付房租，她便拿錢給居住在外地的子女，幫忙他們支付一半的房租費用，從外地回來，甚至給車馬費，減輕他們的經濟負擔。她問，難道她做的不夠好嗎？她總是希望面面俱到，照顧好每一位子女，為什麼他們卻都反過來指責她的不是？她無奈表示：「我好苦喔！好苦！我該怎麼辦才好？！」

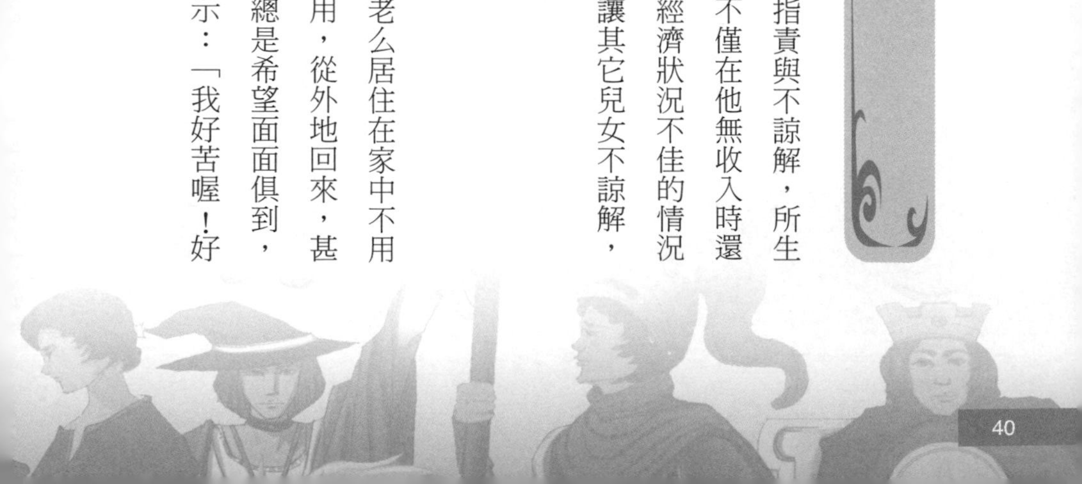

聽完她的故事，我無言以對，我相信，就算說再多「大道理」也無法解決她心中的苦，我很想幫助她，但卻不知從何切入，我摸摸塔羅牌並闔上眼，以在占卜前先問看看祂們對此事件的看法為何？「我看到一個畫面，要說是四合院，倒不如說像是一個古代的部落，非常多的人聚集的地方，而妳是那個部落中的領袖，或稱為員外吧。妳的德行獲得眾人的尊崇，妳心地很好，好到什麼程度呢，好到常常對別人說：『唉呀，你這樣做不對啦，我來教你做。』或是說：『你不應該這麼做喔，你要照我的話去做才對。』久而久之，妳的身邊人或是親人，就不太主動去做事情，因為不管怎麼做都不符合妳的要求，或要以妳的建議為主，也不用太擔心犯錯，因為犯了錯也不是他們的錯，都是妳的意思，有錯也是由妳來扛，雖然如此，他們並不會認為妳有錯喔，因為妳是以愛為出發點，以軟性的方式來教管身邊的人，所以他們也不知如何跟妳溝通。」

給予適當的愛

我繼續說：「我所接收的訊息要我轉告妳，給予太多反而不是一件好事，有時給的少，人家會感恩妳；但給太多，阻礙了別人的思想與成長時，就不太好了。所以，在那一

世中妳影響非常多的人，妳後來的累世，這些人都來到妳身邊成為妳最親近的人，他們都非常愛妳，但他們也常常指責妳的錯，並開始發表對妳作為的看法。雖然沒有所謂的對與錯，但他們的指責常讓妳感到非常自責，妳不僅不快樂，也常不知如何回應及做事。而且，身為最親近的人，人人口中說愛妳時，反倒讓妳對他們更割捨不下。」

我告訴她，先不論這段訊息內容是否真為前世因果，可暫且把它當成一個警惕自己的寓言，「從這段故事中，妳可得知，有時給予太多，反倒阻礙別人的成長，至於如何給，又該給多給少，端看妳後天智慧處事方式。我只能說，一根草一點露，孩子不會因為妳給的太少，而斷送了人生；但孩子有可能因為妳給的太多，而喪失了他們對一件事應扛起責任的最好機會。相信我，每個錯誤與失敗，都是在考驗我們的智慧與激勵成長的動力，妳不覺得自己阻礙了孩子犯錯後的成長機會嗎？以妳為子女貸款還債的事情來說，就算子女沒錢，妳可以選擇一人分擔一半，或是由妳的子女去貸款還債，妳再每月幫他還一半或是由他自己負責全部，這也是應該的，不應該由妳這個沒有經濟收入的媽媽來負責，不是嗎？」

最後我送她一句話：「人來這世間不是為享樂而來，同樣地，人生並不苦，只是希

望妳好好品嚐其中的奧祕之處罷了，當妳瞭解這箇中道理時，就是妳另一個成長階段的開始。」

靈性成長運作法則─物質給予越多，則反噬越多

本篇故事分享兩個觀點：一、**「當愛到最深時，那就是失去最多的時候」**：愛分兩種，一種是大愛，它廣及家人、朋友、寵物，甚至是跨越國際對弱小民族的關懷；另一種是小愛，只愛家人、小孩、朋友或獨愛自己。前者，當它愛越多時，得到的反而越多，因為它就像是大海般能納百川；而後者，則是會越愛越痛苦，因當你給予越多，就如同希望對方納入體內一般，有一天對方就會反過來依賴你，讓你喘不氣來，這就是小愛。人生就是如此，當你將愛侷限在某人、事、物時，有一天你失去他，你將感到痛苦。

二、**愛它，就應該給他更多的空間**：有時我們為了保護一個人，給予多方的資源與協助，適當的給予是一種幫助，但如果過多時，則是另一種阻礙別人成長的絆腳石。最大的成長來自於跌倒後再爬起來，這是天底下不變的道理，我們能給予孩子最大的幫助，就是讓他學習跌倒後如何再爬起來，而不是築建一座高牆將孩子圍困在這個高牆裡面，高牆內

的小孩永遠只看到自己及當下，他永遠不會知道牆外的世界，更遑論會從跌倒中得到智慧啟發。

最重要的一點是，如果上天是慈悲的，就不可能讓我們來到這世間受苦難，不是嗎？但換一個角度想，就因為上天是慈悲又具有智慧，所以才希望我們透過苦難來磨出內心的智慧，因為上天最明瞭，唯有困境才能訓練出及激勵出一個人的成長與智慧。

心靈法則運作中：「物質給予越多，則反噬越多。」這裡所謂的給予是指超過受予者的心靈成長，而剝奪則是指受予者身上的能量流失，在親子的互動上，過去台灣傳統的教育上，是剝奪多於給予，所以在40～60年代的小孩，努力克服現實環境的困境而成長，長大成人後在社會上大多擁有自己的一片天空，但在心靈上卻產生一種「為別人而生存」的慣性，為父母而活、為子女而活、為另一半而活（尤以台灣女性最為明顯），而在現今的小孩（70～90年代）則是受多於給予，在成長過程中接受了太多家人給予的協助與關懷，當這些小孩開始出社會後，遇到挫折時自然而然就會向最有可能給予協助的原生家庭、父母乞求於幫助。

在通靈工作坊一書中（p13）提到：「**因果輪迴正轉動著它的大輪，『因緣』或稱**

『業』的概念，反映著宇宙間的因果原則（這裡的因果可以放大為生生不息的循環，亦可以看成世間中的人、事、時、地、物的運作模式）；風水輪流轉，你種什麼因，就會得到什麼果，或者正如科學家牛頓所言，在每一個動作發生時，就會有一個相應的力量或反作用力發生，因果輪迴是宇宙取得平衡所依循的途徑，當我們的行動創造了某種不平衡時，到了某一時間點上，我們必須得付出代價來回復那不平衡的能量。**一旦我們停止製作不平衡，便不再受因果或業的驅使，正是這阻擋我們獲致最終的和諧。**」

在這個故事中要讓我們學習到的是，要讓孩子瞭解父母的苦心，則必須先學會終止給孩子過多的協助，轉而給予心靈層面的支持（**當我們給予過多物質時，所反噬回來則是孩子物質的要求**），在這過程或許會產生許多親子之間的磨擦，但只要把它當成「回復不平衡能量」的過程，不平衡的狀況必然在某時、某地停止運動。

◎塔羅牌的生命輪迴—前世今生課程的關係牌陣

運用塔羅牌解析諮商個案的前世今生議題時，牌陣的運用與規劃佔了諮商過程中相當大的因素，牌陣的運用可以依個案不同而有所調整，占卜師可以依當下情況適當調整最適

合個案問題的牌陣，比如在占卜前世今生的課題上，可以大約區分兩項，一、前世與今世未完成的心靈功課，二、今生兩人關係受到前世的影響。

舉例來說，在第一項「前世與今世未完成的心靈功課」中，所設計的牌陣可為：

3.今生需處理的狀況

2.前世未完成的功課

1.前世的角色

此牌陣以瞭解個人今生任務為主，如果是占卜兩人前世今生的關係，可以運用兩人關係牌陣，相同牌陣改為前世今生關係牌陣。

前世今生關係牌陣

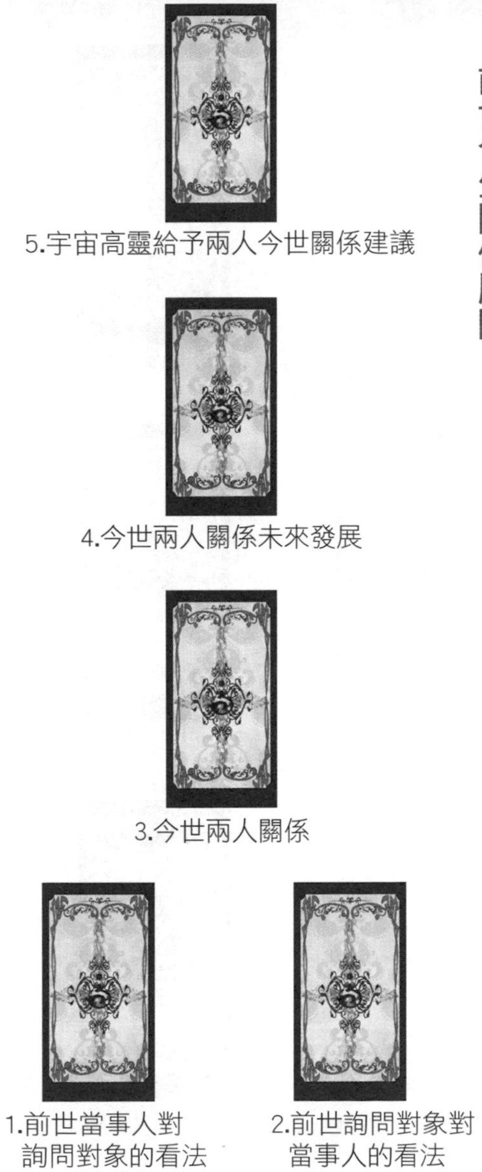

前世與今世未完成的心靈功課牌陣，是屬於塔羅牌占卜中較入門的解牌牌陣，較特別的是，對於塔羅牌初學者而言（1～2年資歷），當要抽出代表第一張牌「前世的角色」時，則必須以22張大祕儀與其它代表各元素的宮廷牌為主，因在人物的描述上，以上兩套系統最為鮮明也較容易解析，對於選擇牌陣時需掌握兩個原則：

1. 視問題廣度而選擇牌陣的複雜度。

2. 則是視自己對塔羅牌瞭解及問題解析能力而選擇牌陣。

如果你是一個剛入門的占卜師，「前世與今世未完成的心靈功課」的解析已經夠完整，在解牌過程中，覺仍有進一步討論空間時，可以在前世的角色下面再加上一張代表心靈功課牌，這樣對於解析問題時就更完整。

3.今生需處理的狀況

4.前世靈魂功課

2.前世未完成的功課

1.前世的角色

在本篇故事分析上，因個案單純性想瞭解今生與親子之間關係為何會演變成至生模式，所以在牌陣選擇上僅以以上之牌陣回覆，在前世角色上的分析，當遇到一些與現實層面無法密切聯結的牌時，則僅以個性上的分析為主即可，無須探究一定的角色扮演，比如，在前世角色上如果抽中女祭司牌時，我們可以分析當事人在前世「或許」是一位對宗教信仰有興趣之在家女居士，也或許是一位個性上較不知如何與人溝通的人，以此案為例：

在前世的角色中出現一張小祕儀的金幣4，畫面上所呈現是一位土財主（或是田橋仔）緊抱著胸前的一塊大金幣，這塊金幣可以代表著有形或者是無形，對於金幣所代表

之意就必須根據問題而有所不同，在個案問題中，雖牽涉到與財物有所關連（她為小孩所付出的一切物質面），但她並不是一個吝嗇於付出金錢的母親，故不能將胸前金幣解釋為財物，應是一個抱守舊有觀念

的人，所以才會提到這個母親前世或許是一個員外之類的角色，是否能在解牌過程中瞭解個案在前世真實的角色，須靠占卜師在諮商過程中的觀察及直覺力，但前世角色本就是一個無法查證之事，在占卜中無須過分強調此部分。（依直覺力為主，如果沒有太多想法，在占卜過程中只要帶過即可）

而另一個適用於進階塔羅牌占卜師所使用的牌為前世今生占卜法，這個牌陣所需用到的牌多達九張，而每一張牌所代表的意義不同，關鍵交叉聯想部分也較複雜，建議在占卜經歷上有兩年以上者使用較為合適。

在運用上須注意，左三張牌與右三張牌的關係是息息相關，不管是近義、反義與演進上都要一起比對與聯想，最後須再加以整合，對整個問題諮詢才算是一個完整的分析。

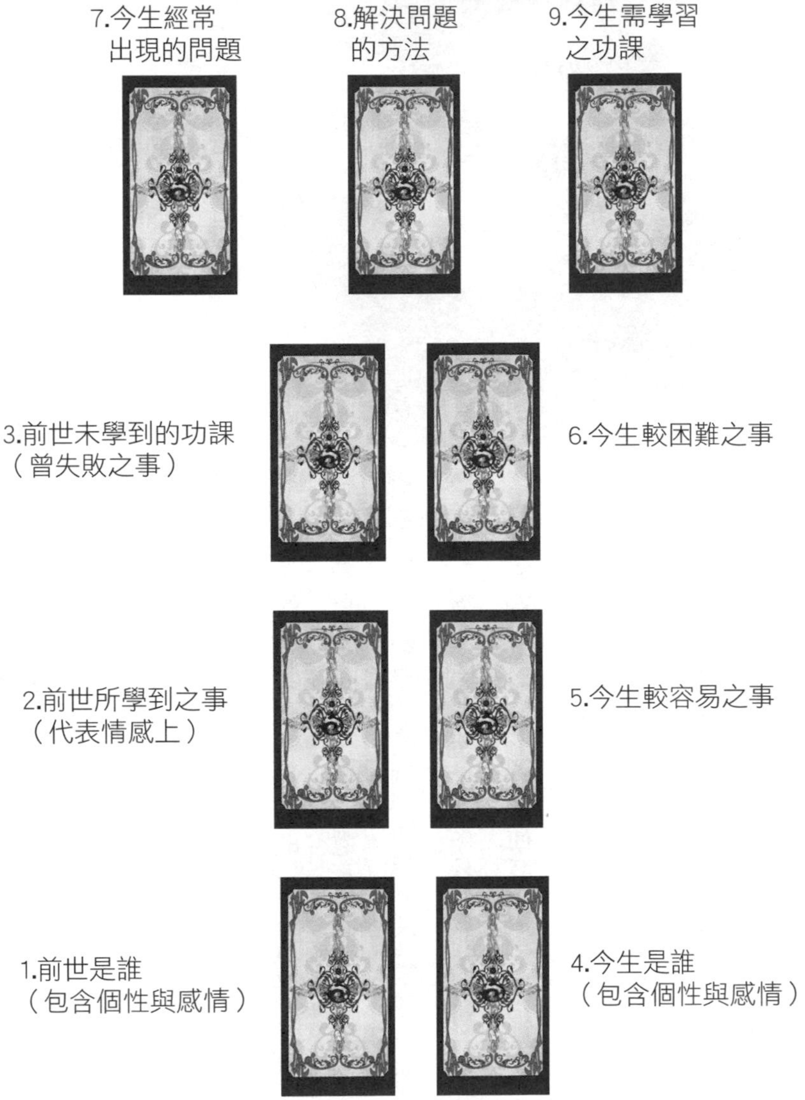
7.今生經常出現的問題
8.解決問題的方法
9.今生需學習之功課
3.前世未學到的功課（曾失敗之事）
6.今生較困難之事
2.前世所學到之事（代表情感上）
5.今生較容易之事
1.前世是誰（包含個性與感情）
4.今生是誰（包含個性與感情）

Q2：不可不知的祕密—命理師、占卜師具有通靈能力，準確度會較高嗎？

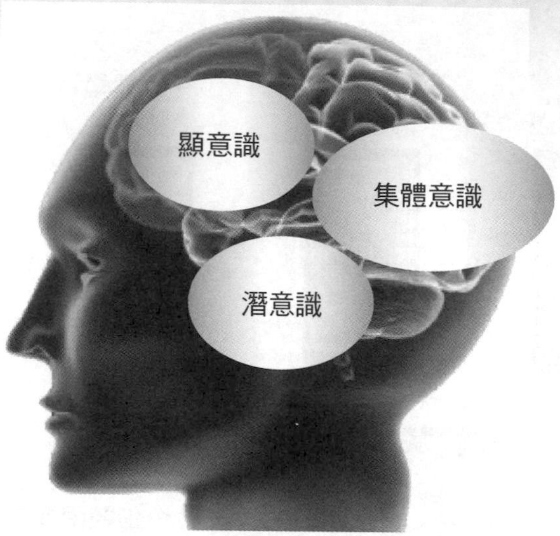

人的大腦非常的複雜，除了生活當中我們能感受到的五感覺知—眼、耳、鼻、舌、身以及意，透過以上接收到外在世界的信息，對此產生了色、聲、香、味、觸、法，如此的過程，僅佔大腦一小部分的顯意識，除此之外，還有我們很難接觸到的潛意識及集體意識兩種。所謂的通靈人，不論是陰陽眼、靈媒、靈乩等等，所接收到的外靈給予的信息再經過以上三種意識再傳遞出來，過程中，或多或少對於原始信息已經有了不同的解讀。而占卜本身又是以當下個案心念去預測未來可能發生的機率，就算被預言準確，也是機率問題而非必然，信息→顯意識、潛意識、集體意識→占卜，這個過程已經產生了許許多多的可能性。

從以上可以瞭解，占卜準確度與占卜師是否為通靈能力來區分，通靈兩字牽涉到的範圍非常廣泛，有時通靈占卜師亦無法區分占卜過程中，信息來源是外靈還是自我意識，而就算一位不具有通靈能力的占卜師，在占卜過程中，亦有可能因開放的心胸與平時修持，在占卜時亦會產生所謂的意識流，接收到這天外飛來一筆的意識流時，卻能給予個案額外想像不到的信息。

我曾接過一通預約問事的電話，來電者是一個女性婦人，她問我是通什麼神。我回答她通什麼神與解決問題有絕對關係嗎？更何況，我通什麼神誰又能印證，對方回答她可以印證，印證的方法就是我說出何尊仙佛名稱就算是印證了。我心中暗笑：這算是哪門子的印證。她棄而不捨地又追問我是不是養小鬼，我回答她，我養不養小鬼或通什麼神，妳有什麼方法可以印證？就算是我真的是養小鬼，我也不會跟妳說。一聽到這句話，她無言以對。

分享這個案例是想釐清一個觀念：不要陷入通靈、神通的著相迷失當中。我們找一個命理師、占卜師或甚是通靈人，都是希望對方能解決我們的疑惑，但如果偏重於是否通靈

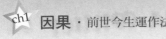

或所通的高靈為何？如此本末倒置只是「心」陷入追求名相的遊戲當中。也忘了一切諸煩惱皆來自我們內心的無名罷了。

占卜準確度與占卜師本身是否具有通靈能力，沒有太直接的關係。占卜亦不應該狹隘定義在「準確度」，占卜師、命理師在為個案解惑生活疑慮的同時，**又能夠給予更多善知識的人生觀念**，這才稱得上一個好的諮商、占卜過程。與其著相於占卜師是否具有通靈能力，倒不是去思索，占卜師本身的修養、道德與人生價值觀，而這又必須建立在占卜師本身是在生活與命理、占卜是否具有相當的修持與實修。在道教經典中道法會元》提到：「道乃法之體，法乃道之用。」此句話已經明確地點明出，「道」是法術的根本，而法術則是「道」的延伸功能及作用。這裡的「道」所指是一個人的修為及品德，「術」廣泛來說有天文、曆算、星相、神仙、卜筮（ㄕˋ，即占卜之意）、占驗（占卜的兆象）、堪輿、房中、醫藥等，所以，術法只是修心養性過程中的附加價值，非修行最終核心意義。

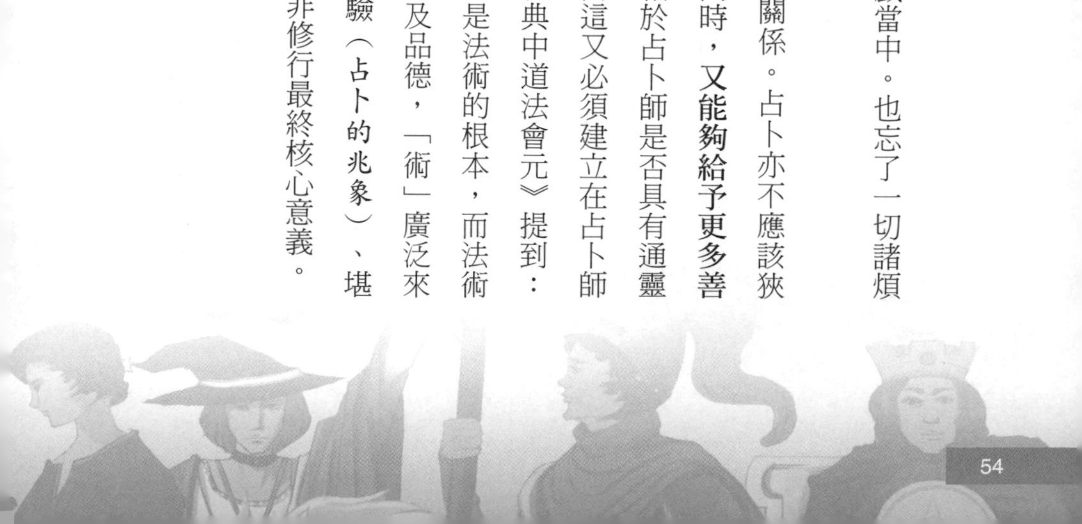

三、轉世，是為了學習

她來店裡找我占卜，一坐下來，很禮貌地詢問我是不是宇色，我點點頭，我一邊在整理占卜的工具，一邊朝她看，她頭上綁著一條淺綠色的頭巾，當時我直覺她的身體不太好，來找我應是問與健康有關的事，我於是順口問她，最近身體好嗎？她笑笑反問我：你看呢？？我聳聳肩沒有給予任何回應。

我習慣性地請她簡敘問題，這是我占卜的習慣，我解牌的時間很短也很快，因為我不喜歡一邊求證一邊解牌，我喜歡一次解讀牌意或占卜過程中所接收到的畫面，但我卻會花較長的時間，聆聽個案闡述本身的故事以及占卜事後分析。有時個案述說本身故事時，我會以引導者角色協助個案內情緒發洩，如果過程中，個案心結已經解開了，或者對於事件有了不同的人生體悟，我就會問對方：「那您還要占卜嗎？您都有答案了，應該可省下這筆錢。」

人群恐懼症

她的疑問很短但故事很長，她今年將近三十歲，在某鄉鎮任職公務人員，從國小五、六年級開始，她對人即產生一種莫名恐懼感，尤其是男性朋友，只要跟陌生人講話，她就會無意識地流露出不自然的眼神，常讓對方感到不解與不舒服，甚至成為同學的笑柄，至今出了社會仍是如此。

聽到這裡，我問她和我聊天也會這樣嗎？我心想，如果和我聊天也是緊張，那我必須先安撫她，不然她放不開，就會影響占卜的過程，這種理論是我多年通靈問事得來的經驗，只要問事者心能坦然、放鬆，心中的負能量就會釋放，就算疑惑沒有立刻得到解決，心中也能舒服一點。她聳肩表示，只覺得手部略有顫抖，但並不覺緊張。

近幾年她在苗栗九華山當志工，一開始是到九華山朝拜，所謂的朝拜就是三步一跪五步一拜，希望能得到佛菩薩的保佑能減輕她目前的問題，據她表示，剛開始問題的確有明顯地改善，但沒多久又故態復萌。

我問：「是否曾求助其它神壇和廟宇、心理醫生或者其它通靈人，解決這些問題？」

針對此事她詢問過兩位通靈人，一位是以前世今生為題材，出版過數本問事個案的女性通靈人，在那次問事中女性通靈人提到她前世是老鼠，而老鼠本性本就懼怕人類、膽小，所以這一世看到人才會產生恐懼與緊張。當她描述問事過程時，腦海中浮現那位通靈人某一本書的一段故事，似乎將她個案撰寫在書中，細節沒有太深刻的印象，隱約記得提到問事者是一位黑黑瘦小的女生。

她告訴我，女通靈人只有提到今世起因來自於前世，卻未明確如何改善困擾她今世許多年的問題；而另一位通靈人說她前世是某人的情婦，因為在路上常受人指指點點，才導致這一世如此，這兩位通靈人前世今生的說法，僅告知問題起因卻沒有提供一個明確地改善今世問題方法。

對於以上兩種說法，我保持尊重的態度，畢竟我不在現場，亦不是那位通靈人，無法瞭解他們的觀點及想法，無法去評斷好與壞，更何況，每位占卜師或是通靈人切入問題的角度，皆與占卜師、通靈人本身的生活背景、態度、通靈專長與價值觀密不可分，暫且不論通靈這個議題，就以一般的政治或環保議題而言，每個人的發言內容也會因個人的觀點而產生不同的看法，況乎橫跨時空、空間的前世今生議題。

天助自助

我又繼續問她，怎會想找我占卜，她表示，因為曾閱讀我在「心靈散散步　街角遇宇色」部落格上的問事故事，所以抱持姑且一試的心態前來。

她第一個問題是詢問，是否要繼續到九華山當志工，她想瞭解當志工是否能幫助她減輕目前的狀況。我攤開牌陣，請她抽出五張牌。

我告訴她：「在九華山當義工這段期間，您蠻快樂的，也結交不少朋友，這些朋友大多是同性朋友（還有一點當時我並未告訴她，雖交不少朋友，但並非是非常知心的朋友，僅是保持和諧的關係而已），重點是，替人服務的過程中，其實是有不少無形高靈在幫助妳。」她突然愣住，我猜她應是在猜想，為什麼這點也能從塔羅牌中看出來吧。

我繼續說：「所以從牌意上來看，繼續當義工應是不錯的選擇，如果放棄了當義工，一開始可能會空出時間來，會覺得生活較規律或可以掌控時間，但後來妳將感到空虛與無助，產生人生沒有目標與方向的感覺。」

我問她，牌意與現實是否有落差或有任何不解之處的嗎？她搖頭。

接著開始占卜第二個問題：對於她本身的問題，有什麼解釋或好的解決方法？她還告訴我，她也曾求助催眠師兩次，但狀況仍未解決。

我請她用左手壓住牌，默想問題，同時我也閉上眼，進入冥想的，默念她的名字和問題……。

「從牌意上來看，您必須改善的是，忘掉過去的傷痛，也許您只是輕描淡寫地描述問題，但我相信您的問題，是從小所造成嚴重傷害，從牌上看出，您是一個非常有能量的人，雖然目前您的能量是封閉和內斂，但那是因為您未展現出來罷了，所以建議您，要想改善就必須從現在做起，也必須忘掉和原諒過去別人對您的指指點點，將您曾經受傷的心，用能量治癒自己內心的傷痛。」她沒有說話。

「給您一個建議，請您在今天的占卜和談話之後，不要再花錢去問事或問神明了，因為那對您沒有任何幫助，我意思並非我說我最好，只是想點醒您，很多問題到頭來能夠解決的人，往往只有自己而非別人。」她問：「那您可以給我什麼好的建議，改善我這種狀況嗎？」

我想了一下，建議她——

一、參加劇團的表演課程：目前台北有很多職業劇團都有開設短期的肢體表達與展現自我和溝通技巧，您可以參加，透過這種表演課程，不僅可更大膽，還可學習如何在大眾面前表現自己最好的一面。

二、運動：多去運動，您目前身上的能量黯淡無光，但那並非實際的妳，陽光有助於人治療人內心與創傷的能力，建議妳可以爬山和游泳，開拓心輪。

三、練瑜珈：瑜珈不僅是運動，更是一種表現與開啟全身脈輪的方法，而且在過程當中，您會更瞭解自己的身體。

她問我練太極好不好？我告訴她不管是什麼運動，只要持之以恆都是最好的，但因目前您已很靜，單練一種靜功似乎不是解決目前問題，她不解地問我，參加課程真的有用嗎？我以自己的例子告訴她，我也是一個容易緊張的人，並有上台恐懼症，甚至一緊張就會結巴（現在仍是），但我強迫自己一定要多講話，強迫自己在講話前要多思考內容，我也曾參加舞台表演課程，現在上台講話時才能不緊張。

沒有人是天生是不懼怕人群的，只是有人剛好有機會和環境可訓練自己，但有些人則是努力創造自己的機會，無論如何，這是公平的，端看我們如何去改變而已。

最後，我勸她：「您已不年輕了，再過幾年就三十歲了，再不趁現在改變，未來會更沒有動力和力量去改變，以後您父母會老，您兄弟姐妹會離開您，如不改變，未來一個人將更孤單，人群和環境不會排斥妳，但因妳本身個性會導致您遠離人群。」

占卜結束後，我告訴她，如果可以，請務必學習去面對這個問題，因為這樣的問題靠別人，絕對無法獲得任何實際上的幫助，他人所能給予的只是建議與參考，而回過頭來，還是必須靠自己的雙手與內心的毅力，才能解決問題。

或許個案的問題是由前世所帶來的困擾，但那已是事實，再花時間去追究也無力挽回，所能做的，就是在今世改善它，不是嗎？

有時我會思考，前世今生這個議題，是在協助解決今生的問題，還是讓人誤以為可以將今生種種的不順遂推給不用負責的過往。不管答案是什麼，我都相信，人們來到人世間都是為了學習而來的。

靈性成長運作法則—認知軟弱與墮落是一種成長的開始

在《寬恕十二招》一書中，第九招「接受人生課程」提到一句話：「發生在我身上的

每個人生課程，原是為了喚醒我，而不是懲罰我，只要我認為老天有意懲罰我，我就很難接受自己的課程，並從中學習。事實上，每個人生課程都是為了提升我，如果我還自恃有後台撐腰，它勢必會拆掉我的台子，再鼓勵我向前，它永遠都是為了提升我的。」

而電學之父法拉第曾說過：「過去我曾以為，一個人愈聰明，他的道德就愈高，不幸的是，我後來發現剛好相反，我也發現，許多社會地位較低，知識水準不高的人，有一顆強健、尊貴、神聖、充滿了愛的心，我的期待是讓聰明與道德在一個人身上一起長進，更彰顯上帝原先創造人類的榮耀。因此，人是一種可以進步的生物。人不像周圍的生物，長期的保持在一種不變的狀態，人是可以持續被改變的，這是人最尊貴的特權，使它與周圍的生物不同，有意思的是，人改變的關鍵在於**發現自己的軟弱**（weakness），**發現自己的墮落**。軟弱與墮落並不是對人格的侮辱，而是一種成長的認知。當一個人沒有這種認知，就已經被自己的自滿所僵化了。

在人生的旅程中，不可避免的挑戰來自於「靈性轉化」以及最終的「死亡」，欲達到「靈性轉化」則必須以正念扭轉潛藏於心性的鬱暗與晦盲。

想一想，我們是否也有許多外人所不知的陰影，例如缺乏安全感、恐懼、內心傷害、

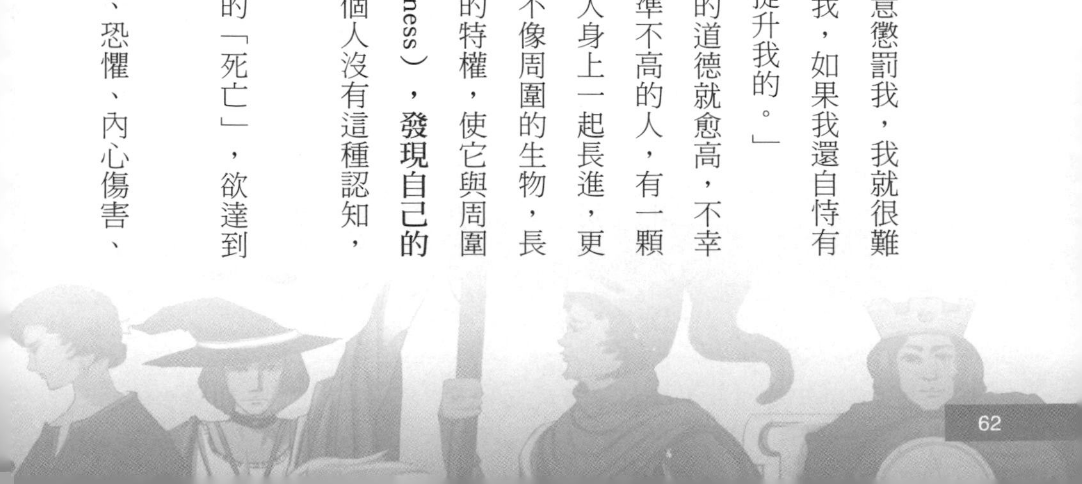

貢高、抑鬱、怕生、神經質等等，在西方基督教密修者稱之為「靈魂的暗夜」。以正念角度看待「靈魂的暗夜」到「靈性轉化」，這過程並非喜悅、開心、快樂，而是必須通過一連串對人生有深刻體悟後的結果。

每一世轉世中，心性中藏著累世劫難以克服的負面晦暗，以及在每一世中滋生的惰性心性。在東方哲學中，世間萬物皆存於太極陰陽的法則，陰與陽總是伴隨其左右，只是我們習慣性會將專注力放著不圓滿的生活層面，忽略了充斥在生活中能夠引導我們走出那一塊內心的「靈魂的暗夜」的靈性導師與能量。

每一個身上或多或少總是承接了過去世的心性，不論這心性是正面的積極、開朗、幽默、聰明、有才華、剛毅、企圖心強、果決……或是負面的憂鬱、易憤怒、憤世嫉俗、舉棋不定、衝動、情緒化等等，正面、負面的心性就像一層又一層的繭包覆著我們（俗稱業力）。這些心性除了影響我們處事的態度，更左右了人們看待世界的角度。古人常言：知足常樂，換一個角度思考，心性、生活本就存有

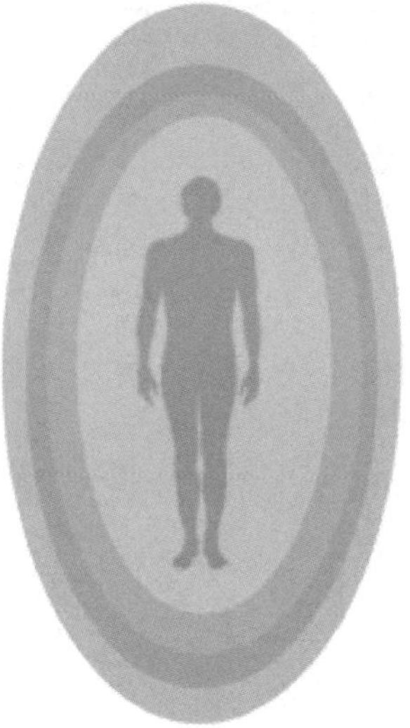

陰及陽，不論我們是否願意，它就是存在的事實，既然如此，為何不珍惜當下所擁有，何必專注於得不到的物質之上。

對於生活上的不順逐，許多人以為運用術法—風水、姓名學、改運、祭改等等，便能獲得生活上的改善，殊不知，外在生活僅是內在能量、心念的投射，本末倒置的做法只是讓生活困境陷入另一個更深的迷失當中。

改變心念投射的生活，須學習如何探索內在生命的源頭，正視、接受並扭轉心念上的負面想法（內觀），透過正念態度觀察日常生活中無時無刻所顯現的心性，便能逐漸地釋放出潛藏的正面能量，進而消弭負面的心性。

最簡單的第一步，是將焦點放在較容易完成的小事情，例如：減肥、早睡早起、食用悅性（註）的食物等，完成日常生活中小地方，突破以前認為做不到的事情，在過程中便能逐漸地產生積極、向上的生命力。

以本篇故事為例，個案因過去世的業力而產生今世的心念及生活環境，與其去追究造成今生的過去，並無助於解決眼前的問題，透過塔羅牌的占卜給予

1.參加劇團的表演課程：學習如何在大眾面前表現自己最好的一面。

2.戶外運動：陽光有助於治療人內心與創傷的能力，爬山和游泳更可以增強輪能量。

3.瑜珈：表現與開啟全身脈輪的方法，在學習過程中瞭解自己的身體（內觀）。

從生活中培養積極的生命力及能量，以助於完成每一世的生命歷程。而宗教性的儀軌亦是一種消弭業力的方式，佛教觀點中的發自內心的真誠地行功德積福報、行拜懺法門、基督教的真心禱告、密宗觀想仙佛的相應法門等等，都是一種透過外在形式達到覺醒內在能量的方法。無論任何一種形式，都是必須建立在真正瞭解自我內心的陰影，帶著一顆虔誠心、懺悔心以及感恩心來看待人世間的一切，如此才能真正跨出生命的門檻，達到另一高層次的靈性學習領域中。

註：根據古印度阿育吠陀經的紀載，食物可分為三大類，「悅性」、「變性」與「隋性」等。

悅性食物：食用後令人感到身心愉悅及心緒平靜的食物，例如天然且新鮮的蔬菜、水果類食物（泛指未經人工處理的食物）。

隋性食物：對人體毫無益處甚至有害身心的食物，例如加工品、過度精緻甜點、油炸

類食品、腐敗以及或發酵食物…等。

變性食物：此類食物會因當地不同的地理環境、個人體質以及氣候等因素而改變，像油脂較高的魚肉對於寒冷地區的人們是有幫助，但對於熱帶地區的人卻會產生身體負擔。

◎塔羅牌的生命輪迴—從問題選擇牌陣分析問題未來發展

所謂的牌陣簡單來說就是將影響個案問題的重要key point點選出來，在這個重要點上放上占卜卡，藉由組合出來的牌陣幫助我們分析及整合問題，並提供個案適合的建議方案，以此故事為例，個案想要瞭解：「**是否要繼續到九華山當志工，她想瞭解當志工是否能幫助她減輕目前的狀況。**」在這個問話當中透露出當事人對於是繼續選擇到九華山當志工的疑慮，所以這時我們就可以選擇二擇一的牌陣來占卜。

未來發展對於當事人
的心境影響

未來狀況對當事人
心境的影響

選擇到九華山當志工
的結果（未來發展）

放棄到九華山當志工
的結果（未來狀況）

當事人的心態
及目前的現況

在使用二擇一的牌陣時，必須將未來發展與未來心境影響的牌意整合，才能給予當事人一個最恰當與合理的建議方案，最後還要再給予當事人一個建議說明，以避免當事人詢問完後仍無法下決定，這部分就須靠占卜師本身的個人生活歷練，如果擔心無法給予較客觀的建議時，可以再額外抽一張建議牌，予以輔助當事人的決定。

以本個案為例，在代表第二個位置「選擇到九華山當志工的結果（未來發展）」上，所抽中的牌為聖杯3：

聖杯3所代表的意思是慶祝、歡樂等，所以在未來部分如果當事人選擇繼續在九華山服務當志工是不錯的選擇，也會交到不錯的同性知己，在牌面上有三個女生一起歡樂慶祝，但只有顯示了物質上的滿足而已，而在占卜過程中觀察到當事人在成長背景中，過去所發生的種種不愉快是有可能影響未來的交友狀況，所以才會特別提醒，或許有可能歡樂的同時是否忽略了心靈上的成長。而在未來發展的影響上所抽中則是大祕儀的戀人VI：

在傳統的牌面解釋中，它代表了新階段的開始及溝通，如果當事人未特別針對某事詢問，此張牌又代表了感情或是兩性關係的選擇，在本個案中，故事本身並無針對感情一事特別進行瞭解，所以在解析上就不太可能告訴當事人未來是有可能在當志工過程中找到理想伴侶，應是解釋它是一段新的開始與學習，而戀人牌上面那位大天使是希臘羅馬神話中拉斐爾（Raphael）天使，它代表了上天給予訊息也代表高靈帶給我們的喜悅，同時存有貴人之意，所以在解牌上才會告知當事人：替人服務的過程中，其實是有不少無形高靈在幫助您。

「觀察」是占卜過程中不可或缺的一項非常重要的過程，畢竟偉特塔羅牌中的大小阿爾克納僅有78張牌，雖然在交叉使用上產生了無數的可能性，但因礙於現實面的考慮，在占卜過程中仍或多或少遺漏了一些重要訊息，為避免占卜師在過程中受限於塔羅牌的既有牌意，建議諮商過程中須仔細觀察當事人在闡述問題時的想法，以及當事人當日占卜時的氣色與言行舉止，這都有助於在牌面解析及釐清問題的癥結點，所以平日占卜師在豐富生活歷練與研究其它命理（玄、相、卜、命、星）等，都是絕對必要的學習功課。

Q3：不可不知的祕密─為人占卜是否因預測而背負到別人的業力？真的有天機嗎？

占卜在中國最早稱之為卜筮（ㄕˋ），占卜是指針對某一件特定的人、事、物進行預言，在東方世界中，占卜可分為文王卦、六壬課、梅花易數、奇門遁甲、金錢卦、米卦、鳥卦、花瓣卦、數字卦等等。以上皆不脫離老祖宗的智慧─易經八卦。易經範圍非常廣泛，包含了山醫卜命相、兵法、道德倫理、思想哲學等等。而在西方世界的占卜涵蓋更為廣泛，除了塔羅牌之外，尚有撲克牌占卜、聖經占卜、占星學等。不管如何，占卜兩字定義在於：以現在去推算預測未來的發展途徑。「預言」兩字如果不狹隘在使用工具上，任何人皆可以憑藉本身的社會經驗、價值觀、主客觀態度去推測未來發生的可能性。舉個較實際的例子，許多大企業家，例如台灣半導體教父─張忠謀、微軟創辦人─威廉・亨利・「比爾」・蓋茲三世、鴻海精密董事長─郭台銘等，企業管理顧問，例如：管理學之父─彼得・杜拉克（Peter Drucker）、日本國際知名趨勢大師─大前研一、「奧瑪哈的先知」─華倫・愛德華・巴菲特（素有股神之稱）、國際趨勢家約翰・奈思比（John Naisbitt）等等，他們能在本身的領域有所突破及成就，除了後天努力鑽研於專業技能上，亦是時時刻刻觀察時局變化及社會變遷，才能做出準確的投資判斷，這不就是一種「專業性預測」嗎？假使預測會背負到別人的業力，這些人一句話便能左右全世界投資資金流向，所背負的業力不就更重了。

選擇占卜工具應因個人的文化差異、喜好及專長有所不同，而影響一位占卜師在解釋占卜的準確度，**決定於占卜師本身後天對於生命歷程與體悟**，這又牽涉到年齡、學習精進度、天賦等，而「**悟有深淺，智有廣狹**」，人生體悟越深入的人，在解讀上必然會有一番異於他人的角度及看法。一般來說，要能透過占卜工具準確觀察個案當下心性，藉以推測未來發生的可能性已不容易，更遑論單單以占卜工具推測出龐大天際的行運轉祕密。佛法中所言，能觀天機必須了悟人世間的一切，同時必須精進持修三無漏（註1）——戒、定、慧，這已不是一般為人占卜、算命的工作者所能做到，勿將占卜師、命理師神格化，他們只是藉由所擅長的工具去推測未來發生的可能性，此能力人人皆可習之，與修行、神通不能畫上等號。換一個角度想，假如一個人已精進於戒定慧而透徹天機，亦能以後天智慧判斷「可為與不可為」，而又何必使用「占卜工具」呢？至於背負他人的業力之說，在個人觀點中，占卜師僅是以旁觀者較為客觀角度給予問事個案在未來生活的建議，**一個占卜師在為個案解說上能夠輔以八正道**（註2）**的修心態度：正確不偏頗的建言，提供當事者正確處事思維以及勸人為善心態**，這也是一種行功立德的志業。

老子曾言：知（ㄓˋ）者不言，言者不知，意思是，真正具有智慧（註3）是多做少說，而自以為是、一知半解之人，則是不斷表現出本身微末的所知，稱不上具有智慧之人。從此可判斷，一個具有高智慧、品德之人，就算真的瞭解了天機，他也不會時常將天機兩字掛在嘴邊（知者不言），或藉「天機」兩字來拉攏信徒，以表現他的所知及智慧。在我個人觀點中，真正能看透天機之人，本身必須具有跳脫常人對於生死、生命、宗教的態度，具有此品節之人，就算因禪定中瞭解天機，也會處之泰然，視之為天地運轉的自然法則。

註1：三無漏學，又叫做「戒定慧」，為佛教術語。佛教認為，世間的其他宗教與學問，都是有所缺憾，苦樂夾雜的，雖然看似有益處，但是隨著因緣變遷，就會轉變成煩惱，所以稱呼這些學問為「有漏」之學。「無漏」，意指沒有缺憾，

可以為人們帶來益處、止息煩惱。而三無漏學，即是達到解脫煩惱，得到漏盡通的三種修行方式。三學是對付三毒之法。防非止惡即為戒，戒能伏貪愛心；息慮靜緣即為定，定能伏嗔恚心；破惡證真叫做慧，慧能伏邪痴心。

註2：八正道（巴利語：Ariyo aṭṭhaṅgiko maggo，梵語：Ārya 'ṣṭāṅga mārgaḥ），佛教術語，也叫八支正道、八支聖道或者八聖道，是指佛教徒修行達到最高理想境地涅槃的八種方法和途徑，故又稱八船、八筏。包括：正見、正思維、正語、正業、正命、正精進、正念、正定。梵語「正」也有「圓、全面」的意思。一般都將八正道做為三十七道品之總結，並最後歸結為戒、定、慧三學。又可理解為八諦：見，念，語，行，受，治，意，定。

——以上註解資料來自於維基百科。

註3：智慧，具有整合、思考、分析、判斷及深具思考的能力，在佛教教義上對於智慧兩字則是指**證悟、體悟人世間一切現象真實性的智力**。

四、家人之間的前世今生

本篇個案在事後來信問我，將他的故事分享在「心靈散散步　街角遇宇色」部落格上的初衷為何？我思考了一下：「因為我曾為許多人占卜關於家人的前世今生，最後發現，**家人之間沒有任何一個是為了報復而來**，我不想闡述太多個人觀點，只想真誠呈現占卜過程。」

曾有人問我如何印證前世與今生的關係，我無法回答這個問題，但我相信，在今世，人的一生就如同緊密的網絡，無法獨立生存。

這位問卜者總共詢問了三個人之間的前世，第一段是他與父親的關係，第二段是他與母親的關係，第三段則是他與一位前任主管的關係。這三則看似獨立的前世故事，卻交織成他一生的功課。

這三則故事是以塔羅牌占卜結合高靈訊息回答，在占卜之後，我幾乎忘了在將近兩小時的占卜過程中，到底說了哪些內容。而在接訊息過程中，為了讓訊息不中斷地真誠呈現，必須去除腦袋中世俗觀念與思緒，專注於腦內的右上方，才能將接收到的訊息轉換成白話。以下皆是透過這位問卜者的筆記而來的，感謝他的分享。

與父親無盡的愛

問卜者：「我父親始終為錢所苦，我看了很心痛，想要幫助他走出這個心結，不知道該如何幫他，你可以透過塔羅牌給我建議嗎？」

宇色：「他為何為錢所苦？」

問卜者：「由於父親年幼時家中經濟不好，因此深受貧窮之苦，後來工作後即使經濟狀況已大幅改善，對金錢仍有根深蒂固的不安全感。他一直想要投資賺更多錢，卻屢戰屢敗，化為烏有，他一直在生悶氣。我認為他的問題不在缺錢，而是缺乏安全感。我該如何幫他建立安全感？那絕不是有錢就可以擁有的。」

宇色：「我想先確認你和你父親的關係，他很愛你，從你小時候，他就只是一直默默愛你和支持你，不太管你，對吧？」

問卜者：「是的。我常思考，不知前世結了什麼好緣，今生才能遇見這樣的好爸爸？」

宇色：「關於如何化解他的不安全感，等一下再回答，我想先和你溝通——你所看到

的，不一定吻合你所想的；例如，你和父親前世的關係。」

問卜者：「那麼，真實狀況如何呢？」

宇色：「在前世，你和你父親，原本是很好的朋友，某次他卻背叛了你，之後，你不再相信他和任何人；致使今生的你，在人際關係上對人總有高度的戒心。今生，他所扮演的角色，則是默默愛著你與支持你，賦予你對人性產生安全感，這就演變成今生你們的關係，在這一世，他必須化解他前世與你的功課，是他在前世先造成的因，才結下這一世的果；當初並非由「善因」結成的「善果」，只是因彼此都有心，再結一世來化解在心中的印記。（何謂因和果？因果都在當下交織而成的；也許是今生的善緣，也會因一個念頭變成惡緣，也許是因惡緣而來，但也會因一個善念，而變成一個善果。）」

問卜者：「……，我並不在意，那些都過去了。我只知道，在今生，他是一個好父親，我很愛他，他也很愛我。我依然會繼續愛著他，直到今生的緣分結束為止。」

宇色：「接下來看看你父親在金錢上為何有這種遭遇，還有你該如何幫他。……他今生的際遇其實是自選的，事實上，他在前世同樣曾經無故虧了一大筆錢，他一直很不解，也很不甘心；所以，今世他必須了悟金錢對於人生的意義。」

問卜者：「我的看法和你一樣，而且我不只一次告訴他——錢不是為自己而賺的。但是他卻聽不進去。我可以理解他年幼時的貧困對他造成的創傷，但我該如何幫他建立安全感呢？」

宇色：「從牌面來看，他在72歲之後自然就不會再對金錢執著了⋯你無法幫他，這個問題會自然解決。他必須要到那時才會自行領悟。」

問卜者：「72歲？所有算命先生都說他只能活到70歲。你說的沒錯，72歲問題當然會「自然解決」了⋯⋯。他若是今生不能理解金錢的真正意義，那麼他會把問題帶到來世，再經歷一次相同的狀況。我不忍心看到這樣。」

宇色：「我無法知道他會活到幾歲，我只能說，當一個人在來到世間之前，如果他對自己的設定，就是在某一個時候，才能完成一樣功課，縱使那個時間點是在往生後，你又有什麼權利，干涉和改變他對自己人生功課的設定呢？只因為你愛他嗎？」

問卜者：「唉，其實我早就知道，人都只能自救；他若不能體悟，我也沒辦法。看來只有尊重他了。」

讓我們選擇繼續愛

沒多久，我收到他的來信——

宇色您好：

謝謝您的指點。也很感謝您針對我家人的詳細解說。接下來是我個人的感覺，請您一定要相信，我很感謝您所提供的正確資訊。仔細回想，在我很小的時候（7歲以前），不知為何，我很討厭父親；雖然在其他人眼中，他簡直溺愛我，他可以跑遍全鎮只為了買到我想要的玩具。他說的任何話，我都不相信，我常用白眼瞪他，連親戚都看不下去。直到慢慢長大之後，我才發現他是真的很愛我，我也開始深愛他。

坦白說，當您告訴我與父親的前世關係時，我的確有些震撼。最後，我做了一個決定——無論前世和父親的關係如何，那些都過去了，我依然愛他，直到緣分結束為止。無論前世誰虧欠了誰，或誰對誰有恩，都已不再重要；難道別人前世虧欠我，今世我就該報復對方嗎？難道我對別人前世有恩，今世就該予取予求？重點應該是，接下來該如何維持今世的緣分？我很幸運，今世擁有幸福的家庭，我知道，許多人和家人之間的緣分不好。

但我認為，即使是不好的緣分，難道要讓它惡化嗎？既然都已搞壞了，接下來只有往好的方向走，不是嗎？只要我們願意，無論今世是好緣或惡緣，都可以讓它朝往正面，難道要把問題留到來世，再重演一次？在今世，當一切都重新開始，雙方又重新擁有百分之百的選擇權，我們該如何和對方相處呢？我們希望這次將演變成什麼故事呢？我只希望，其他問卜者從您那裡得知因果後，能保持理性。下次，或許您可以問對方：「既然因果如此，接下來你想怎麼做？」當他們能對因果釋懷，並且有正面的處理態度，才能真正從占卜中得到幫助。這也可避免問卜者在對因果一知半解之下，產生反效果。

衷心的感謝您的指點。

與母親無盡的愛

問卜者：「接下來我想知道，該如何幫我媽學會愛自己。」

我：「你為何覺得她不愛自己？」

問卜者：「我媽長久以來，一直以家庭為重心。她已快退休了，卻還把我和我弟當小孩看，我們都已經會照顧自己，她的關心我們當然很感謝，但是，就某種程度而言，那種

愛成為一種壓力。我真心希望，在她的晚年，能學會多愛自己一點。」

我：「好，我們來抽牌；第一張是你和母親前世的關係，第二張是你和母親今世的關係，第三張是你母親對你今世的關係，第四張是你要如何幫助她。」（有時在占卜過程中，我會將每一張牌意先告知占卜者，主要是希望占卜者除了能聽懂分析的內容，另一方面塔羅牌的牌面都非常清楚，當事人可以自己看完牌意後，多少都會有自己解讀的角度及看法。）

我：「以你和你母親前世的關係來說，你們前世是一對夫妻，但是你們兩人的關係卻不好，在那一世，她沒有享受到家庭的溫暖，所以她一直渴望能有一個美滿的家，這也就是為什麼今世，她把全部精神放在家人而非自己身上。以你今世和你母親的關係來說，相當有趣，因為你對你母親是寶劍一，而你母親對你卻是聖杯一，也就是說，無論你如何傷害她，而她卻默默包容你。實情是這樣嗎？」解讀前世今生的牌面，必須跳脫塔羅牌的原意，所以我透過塔羅牌解讀前世今生時，必須透過接訊息方式才能瞭解全盤。

問卜者：「沒錯，的確是如此。」

我：「一切都過去了，你們以後將不再有爭執，但是，第四張牌卻表示，你若要幫助你母親，你必須改變你自己，而非你去改變她。」

問卜者：「為什麼？」

我：「第四張牌表示，你母親目前最放不下的，就是你尚未結婚一事。在她心中，家庭是最重要的，而你一直不願成家，是讓她最擔心的，若是你願意結婚成家，她也會改變自己的。到那時，她就會真正愛自己了。」

問卜者：「我反對，因為我認為，是否要結婚，完全是個人的自由。她無權強迫我，叫我做沒意願的事。況且，若我結婚了，她就真的會放下所有的擔心？還是管更多？連媳婦孫子都要管？誰受得了？」

我：「我所看到的牌意是如此，改變有許多種的化學程式，也許在您改變自己後，她才會改變。（何謂因？何謂果？有時真的很難斷定）」

問卜者：「那也沒辦法了，看來還是老話一句『人都只能自救』，她若不願自救，我也救不了她。我不會為了任何人的願望而拿自己的幸福當賭注；我無法為了讓我媽愛她自己，而做出我不愛自己的事。」

透過這則占卜故事，我想要分享的是，如能成為一家人，無論今世緣分的深淺？是善是惡？我們所要學習是必須惜緣和惜福，畢竟在今世能再結一次緣，也許是彼此在投胎前就約定好的。

靈性成長運作法則—親子關係建立在相互學習上

在現實生活中，我與母親常會因一些觀念上的落差產生口角，在處理事情的應對上我們無法取得一個平衡點，相同的狀況，從小她就無法用「母親」這個角色來約束我這個思想觀念上屬於怪咖的小孩，在觀念上她是一個非常傳統的台灣女性，她所期盼的小孩是安安份份讀完書，找一份理想收入穩定的工作，然後娶妻生子，但因為她從小環境不甚良好，對物質的不穩定與未來，產生嚴重的失衡時，她的內心便會充斥許多的矛盾，這樣的心理因素反應在她與我們小孩之間的相處上，她愛小孩，寵溺小孩，但卻不斷希望從小孩身上滿足她對物質的不安全感（不能說她愛錢），這對於台灣四、五十年代的母親當中，是非常易見的情況（至少我的外婆也是屬於這種），那種在孩童期所種下的陰霾絕非三、兩天就可以改變，也因為這樣的因素，我們彼此之間在生活中所造成的磨擦不下數次，或許在現實生活中我並無意識這樣的關係已造成我內心的困擾。

那一晚，我做了一個夢…………

夢中是全黑的環境，我沒有看到任何人，夢中有三人，我、母親，還有一個母親小時候的遠房親戚，小時候我很喜歡母親那位女性親戚，從小莫名地特別喜歡她，因為她帶給我的感覺是親切與和善，但在夢中的角色全換了，母親的朋友變成了我的母親，而今世的母親變成了母親的朋友，現實生活中的母親非常嚴厲地辱罵我夢中的母親（朋友），那並不是針對事的討論，而是一種得理不饒人的罵人，我好生氣，夢中的母親是如此溫柔，她怎可以因我媽好脾氣而得理不饒人，心中的一團怒火升上來，我擋在母親（朋友）面前大聲地問她：「你兇什麼，沒被人兇過嗎？以為大聲就可以嗎？」夢中有一個聲音（感覺）在我心中響起：「**這一世你的身分是來教導你母親，雖然你身為她的小孩，但你卻要教導她許多事。**」

在占卜過程中曾接收過高靈這段訊息：「**靈性成長有時是透過兩者之間互相學習而來，親子、愛情、婚姻等皆如此，但巧妙地是，學習關係有時並非一成不變，原本給予的一方或許在多年後，會變成接受者，而接受者也有可能在今生的努力，會從接受者變成給予者，這**

在親子關係上特別明顯，如果父母親當抱持給予者的角色，或者將子女當成所屬品，這樣的關係日漸會產生磨擦，適度給予尊重及聆聽、學習子女的聲音，這將有助於彼此的關係。」

台灣父母在教育子女上，無不竭盡所能提供給小孩最好的物質享受，不知不覺中也掌控了子女身、心、靈的發展與來源，「單方面給予的愛」的親情關係已經深深烙印在親子關係，隨著時光的流逝，當父母的往往忽略了孩子在成長過程中，除了肉體（外型）上的改變之外，心靈上及對人事物的摸索，亦已同步獲得成長，對於「單方面給予的愛」的互動仍未改變時，親子關係在日常生常中的談話與溝通，便會逐漸出現磨擦與隔閡，也就是所謂的「代溝」，從以下的圖示可以瞭解，最外圈是代表父母，而在大圈中間的那個小圈，則是代表子女：

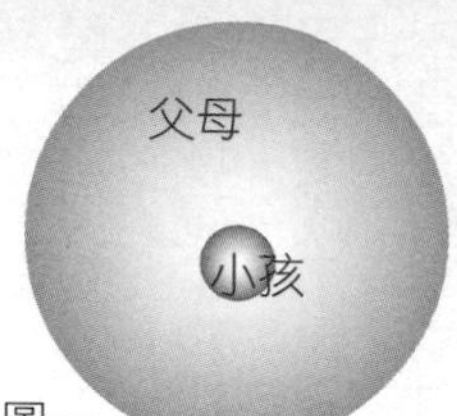

圖一

圖一、子女剛出世時，他與我們的關係就如同兩個同心圓包裹在一起，小圓受到大圓細心的呵護，這時一切知識、愛及物質來源，端由大圓所提供。

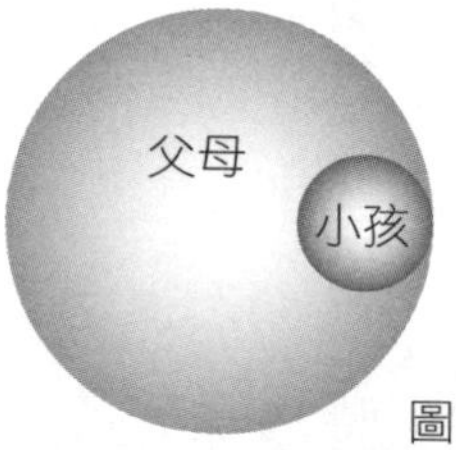

圖二

圖二、從這個圖中可以發現隨著子女的長大，開始接受學校教育、同儕影響及本身對於外在感觀的接觸，逐漸地建立起屬於自己的一套對於看待事情的主客觀看法，此時小圓已經漸漸長大而脫離大圓。

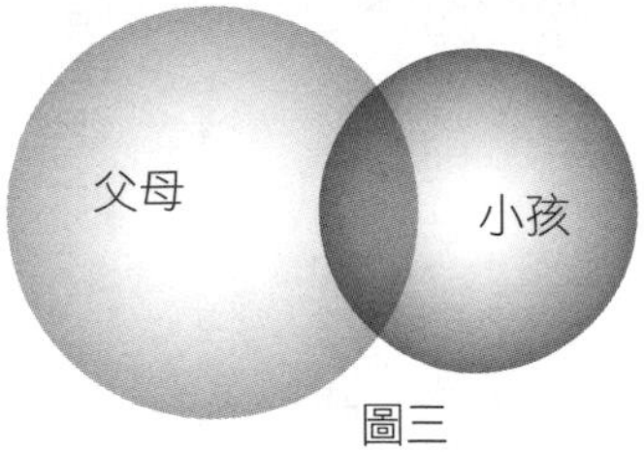

圖三

圖三、此時大圓與小圓相接之處漸小，子女已經開始經營自己的生活與思考模式，比如家庭、求學、就業等等。

圖四、從這表中可以明顯看出來，原本的大圓籠罩於小圓之外，小圓不斷地透過學習與對世間的摸索，漸漸有了自己的學習模式與求知，規模已經超過原來的大圓。

圖四

在我所接觸的諮詢個案中，對於「還債、欠債」的親子關係並不存在，存有的觀念抱持「**互相學習**」而來，「還債、欠債」較為負面與鄉愿，在與親子關係上遇到磨擦時，自

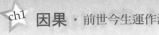

然而然會提起當成一種藉口，但如果將親子關係想成「彼此因學習而來」，或許我們對於親子關係的相處就會有一些不同的體悟。

若想在占卜時，更深入瞭解此議題，建議平時可以涉獵相關書籍，例如：《不說再見的靈魂：前世的科學證據》（琉璃光出版）、《當你的小孩想起前世：兒童前世記憶的科學調查檔案》（人本自然出版），都有詳細記載關於兒童在今生，所透露出關於前世的故事，這些故事都有一個特點——前世今生的發生似乎沒有存在太多的恩恩怨怨，透過這些跳脫宗教的輪迴實例，會將視野一下子提升至另一個思想空間。

◎塔羅牌的生命輪迴—從前世今生功課分析問題未來發展

透過塔羅牌來解讀前世今生議題，有幾項步驟可以依循：

一、從牌陣觀看大牌、宮廷牌與數字牌的比率——如果出現大牌比率居多，那就可以判定在前世今生課題上，有可能是著重在心靈、精神層上；如果是出現宮廷牌，通常是指當事人在前世或今世的身分；如果是小牌，則意指生活或是物質層面。以本篇故事為例，當我為個案占卜與父親、母親前世今生的關係時，看到最多牌的是屬於數字牌中的金幣牌居多：

在與父親的關係牌上，出現了一張小祕儀的金幣4，在金幣4的畫面中，人物是坐在房屋和高樓的前面，所以把它當成是前面那位年輕國王內心對於這些物質的渴望與佔有，但這位年輕國王身擁四塊金幣，所以可以想像或許心靈是較枯燥，外在的財富是沒有因此而帶來相對的生活樂趣，而當這張牌出現逆位時，則須解釋為不安全感、極度重視與金錢等等，從以上可以預測出，當事人與父親在今生的關係上，與物質層面關係頗大。

在當事人與母親的前世關係上，出現是一張金幣5：

畫面上是類似一對貧窮的夫妻（也可以當成一般的遊民、伴侶、朋友等），漫無目的地在雪地中前進，兩個人經過鑲有五顆金幣的神聖（代表心靈與物質）教堂時，卻視若無睹地走過去，故在前世關係牌上，我們可以猜測出或許前世關係是一對夫妻、好朋友等，雖然歷經了苦難與物質上的貧窮，但仍形影不離地相伴而行，而缺乏的是心靈上的溝通與交集。

在今世的關係上，母親對當事人是一張聖杯ACE：

在偉特塔羅牌中，ACE of CUPS原意是一段感情、積極（軟性）或是學習的開始，在心靈層面上是充沛、幸福及喜悅等，而聖杯的水不斷的流瀉出來也代表無條件的付出。

所以在這個案的故事中，可以想像，母子之間的關係是良好與和諧，但有可能母親無限的付出，造成個案本身在心靈層面的壓力，因為另一張個案對母親觀感是一張寶劍ACE：

寶劍ACE有著必勝的決心與理性的思考邏輯，但因寶劍衝刺過王冠，在溝通上難免會有過於強勢與直接的情況出現，值得探討的是，分別代表水的聖杯與風的寶劍，在「風、水、土、火」四大元素中雖然兩者結合應是友善，又代表著相互獨立之意，但因牌面的聖杯與寶劍ACE又都具有改變彼此與當下之意，但因聖杯是溫柔的付出，而個案對母親的態度有較直接，而在表達心中之意時常有過度的現象表現出來，所以可以猜測個案與母親之間的相處或多或少會出現在觀念與言語上的小磨擦。

這樣的牌面顯示出幾個重點：1、金錢在他們這世或前世，佔了重要性的成分；2、物質性的問題將導致他們今生在溝通上的重要課題。

二、從切牌推測當事人的心態——所謂的切牌就是個案在抽牌前，從塔羅牌中，切取一段最下方的牌，這張牌往往可顯示當事人所詢問的對象，其主觀意識。假設在當事人未明確說明想詢問的問題之前，所看到的切牌是金幣，就可判斷當事人在今世，金錢或物質層面的溝通上是不愉快的；如果是寶劍，有可能兩人的生活觀念會出現落差。

三、學會預設前世今生的牌面——如果以塔羅牌占卜前世今生，必須先預設幾張重要的前世今生牌，例如：1、兩人前世的關係；2、兩人今生所要學習的議題。至於這些牌要置於哪個位置或是何種牌陣，較沒有限制；以兩人關係牌陣來說，我會先抽這兩張牌，再抽個案與所詢問對象對彼此的看法，再來看今生的關係，最後一張則是宇宙高靈給予的建議。以本篇個案為例，當時排出的牌陣如下——

以上只是一種占卜前世今生的簡單入門方式，一名專業稱職的占卜師不應只侷限於牌面既有的解釋，應學習更多新時代的觀念與涉獵相關的書籍，才能從不同的角度上輔助個案創造更多的思考空間。

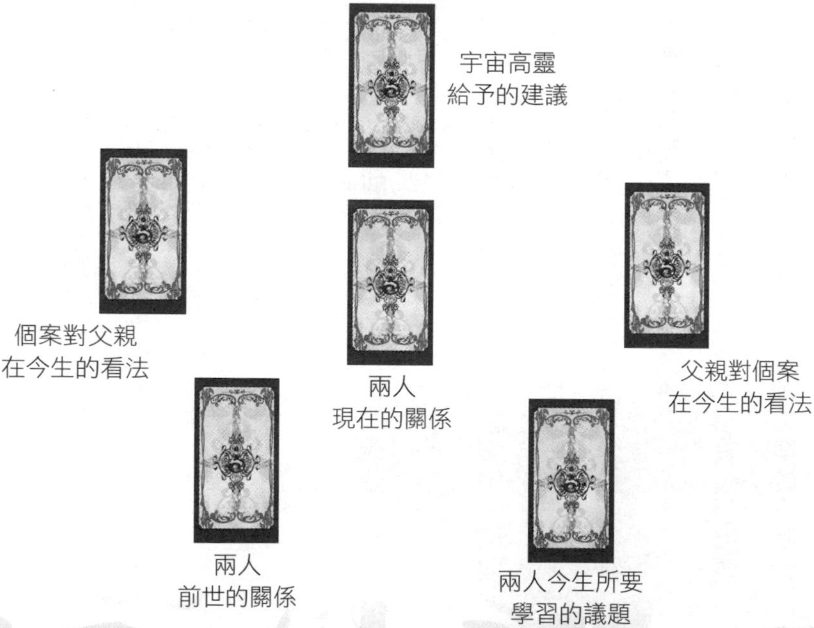

Q4：不可不知的祕密—如何開創無限創意及思考能力？通靈後是否更具有創意？

開創思維　先有想像力

愛因斯坦曾說過一句話：想像力比知識重要。是否真是如此呢？假使未有能力以其它觀點，反駁他的相對論說法，或許就暫且相信他的觀點吧。

對於發生在我身上任何一件事情，我喜歡去思考為什麼？？我會以許多想像出來的空間去對照發生在我身上的事情。在前一本敝作《我在人間與靈界對話》（2011年1月，柿子文化出版），以一位跑靈山的靈修人而言，許多讀者會對我產生一個非常的疑問，為何在我身上沒有太多宮壇、道壇的思維包袱？

當我開始接觸靈修時，以下的問題便常常縈繞在我腦袋裏：

為什麼靈語無法翻白話？

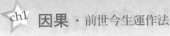

為什麼只要動念，靈動的動作會改變？
如果靈動因心念而改變，靈動又是什麼？
大家都說走靈修要認主，但如果不認主又會如何？？
為何當時無法瞭解自己的出處、主神及元神樣貌？
靈修一定要定義在因果、鬼神的狹隘空間嗎？
清楚知道本身元神、出處及主神，屆時的感受又是什麼？
通靈人、乩童、陰陽眼有什麼不同？？

這些疑問不單是停留在「想」的階段，更會從多方的角度，延伸想像力預設各種可能性。

愛因斯坦說過一句話：**製造出問題的同一個腦袋，不可能以相同腦袋解決那個問題**。把腦袋兩個字換成思維、態度、心性、觀念……等字眼，會較於清楚地瞭解愛因斯坦所表達的意思。跳脫舊有問題的方式，就是**徹底打破原本的思想框架**，而不是在原本的思維中打轉。創意不單單是打破現有格局，也必須勇於嘗試新的方式。印度偉人甘地對於創意提

出了如此的觀點：Every moment of your life is infinitely creative and the universe is endlessly bountiful. Just put forth a clear enough request, and everything your heart desires must come to you. 大概的意思是：**在你的生命當中，每一刻皆充滿了無限創意，宇宙亦是充滿了無限豐富資源。只要你清楚地提出心中要求，一切你心中的慾望將會展現在你的眼前。**

世尊曾以十不可信告誡弟子：

1. 不可因他人的口傳，就信以為真。
2. 不可因奉行傳統，就信以為真。
3. 不可因正在流傳的消息，就信以為真。
4. 不可因是宗教經典、書本，就信以為真。
5. 不可因根據邏輯，就信以為真。
6. 不可因根據哲理，就信以為真。
7. 不可因符合常識、外在推測，就信以為真。
8. 不可因符合一己預設、見解、觀念，就信以為真。

9. 不可因演說者的威信，就信以為真。

10. 不可因他是導師，就信以為真。

仔細地閱讀以上每一句話，對照生活中的想法、觀念、思維，你會發現到，我們常會不自覺地因陷入某一種名相「信任」而執著在某一個思考邏輯中。

世尊以此告誡弟子，是要提醒後人不要受他人、他物、他事控制住自己的心，明心見性，「明」來自於清楚地瞭解根塵接觸紅塵後的反應，這個工夫必須從生活中做起。而避免陷入與「相同體質」的人有相同的迷失，就是要將學習觸角延伸至更遠更寬廣的領域，完完全全地從不同領域在看待當下所陷入的問題。不要被原本的環境框架綁架大腦，要學習如何創造新的學習環境，才能在這個新的環境中看見新的角度與思維。

通靈後才有的思維？

一位擔任研究所心理與宗教的講師問我，**具有通靈能力後，帶給我何種心靈上的成長與收穫？**在我腦袋裡這句話的前後邏輯是：

敏感體質→開闊了不同視野→異於他人的心靈上成長

我告訴他，這問法前後順序顛倒了，並非一開始「敏感體質」帶給我成長，而是：

扭轉思考邏輯↓跳脫世俗對宗教、人性看法↓心性改變↓靈修成長

任何的修行，都是要不斷地學習如何割捨對於事俗一切的「執著」，就像一顆洋蔥，必須一片又一片地剝除才能看見最原始的本性，修行的道理亦是如此，並非如外界所想像，先有通靈能力後才靠祂們的教導學習一切。「智慧」的昇華不可能全部仰賴祂們（通靈）的教誨，而產生「新思維」亦非來自於祂們（通靈），而是必須靠自己用心地觀察天際俯察事物而來。不要過分貢高祂們的存在價值，套一句母娘曾經告訴過宇色的話：祂們的存在價值，是因為我們存在而存在。意思是，一個人要能真正地看見自己的價值，以及靠後天的修行，祂們的存在才有意義。說穿了，也就是要以後天勤修帶動先天的——智慧。

有一句話是這麼說：「**真正的選擇，是從觀察自己思維開始。如果管不好自己的思維，又怎能管好別的事呢？**」這裡的「管」是指真正地清楚瞭解當根塵產生觸機的心性。我從佛法中學習觀察自己的心性，以及改變了對於靈修問題的看法，而不是被一堆「人云亦云」的舊答案包覆我的想法，新觀點產生新的問題，而這產生了新的觀點，新的觀念影

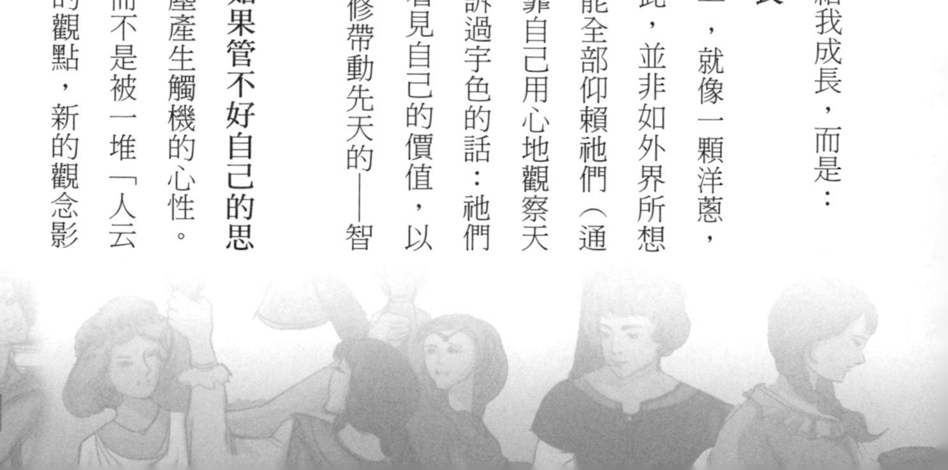

響了我以另一種新的角度來解決原本的問題。

有一句話是這麼說：直觀，是上天的禮物；理性的心靈，則是老天送給我們最忠實的僕人。但是我們創造的社會，人人重視這個僕人，卻忘了老天送的這份禮物。

The intuitive is a sacred gift and the rational mind is a faithful servant. We have created a society that honors the servant and has forgotten the gift.

五、夫妻前世的債務利息

今生有緣當夫妻，一定是前世相欠債嗎？她前來占卜，立刻表明想瞭解她與老公前世的關係，因為她在我的部落格看到前世今生的占卜個案。

我反問：「妳想瞭解有關前世的哪個部分？為什麼想瞭解前世？」站在占卜師的立場，絕對有權利瞭解問卜者問事的動機，以便做好回答問題的準備，甚至以引導的方式回覆，畢竟前世議題太廣泛了。

她告訴我，瞭解前世是因為不知如何與老公相處，雖然已結婚多年，但在相處及溝通方面，始終缺乏交集。

我先向她說明，因為是占卜前世，無法保證占卜結果的準確度，但我會盡量將所得知的前世訊息，連結她與老公的相處現況，提供一個比對的依據或印證。我決定半接收訊息半看牌。

麻吉變結髮夫妻

「妳和妳老公前世是朋友的關係，都是男性，但個性相當迴異。延續前世的性別，這一世妳潛在著男性的性格，比較隨和和果斷，做事乾脆，而妳的老公前世是一位長工，個性消極，眼光不夠長遠。」這些內容，一部分是看牌，一部分經由直覺得知。她邊點頭邊微笑：「我的個性真的蠻像男生的，不喜歡去講別人的是非，做事乾脆。」

接下來，我翻看代表這世的兩張牌，開始以一段故事為例，說明他們兩人此生的功課：「前世妳是行動派的人，而他較消極、思考不夠周密，往生後，你們同時來到靈界，認為能夠彼此成長與學習，希望能在今世續緣，原本給予你們再度成為朋友的機會，但由於朋友的緣分不如夫妻長久，於是，你們以夫妻的形式展開在這一世的緣分。妳繼續教導他更積極過生活，同樣地，因為妳做事太衝動了，所以必須從他身上學習慢活的態度，而你們這輩子另一修習的功課，就是當一對稱職的父母，藉由教導孩子與彼此溝通觀念。」

她回應：「我相信你所講的，因為我老公真的就是這種個性，而且啊，無論我如何唸他、罵他，他都不曾回應，我甚至生氣到有種想打人的衝動，但現在我即使有話也不想表

達了。我們常因教育孩子的方式不同而意見相左，我覺得教導孩子幫助別人和過得快樂，比追求高學歷還重要；但我老公認為高學歷才重要。」我沒有告訴她，這是因為延續前世身為長工的性格，所以他老公這輩子認為高學歷才不會被人看不起。

她好奇地問：「那從牌上可得知我上輩子的身分嗎？」我說：「看不出來，我只看到妳老公上輩子的工作屬性，很奇妙地，我抽牌有時只針對問題反應出答案，不一定對方問什麼就一定有什麼答案。」她繼續問：「我很想知道，我應該以何種態度和我老公相處？我常為此身心疲憊。」

「以朋友的身分相處就可以了，你們兩人前世是對等的朋友關係，不是那種長幼的輩分，所以你說的話，他都僅是聽聽而已，但從牌上看來，妳說五分他可以聽進二分，這不是一件很好的事嗎？至少他不是完全不聽妳的話。而且，如果他犯了錯，妳卻不數落他，他反而會覺得怪怪的呢。」我解釋之後，她說：「對啊，你怎知道！？有時我不數落他，他會覺得我怎沒反應。」我接著說明：「那是因為上輩子你們是朋友，今世又成為夫妻，他太瞭解妳了，話說回來，妳知道為何有些朋友可以相處好幾年，反而是有些夫妻只相處五、六年就分手了？」她搖搖頭表示不解。

「因為如果是朋友的關係，有看不慣之處都是隨性地勸導彼此，反正對方要聽就聽，不聽就少講一點；但夫妻不僅經常要求對方，甚至還將期盼投射在對方身上，無形中造成彼此的壓力，所以我建議，以朋友的心態看待妳老公。」

她稱道：「這樣聽起來蠻有道理的耶。」

換我提出問題：「他會因為妳的叨唸而動粗嗎？」「才不會呢，我老公從不打我。」

如果前世果真是好友，這輩子相約再續前緣，當然就不會發生大打出手的可能性。

提燈籠找好伴侶

我再提問：「那妳老公會將薪資交給妳嗎？」她自信滿滿地回答：「當然會啊。」

我說：「哇，那還有什麼好挑剔的，有些人的老公連一毛錢都不拿回家，或是老愛動粗；而妳老公，和妳相處二十年來，都能包容妳的叨唸，又不動粗，還願意拿錢回家，這樣的老公要拿燈籠去哪裡找啊？！」她不好意思地說：「是啊，我老公真的很好。」我開玩笑：「以後如果妳動了離婚的念頭，記得要告訴我喔，我幫妳老公介紹好姻緣，因為這種老公實在太難得了。」她狂笑不止。

「話說回來，如果你們前世的關係確實是朋友，那麼妳必須要明白，今世的夫妻關係，是你們在投胎前，自己選擇和決定的；千萬不要有夫妻相欠債這種負面想法，如果認為今世的掌握權都在神的手中，這就太一廂情願了。」

她點點頭：「聽你這麼說，我的心情好多了，我現在終於明白，今世的關係不僅是我自己的選擇，也是為了我們兩人的成長而來的。」

我開始收牌：「因為上天相信妳可以幫助他，並且因為他能緩和妳衝動的個性，所以你們由前世的友誼發展成為今世的夫妻。既然出發點都是好的，那就以輕鬆的心情來看待及處理夫妻關係，不是很好嗎？」

我再反問她：「妳知道什麼是最幸福的夫妻關係嗎？」她搖搖頭，我回答：「那就是多年後，彼此已白髮蒼蒼了，還能牽手散步、聊聊年輕時的往事。不妨仔細想想，你們才結婚二十年，未來至少還有五十年的光陰，何必急於一時改變對方？五十年後，或許他將慢慢回應妳的叨唸與叮嚀，這不是很好嗎？」

她忍不住衝動回答：「我感到蠻急的。」

「上次妳來問卜時，我是否曾說過，離婚的決定權在妳手中？」我記得她曾詢問關於

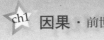

離婚的事。

「不是喔，你不是這樣說的，上次你是說，我們今世不可能離婚喔！」聽到她這麼說，我會心一笑。

奪回命運的掌控權

不久之前，另一段個案問及，已經分手的感情如何挽回，當初導致分手的主因是女方的母親。她的父親已過世多年，母親曾拿他們兩人的生辰八字合婚，命理師告訴母親，這是一段不幸福的感情，因為婚後，男方的性情將有大轉變。母親在愛女心切的心態之下，當然極力反對兩人繼續交往，雖未曾在男方面前提及，但卻常在背後，以強勢的口吻要求女兒主動提分手，久而久之，男方自然感受到這樣的壓力。

後來經由女方的努力，讓母親改變了對男方的看法，但長期下來，男方逐漸感到疲倦，在此同時，他的生命中出現了另一名女同事，讓男方決議分手。分手後，女方才發現，她不僅真心愛他，而且生活中已不能沒有他。

我告訴她，假設婚後男方果真變了，無論變好或變壞，都是妳人生的選擇以及歷練。

如果他變了，妳又如何能保證婚後，妳永遠都不變心？只要在做選擇的那一刻，真心對待彼此即可，也許命理師所言屬實，但難道我們沒有能力改變及創造未來嗎？

靈性成長運作法則—鞋子進了沙，不是要換鞋而是倒沙

有一段故事是這麼說的：「一位女生大學畢業後與某政要祕書結婚，郎才女貌羨煞許多的親朋好友，多年後，她的丈夫升職而她也當了母親。在一次街上偶遇，友人稱讚她仍是如此美麗，她笑而不答，神情中帶有一絲絲的憂傷，她道：「婚姻如鞋，合不合腳只有自己知道。」友人反問：「妳那雙優質的婚姻鞋難道不合腳？」或許少有人傾聽她內心的聲音，聽到友人的關心，自然而然便道出多年的委屈，諸如丈夫的種種陋習，比如吸菸喝酒、多了應酬少了回家陪伴家人等等。

聽完她的傾訴後，友人連接問了她兩個問題：「妳愛妳的丈夫嗎？妳丈夫愛妳嗎？」相信這都是多餘的問話，或許兩人之間仍還有愛，所以並未選擇分開，這時友人笑著告訴她：「其實妳的鞋子還是很合腳的，只不過鞋子裡有幾粒沙子而已。」最後這段故事下了一個總結，「這世上有很多人說鞋子不合腳，其實未必就是鞋子有問題，可能是鞋中之沙

造成了一種不合腳的錯覺。因為幾顆沙粒而放棄整雙鞋子，那可是天下第一號大笨蛋。」

婚姻是一則艱辛的選修課，時時考驗著我們的智慧，維繫婚姻的同時，必須記住：彼此能結為夫妻需要相當深厚的緣分；不僅是在今生選擇了彼此，可能在未投胎前，都已認定了彼此是今生的老師。所以，才有人將婚姻視為一輩子的修行。

從婚姻中覺知內在「圓滿與覺醒」

有時婚姻中所產生的磨擦，大多出在於「彼此認知『婚姻角色』的扮演有所不同」，我們會將內心對於婚姻的預設角色，投射到現實生活中的老公、老婆、小孩、公婆身上，殊不知，如此的心態只是讓婚姻生活提早走入死胡同中。

今世圍繞在生命中所有事物，親子、婚姻、友情、愛情、親情……等，它們的出現便是被我們內在習性所吸引過來，站在「靈性成長的法則」，這些人之所以會出現在生命中，最終的目的都是引導我們心念轉往更高一層次的境界而來，藉由這些人的出現達到靈性上的成長，而第一步，是必須真正地「認清自我存在的本質」。人生的道途中，是完成一次又一次心性上的圓滿與覺醒而來，其方式因每一個人的心性而產生不同的生活模式。

「圓滿與覺醒」可分為兩個部分——體悟「苦」後的覺知及「觀自性」後覺知。

「苦」後的覺知

體悟「苦」後的覺知，學習「用心體悟」發生在我們生活周遭的人、事、物，藉此以達到觸及內心覺知境界。在本篇故事中，她與先生在性情上有著極度的落差，造成婚姻中相處模式以及親子教育產生了磨合。假使個案能夠真正地瞭解自己，在婚姻中觀察到另一半的性情中藏著許多本身可以學習之處，例如，本身是否要放慢生活的步調。這時，不僅磨合減少了，亦可以藉著向另一半學習來改善本身的心性，如此才能讓婚姻生活經營更長久。

我曾經遇過一個四十多歲女性個案，她育有三名子女，從結婚那一刻起，老公從未拿薪水回家貼補家用，至今小孩已經上了國中及國小，她告訴我，至今尚無法做出離婚的決定，是因為考慮到孩子尚小，而孩子需要有一個完整的家庭與父愛，我反問他，三名子女對於這段婚姻關係的看法為何？？她表示，三名子女皆向她表示離婚是最好的結果。

子女約束了她的想法？

傳統婚姻觀念束縛她的決定？

細問之下，導致她不敢做出離婚的決定主因，來自於她已經習慣（或漠視）多年來如此的夫妻生活，她從未真正傾聽過內在的聲音，甚至，她沒有勇氣做出改變現況的決定，她擔心離婚之後身邊再也沒有一個男人，雖然目前丈夫無一可取，但至少在傳統觀念中，他的存在在完整家庭著扮演著父親、丈夫、女婿……的角色，她害怕離婚後勢必打破心目的「完整家庭」的概念。套用坎伯的理論，她並未真正「追隨過自己」，坎伯在《英雄的旅程：坎伯的生活與工作》（註1）一書中提到，他認為人生所追求應是不同的「生命的經驗」。坎伯書中提到，人生在世，都必須學習怎樣去認識自己心靈的深處，用屬於自己的生活方式把內心真正的聲音找出來。「追隨你內在直覺的喜悅前進」是坎伯在許多著作中不斷強調的觀點。

從太極陰陽體悟夫妻之道

太極存在世間萬物之中，包含人亦是如此，每一個內心都潛藏著一輪無法的太極陰陽，太極又生四象，四象便是所謂的春、夏、秋、冬，每一個假使瞭解本身四象運作（體質），便可以清楚地知道，在

四季當中可食與不可食之食物為何。人性中亦存在著太極，故有云：「心中無道，寸步難行」，此道所指便是心中的太極陰陽，一個真正瞭解自己的人以及他人心性，自然便能清楚地知道在生命當中可為與不可為的道理。轉動太極陰陽的能量來自於對於當下每一件事物的體悟與修心而來，在生活中持續性地在修心養性便能轉動心中太極，轉動太極最大的效應便是消弭心性上承接累世的業力（因心念產生後的結果）。發生在生命當中的一切都存在著業力，當然包含了因種種因素而產生的婚姻關係。太極陰陽的道理與佛法中透過觀察生活瞭解自性，似乎有不謀而合的相同之處。

以東方陰陽太極的觀點，在以上個案中，當陽盛（男）陰衰（女）時：

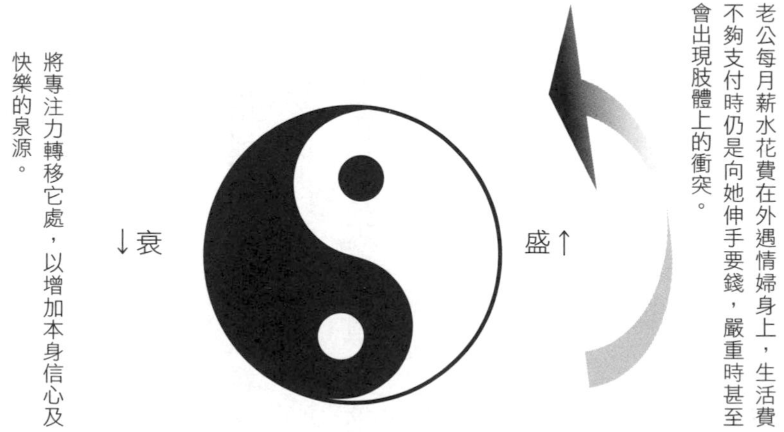
老公每月薪水花費在外遇情婦身上，生活費不夠支付時仍是向她伸手要錢，嚴重時甚至會出現肢體上的衝突。
盛↑
↓衰
將專注力轉移它處，以增加本身信心及快樂的泉源。

轉動陰陽太極的方式，除了本身要由內在培養意志力，勇敢地選擇想要的婚姻關係，亦可以將專注力轉移它處，以增加本身信心及快樂的泉源，例如，學習新的一技之長、涉獵不同興趣及專長的朋友圈、結交新的異性朋友（非指精神外遇，而是透過認識異性朋友，提升本身的自信）……等等，以上都是轉動陰極太極的方式。

夫妻相處之道並非無止盡地包容、退讓或要求對方符合心目中理想的生活模式，在要求對方或改變現況之前，應是先認清本身在夫妻關係中所扮演的角色，以及在這段關係所要學習的功課。在這個過程中，意志力與理想總是出現著矛盾的關係，意志力是個人成長很重要的心理因素，而意志力的背後是「**勇於為自己的行為負責任**」，在未真正認清這個層次的內在心理之前，一般人總是在漫長地歲月裡與理想抗衡。

另一種「圓滿與覺醒」 觀自性後覺知

如此的覺知方式，需抱持著大徹大悟的覺悟精神方能達到，透過「觀」察五蘊（註2）達到心靈層次的開悟。以佛法來說，佛法教導他人時，不論對方在生活中產生何種的問題，都必須讓每一個人真正地觀察自己的心性，以及在生活當中所覺起的情緒反應，再依

他人的性情以及處事的方式來教化，最終的目的便是「放下」。

放下對於事物的執取心。

放下對於他人的仇恨心。

放下對於當下的不平靜心。

放下……在生活中所執著的角色。

其實，在為他人占卜時亦是如此，運用占卜工具善誘他人內心的良知，輔導他們以不同角度、觀點跳脫事件本身，以客觀的態度看待自己的問題，最終，依舊是要把心放下。

註1：《英雄的旅程》（The Hero's Journey：Joseph Campbell on his life and work，立緒文化，2001年11月初版）：「他們認為成群結隊地前進是不體面的。所以，他們每個人都會選擇一個最黑和沒有路的起點，進入森林。如果有路，那是別人走過的路，意味著你不是在冒險。——坎伯」

註2：五蘊為佛教用語，為色蘊、受蘊、想蘊、行蘊和識蘊。本身具有「集聚」、「集結」之意。以狹義來說，五蘊是指生命當中對於事物的感受，皆是透過人的「色」、「受」、「想」、「行」、「識」所產生。

◎塔羅牌的生命輪迴—運用建議牌，化解問題盲點

為人占卜婚姻問題，最常使用的牌陣是兩人關係陣法，從彼此之間的看法、目前關係的現況、瓶頸，即能看出個案在婚姻上的經營輪廓。（詳見〈孩子，是一輩子的功課〉），關係牌陣較為單純，主是要希望從牌陣中看出彼此對於這段婚姻（愛情）的心態，當瞭解彼此內心的想法，接著就可以再運用「問題六芒星牌陣」，透過這個牌陣可以提供個案對於問題的客觀看法與建議。

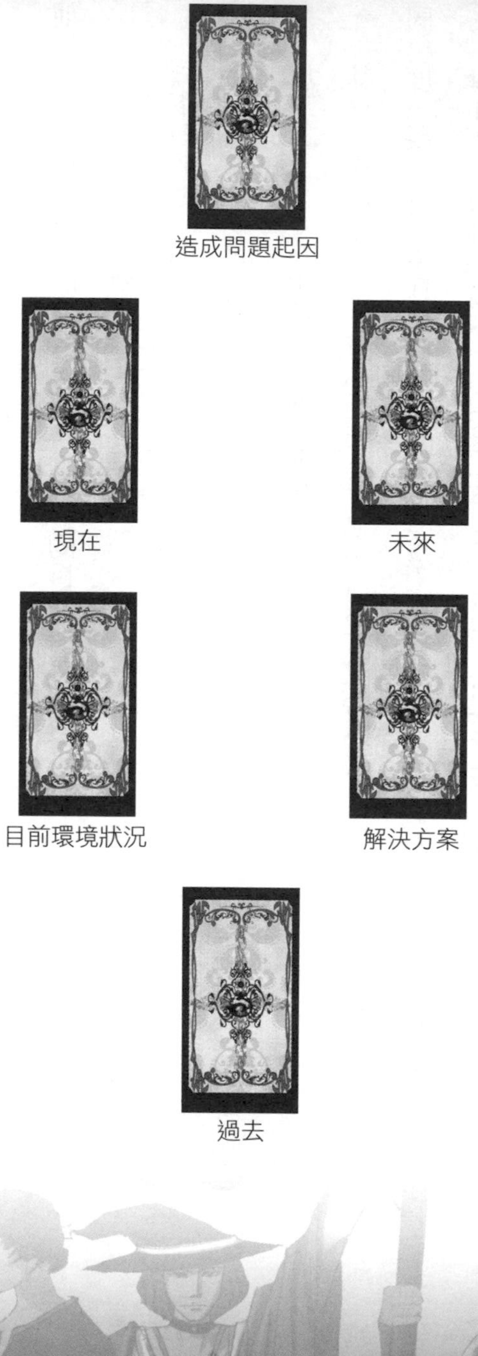

問題六芒星牌陣，是屬於全面性的解牌牌陣，從最開始的兩人相處狀況（位置１）開始，一直走到現在（位置２）的局勢，假設當下能量及觀念不變情況之下，而未來（位置３）又會產生什麼樣的變化，占卜師與個案可以從中看出問題的演變過程，眼尖的占卜師或者可以發現，位置１～３是不是就是我們常用的時光之流牌陣（過去、現在、未來）。接下來則是以客觀角度來分析整個問題，在位置4的部分，則是要讓個案瞭解問題最原始的原因，及因為這樣的原因造成了目前的外在環境（位置５），最後貫串整個問題後再提供一個良好的解決方式。（位置６）

在使用問題六芒星牌陣中最重要的部分，當未來顯示是一張負面能量的牌面時，占卜師就必須巧妙地運用最後一張牌（解決方案），來化解當事人對於未來的恐慌與不安，以及對問題的盲點與執著，以此個案為例，在解決方案上出現了一張聖杯2的牌：

聖杯２原意是透過兩人之間平等

關係，達到在生活上、工作上、感情上的平衡與和諧，在解釋上可以為「須以朋友或者是平等的關係，來化解問題的癥結點」，反之建議牌是出現較負面，比如是聖杯5：

聖杯5是指遇到一段令人感到傷心、難過甚至失望的局勢，這時就須加上「改善」兩個字，比如改善對於事情悲觀的念頭走出陰霾，掌握當下所擁有的（圖像中身後那兩個聖杯），在占卜快盡尾聲時，記得提供個案一個正面積極的信念是一件很重要的事。

Q5：不可不知的祕密—夫妻真的是註定好嗎？真的有所謂真命天子、公主嗎？

當蘋果電腦創辦人史帝夫・賈伯斯（Steve Jobs）發明了iPhone後，同時也真正宣告新世紀——「世界是平的」的到來，iPhone不啻聯繫接收者與發話者兩者之間，而是將功能放大至音樂、影像、網際網路、電子郵件、相機等多元化功能，小小一台掌上大小的iPhone，將多元功能全都收錄在使用者的口袋當中，在之前須使用數種軟體、花費不少時間收集的資訊，現在僅靠一台小小的iPhone，便能全部一次到位。這顯示了，世界真的是平的。把相同的觀點拉至命理角度，在早期中國社會，父母作主、媒妁之言促成了一代傳一代男婚女嫁的傳統觀念，隨著社會的變遷，科技的進步，男大當婚女大當嫁也受到了衝擊，同時，男女之間的選擇性也隨著科技改變而有了重大突破，「只要是我喜歡」取代了傳統父母作主，父母決定小孩結婚對象也從絕對性，變成了參考性，網路徵友取代了媒人婆角色，在google上key上徵友兩個字，會出現14，000，000筆的徵友網站和資訊，供使用者參考，14，000，000僅限中文搜尋！如果外語程度更好，當然就不只這個數字，如此的數據顯示了，當你擁有良好的外語能力，只要坐在電腦前，就有超過1／14，000，000的機會認識更多異性朋友。

中國社會傳統的男尊女卑的觀念，也隨著女性就業的抬頭突破了男女不平等條款，在2011年3月的今日，萬事達卡國際組織公布了最新女性進步指數，在亞太區14個調查的國家中，包括台灣在內的11個國家女性進步指數，連續三年呈現正成長。這顯現了，男尊女卑如此不平等的觀念已經被「科技」和「後天人的努力」所改變。世界是平的，顯現在網路、手機及資訊上，同樣，早期真命天子、公主的觀念，也被科技所扭轉，在情感當中，人們的選擇性變多時，交往對象不再是少數的選擇性，而男大是否當婚？女大是否當嫁？也成為了人生選修課，不再是唯一的必修課。

你是否還存有「今世夫妻是註定」的念頭嗎？從大環境的變遷來看待傳統的命理說法，你會發現，在不知不覺中我們的觀念被傳統兩字所束縛，尤其是在情感、婚姻觸礁時，更容易將負面傳統說法套用在自己身上。在接觸無數的個案中，在婚姻、情感上感到困惑的個案，在我眼前來來去去，我深深地體悟到一個觀念：「**沒有最好的白馬王子及公主，只有在對的時候出現對的人，而這個人，如果不是要來改變我們！就是要我們來改變**

他。每一個情感伴侶都有值得學習之處，僅在於我們是否有用心地觀察彼此。」

在娑婆世界裡，許多事情本身充滿了矛盾與無解，就是因為矛盾才能激起人們不斷地突破傳統，勇於尋找人生的定位，也因無解，所以才有機會讓更多人展現自我的價值。在宗教、命理上，很多事物看似具有一定的邏輯與理論，背後卻難以通論視之，隨著自我意識抬頭、自主權及科技的提升，人與人之間應有因緣也隨之產生了變化，尤其在情感及婚姻問題上更顯複雜。

「人定勝天」，業力的扭轉來自於定力與判斷力以及最重要的執行力，藉由在紅塵中世俗的一切，以清楚地看見本性，而進以正念、正信及正思維來改變今世不好的習慣，當下的體悟才能創造新的人生格局，但是，說來容易做起難，又有多少人能真正看透命運而瞭解天命。

3
Three of Cups

3
Three of Wands

第二章

愛情．人生必經的學習功課

「當你被愛的時候，你就可以創造出任何事物。
當你被愛的時候，你一點也不需要刻意去瞭解外面發生的事，
因為所發生的任何事都在你的心靈之內……」擷取自牧羊少年奇幻之旅

愛情是許多人一輩子的學習功課，有人在感情功課中跌跌撞撞，依舊無法從感情中體悟到「情感世界的另一半是內在顯現」，我們賞識對方的優點，往往是我們內在所嚮往而追求不到的靈性成長心性，反之，最無法接受對方的缺點，其實是我們最無法接受自己的某一深處未被探尋的陰影。

大部分的情感建立在假相的「完美理想」中，個人對於情感的完美理想，投射在對方身上，乞求從對方身上達到心靈上的成長，這些期盼由感情中填滿內在陰影所投射出來的對象，便是搭築情感的基石。在未認清自己內在「真正」應該成長的靈性能量，以及觀察對方身上反映出本身內在的陰影前，造成情感上最好的危險來自於一段又一段不甚美滿的結局。甚至在交往過程中，會以一套傳統既定的「感情規範」，例如：男女生在情感中應該扮演的角色，以及站在本身利益為主的立場處理感情問題。

我曾遇過一個女性個案，她第一次來找我諮商占卜便是為了情感問題而來，從一開始的初戀到結束，每一段戀情最終都是與對方不歡而散，甚至每一段均發生肢體與言語上的衝突，在一年內，她結交過多次的戀情，每一次戀情中，她都慫恿現任男友為她報復前一段男友的不忠、背信。在諮商過程中，逐漸地瞭解到她所未真正面對過內在的人格特質，她在戀愛中尋找生活的經濟支助，易怒的脾氣使她絲毫無法接受男友在生活上與她不合的小地方，比如慢條斯理的處事態度、猶豫不決、生活瑣事上的健忘等等。深入去分析後，發現她從未真正正視過自己的陰影及欣賞另一半的優缺點，她放大對方的缺點而逃避面視內在的陰影。

一個女個案來信告訴我，信中表示，為了與男友復合，她可以順從任何的方式，只要男友能夠回心轉意，唸經迴向、學習如何體貼他人、壓抑內在對情感上的不安全感、符合男友心目中的個性……等等，但是，每當男友提出分手時，自殺的念頭便會不自覺地升起，男友承受不了如此的壓力選擇暫時性的分開一段時日，她告訴我，她非常瞭解本身的不安全感造成男友莫大的壓力，性格中有需要調整的地方，為了處理心理上的問題，她也找過心理醫師諮詢。她很清楚內心的不圓滿，卻不知如何做才能挽回男友的心。她來信問

我，要如何做才能將男友挽回。

情感上，沒有絕對的對與錯，分享的故事雖然是女生，但相同的戲碼，也曾發生在男生身上。前面的二個例子，充斥在我們的朋友、親屬圈中，不同的情感模式卻是因相同的心念造成：「未真正地檢視內心陰影」。因執念於「情感上」的安全感，而扭曲情感的基礎建立在信任、成長之上，在某程度上而言，因「我執」而緊捉住情感不放，為了情感而勉強改變自己的人，是另一種以情感面具掩飾內心病態的呈現。

避免走入情感死胡同，最好的方式，是日常生活中不斷地察覺內心在接觸，情感，問題時，所顯現的情緒面以及感受，情緒與感受都是內心碰觸到紅塵時的反應，而情感世界的產生亦是由這些心性所產生。仔細觀察反應、接受它、靜觀它，進一步便是嘗試以智慧來處理它，只要一次又一次地勇敢面視內在世界，或許就會瞭解到，愛情功課亦是靈性成長的另一面相罷了。

碰到情感問題而時能真正放下？「**瞭解自己且願意放下自己時，就是放下的那一刻。**」

一、寬恕是創造美好未來的開始

因為某些因素，前任男友在她的心靈與肉體留下了傷害的記憶（非暴力殘害），她來問我該放下仇恨原諒他，礙於事情過於私密，她始終無法卸下心防與我談當時造成她痛苦不已的事件，她僅告訴我，她對於前男友的恨已經到巴不得他死去，她很清楚應該寬恕他在她身上所造成的傷害，但這個問題近年來深深困擾著她，所以她無法抹滅對他的恨。（造成的傷害緣由非本篇故事所要講述的重點，細節不贅言。）

該怎麼寬恕他？！

她不斷地述說著不堪的過去，在我的腦袋裡卻不停打轉著—該如何幫助她走出傷痛不好的回憶。

前世？突然前世兩字從我腦中閃了過去，造成今世的問題關鍵與前世多少有著不可分割的關係，只是前世因在今世會產生何種變化，在在考驗人們今世的修心及智慧。或許從前世所結下的因，能夠協助她從不同的角度切入問題。

無形的三角關係

洗完牌，我請她抽出兩個分別代表前世關係的兩張牌，當聖杯3被翻出來時，當下我不知該如何解讀！聖杯3原意有著喜悅與歡慶之意，怎會是三個人愉悅和快樂的畫面呢？此時我的腦袋一片空白。

我將牌整理了一下，腦袋卻是不停地打轉，思考著這段關係到底是哪個環節出了問題，為什麼在這一世的感情中，前男友在精神與肉體上傷害了她，在前世造成今世的主因卻是快樂、愉悅的牌面？甚至還有其它第三者的出現。

「請問妳們兩人當初交往時，是否有第三者介入？」我提出疑問，她搖頭否認。

我決定以另一個牌陣來占卜造成兩人今世的前世主因為何！

這次她抽出三張牌，其中一張牌再度令我當場倒吸一口氣，聖杯3再度出現。

塔羅反應出事件原型　癥結卻要抽絲剝繭

偉特塔羅牌共有七十八張，要在同一個牌陣中重覆出現兩次以上相同的牌面，而且位置要能夠前後呼應，機率其實非常低，但也因為在重新洗牌後的牌陣中，我逐漸地發現問

題前後關係。

「請妳再仔細想想，你們今世的關係，真的沒有第三者存在嗎？」我再問了一次。她想了想告訴我，他的前女友是她的一位A女。她曾問過A友與他交往時，身體是否也有出現類似的病史，A女反應是有，但卻不如她的嚴重。

「在分手後我才輾轉得知，這個男人非常不懂得潔身自愛，常在外面捻花惹草與不少女生發生性關係。」這時她才想起這件事。

當我遇到不知如何解讀的牌時，習慣性會向祂們請益。一則可以提升解牌的能力，另一方面祂們所給予的指導往往會跳脫書上的教導。在她講述發生的過程時，我向祂們詢問此件事情發生的主因，經祂們一講，我才恍然大悟整副牌陣以及聖杯3連續出現兩次的含意（解牌不能單張論，需觀察全部牌陣）。

我向她解釋——

「今生碰撞到與前世有關連的人、事、物，所產生的結果常出乎一般人的意料之外，有時出現在眼前的人，明明是傷害我們的人，但有時正確的答案卻非眼前人，而是與我們不相關的人。」我看她一臉茫然，我拿起紙筆開始畫圖：左右兩邊分別是A（她）、B

（前男友）、C（另一關係人），分別代表了前世和今生的三人關係。

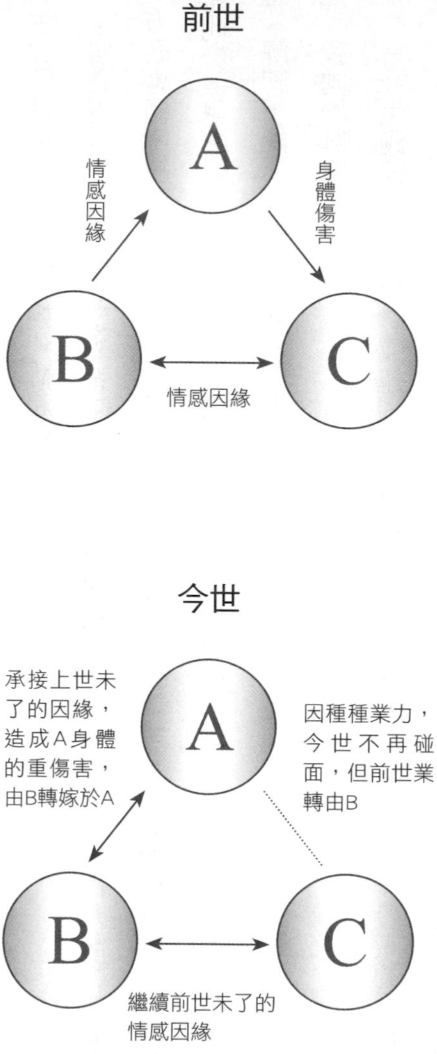
前世
A
B
C
情感因緣
身體傷害
情感因緣
今世
A
B
C
承接上世未了的因緣，造成A身體的重傷害，由B轉嫁於A
因種種業力，今世不再碰面，但前世業轉由B
繼續前世未了的情感因緣

祂們告知，造成今世主因的某一世，他們三人好友關係，過著紙醉金迷的生活。但因某種因素產生了情誼上的隙縫與口角，A與C的友情產生問題，A在C的酒內下了毒，雖然不至於因此而喪生，卻留下了造成一輩子傷痛的後遺症。A與C雖同樣再次投胎，但各自有其因緣、學習功課需完成，故在今世並無直接因緣再次碰面。

「業力」來自於感同身受

業力來自於心念所造成的結果，不論結果是如此，我們都必須承受，「業力並非全然建立在一報還一報的基礎上，有時業的生成來自於『承受過去世所造心念後的結果』。」舉例來說，前世廣結善緣，今世的貴人不一定全是前世受恩惠的人，但今世能夠如此平順，卻是因為在前世的善念。業力不一定侷限在單一報還單一報，而是要放大想成是一種心念出發去後的能量。

雖然A與C今世無緣再次碰面，A造成C前世的病痛的不善業，在今世仍須再次的感受，此業轉由與C、A尚有因緣的B身上，因此，原本只有女生才會發作的傳染病，為何會介由B傳染給A，造成A今世身體的病變。據事後她向醫生詢問結果，女生病毒轉由男生再感染給女生的機率是存在，但機會微乎其微，除非特殊原因，一般傳染途徑很難經第三者。

我問她，是否感染此傳染病時，與前男友感情便生變了。

她告訴我，分手後發作，推算回去才知道原來快分手前已經被感染。

我綜合牌陣的交叉關係以及祂們的訊息，告訴她，從牌意上來看，這個男生的出現，

只是為了做為C前世宿願的媒介。C今世與妳一樣是女性，如果今世真的要透過「性行為」才能被感染，那一定要找個男生對吧？因為妳和她都不是同志，但她今世只要和這個男生發生關係，這個男生再和您發生關係，自然就達到了業的共力問題。（註：多年來她已尋遍全省中西名醫皆無法根治，只能減輕病情。）

以觀想扭轉業力　寬恕了斷因緣

她問我，是否C女今世是故意找B男生來報復她？

我搖搖頭向她表示，**瞭解前世是教導我們以另一個角度看待今世所遭受到的問題，而非放大不可考究的「過去世」**，更何況，世間上哪一個女生有如此心機，將病毒傳染給一個不相關的人，為了就是要報復對方。我建議她，看待前世因果的角度，只要想成「**今世的種種皆是傳承累世的業力，一切皆以善念來扭轉諸業力，便是今世的人生功課**」。

我轉換一個思考角度告訴她，造成現今的感染已是事實，就算真是前世的關係，或是兩人之前的感情糾葛也是過往的事情，不論是美好回憶或是不堪回首的過往，都應該學習淡忘與放下，我問她一句話：如果還有來世，會想在下一世遇到這件事或這個男生嗎？

她斬釘截鐵地說：「我不想再見到他，我很恨他。」

我告訴她，既然下一世不想再遇到他，那就在當下學會寬恕他，今世的種種皆是承接了過去的業，不論業力的生成如何，都是我們當時的一念之間所造成。以今世來說，多年過去，兩人的情感早就雲淡風輕，但妳卻一直將仇恨記在心中割捨不下，到頭來，傷害自己的已不是事件本身，而是自己的「一念之間」，無形中身體的病痛與前男友情感上的不堪回憶，便深深烙印在心中，甚至會深入到妳的潛意識中，如此的執念就一直帶著到下一世，那下一世就會重覆發生同樣的案例。如此的生成便是一世又一世業力的輪迴主因。

她疑惑地問我該如何化解如此的怨恨？

我說：「觀想，觀想妳和他在一起的畫面。」這方法對於有怨恨的人，或者有深仇大恨的人很有幫助。她無法置信地回答：「我恨他都來不及了，你還叫我觀想和他在一起！？」

我回答：「那就是寬恕，如果妳能想像和他站在一起，那就是已突破心中的防備心了，妳不妨想一下，如果這個疾病是因他而起，妳卻寬恕了他，是不是同時也是寬恕了這個疾病？」我跟她分享了一本書《下輩子還要做您的親人——輪迴在美國的真實案例》其中所提到的一個觀念，**寬恕仇人對身心靈所造成的恨意，便能化解因恨意所造成的身體傷害**。我告訴她：「觀想只是第一步，進一步則是觀想藍光緊緊包圍你們兩人」。藍光代表了寬恕、平靜以及淨化功能，藍光的能量是一種純淨的大宇宙能量，透過此能量，不僅能達到寬恕的效果，多少能轉緩正統醫療難以醫治的傳染病。她認真地抄下我講的話。我知道這件事知易行難，希望她能做到，相信當我們強迫自己去原諒一個人時，無形中，也能給未來更多的成長空間。

靈性成長運作法則—心是業力的主導者

「超脫」是人在每一世轉世時的自然本能，諸如超脫感情束縛、婚姻牽絆、累世生成的負面情緒、觀念、看法等等，透過後天的培養及訓練，覺察力越明亮時，所看到包覆在內心的陰影便越清楚，此時潛在本能便生成—「超脫」。超脫兩字換一個角度思考，是扭轉影響今世靈性成長的習性及觀念，進而不受世俗所影響，如此的自然本能是每一世成長的動力。此前提除了覺察力的提升，最重要的一點是必須培養一顆大無畏的心來面對、扭轉、克服內心的陰影，誠如老子如言：**對抗外力是大力，而真正的勇者是能克服自己的劣**

根性的人。

一層又一層包覆著今世內心的環節，來自於每一世的「起心動念」後產生的行為及結果，也就是所謂的業力。

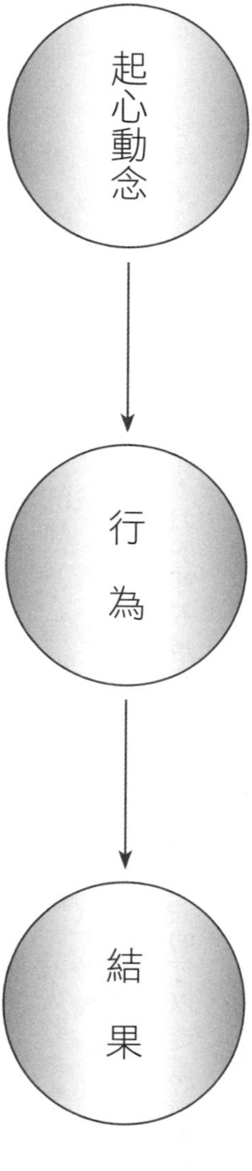

而最終的結果必終還是回歸於本身，此時「心」也同時產生新的作用，以情感來說，當一個新的對象產生時，我們會對他（她）有了心理上的反應，不論是接受或不接受、喜不喜歡，也都是一種行為，假使我們選擇了接受新的對象，那最終的結果，便是我們要承受兩人在一起之後所產生的種種生活形態，當然，假使我們選擇不接受，那最終就是要面對個人獨處或是再面臨新情感機會的生活形態，故起心動念之後的結果，最終還是要回到源點—心。在法句經裡對於業的解釋：**心是善、惡業的主導者**。

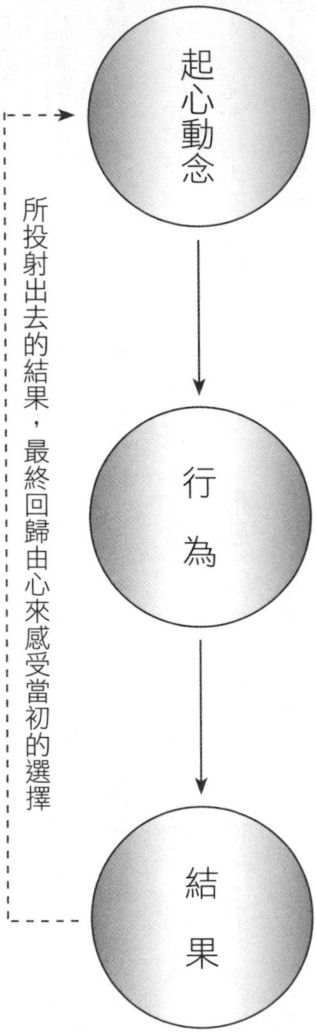
起心動念
行為
結果
所投射出去的結果，最終回歸由心來感受當初的選擇

如此的循環過程便可以看成短程的業力，業力，梵文是Karma（古譯羯磨），是指去做、行動的意思。所以業力是指行為的意思，如此的解釋已經打破一般人將業力狹隘地解讀為前世今生的看法。而業力不一定全是負面，以佛教觀點，佛陀將業力分為令生業、支持業、障礙業及毀壞業四種。**（詳見Q1不可不知的祕密—塔羅牌真的可以透徹前世今生嗎？）**業力是造成我們不斷輪迴轉世的主因能量，反過來說，「心」不斷地造就新的想法、行為，必然需不斷地承受最終的結果。

業力的生成是依據行為後的自然法則，就像拿起筆再放開手，筆的落下是因吸引力法則（自然法則），過程中無需參雜其它仙佛鬼妖的助力，業的運作是獨立性。

一切的結果都在於起心動念，解鈴還須繫鈴人，業力最原始是由心所發起，自然後果亦是由我們自個來承受。依據佛陀所言：**業力非前世所註定後的結果，故無須無助地將今世的種種交給神祕的力量做決定**。瞭解了業力生成定律後，自然會對我們今世的種種心念產生的行為負責任，同時也要具有相當的勇氣承擔一切的情緒反應。

「心念創造實相」心念產生的行為、結果，必然會牽引出人與人的關係，諸如親情、愛情、友情等等，「**發生在今世一切現象都是心的投射**」，不論當初心念是良善或不良善，最終我們都必須去承受於它。人在轉世前會因種種因緣，出現有緣的仙佛來教化我們，觀照今世所做的種種良善與不良善行為，當我們能真正瞭解及反省當世做的一切時，更會再度投生至下一世，此時，在下一世所顯現的人、事、物，便是因應我們累世業的心念所生成。假使是不好的業力，下一世所出現的種種因緣便是協助我們學習如何超脫及懺悔，以助於完成靈性成長的功課。**在累世劫中所牽涉到人，並非會顯現在下一世，有時是因緣未俱足，或者彼此尚有彼此須完成的功課**，舉例來說，今世與父母的因緣，有可能是前三世所種下，不一定與前一世有絕對關連。事事雖與業力有所關係，因業力背後複雜的生成卻非一般人所能看透及體悟，有時看似惡果有時卻是激勵人心的善因，當未培養一顆

堅定心時，看似是善果卻是阻礙我們成長的最大來源，業力就像大自然的元素—火，當因緣俱足和合之時，它便會顯現，與其去探究善、惡因緣的來源，倒不如專注培養今世的精進心、正念及智慧以扭轉種種業力生成。

◎塔羅牌的生命輪迴—身心靈與問題解決牌陣　交叉使用法

當個案前來尋求解決解答時，占卜師要以何種角度切入，甚或以何種塔羅牌、牌陣解牌等，端看當下的決定，以本個案為例，並不一定要從前世今生此議題去解決，可試著從不同的問題點進行分析，打開個案的心結，以下「身心靈牌陣」與「問題解決陣牌」都是可以協助分析個案問題的方法—

一、身心靈牌陣：從身心靈角度看當事人當下的狀況，並再抽出一張建議牌，從建議牌與切牌兩者的關係，可給予個案客觀建議。

身心靈牌陣在使用上適用於任何狀況，例如某件事對於身心靈的影響，或者是目前當下身心靈的狀況等等，特殊的是，使用這樣一個牌陣，著重點在於牌與牌之間的互相關

身體狀況

建議牌

心理狀況

精神狀況

係，舉例來說，當代表身體狀況出現能量較強的牌（EX：權杖騎士）：

而其它則出現能量較為弱的牌面時（EX：聖杯4與寶劍4）。

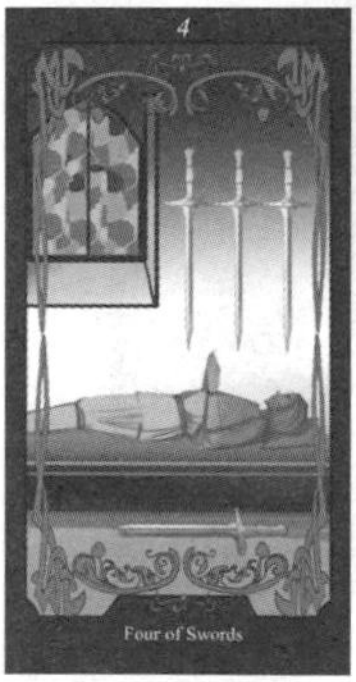

可以猜測出，當事人在內心已經感到疲憊與失去了對目標的熱忱，這時我們就一般而言，最好的牌面應是身心靈處理一種平衡與和諧的狀態，在建議面的使用上，我們可以就大方面給予建議，也可以就某一張牌給予建議，比如在心理狀況與精神狀況較弱時，可以分別在這兩張牌的旁邊再放一張建議牌（如下圖示）。

二、問題解決牌陣：它可以使用在身心靈牌陣之後，當占卜師瞭解到個案身心靈狀況後，便可以專注於分析問題的發生始末，給予當事人建議，問題解決牌陣共有四張牌，分別是1、發生的原因，2、問題的現況，3、未來發展，4、解決方案。而在

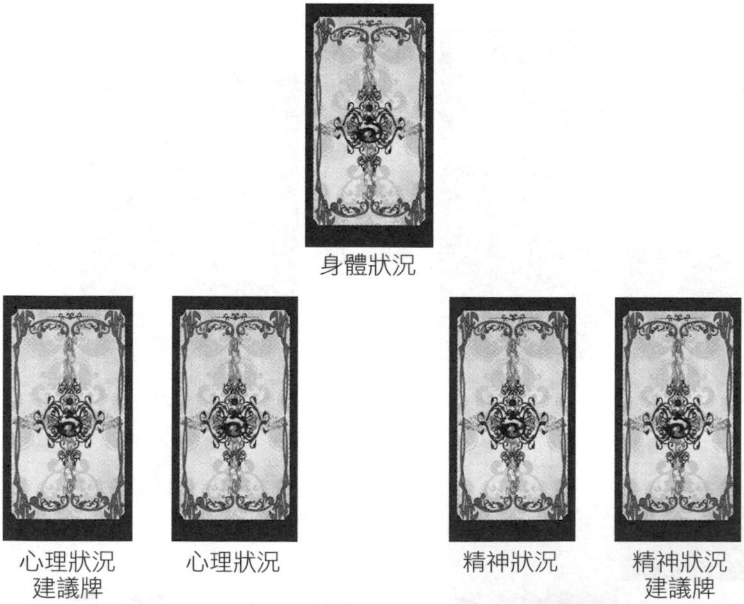

代表「問題現況」的第二張牌，必須做為當事者的心理現況，雖然切牌時已有一張牌代表當事人心態，但因切牌為主觀意識牌，如能再佐以另一張客觀牌，則能較以客觀立場來看待問題。

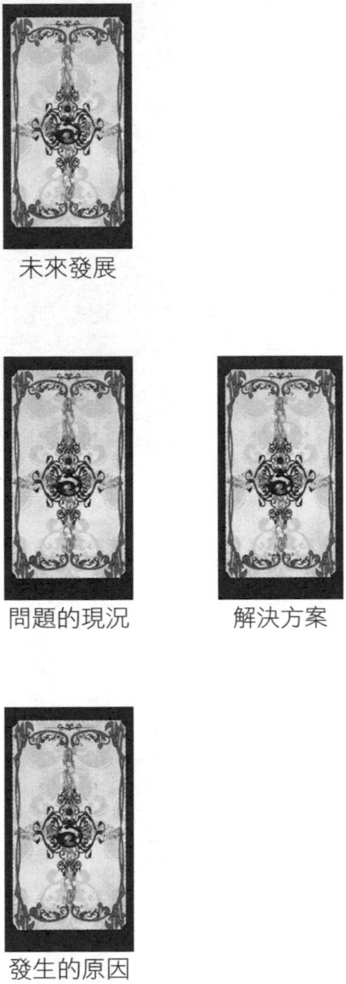

使用「問題解決牌陣」最主要是將幫助個案本身釐清問題及提供客觀的解決方法，在牌陣的使用上可以先從目前的狀況（位置2）開始解釋，在這個過程中，可以就個案所提供的線索，再回頭分析發生的主因為何，待發生的原因與問題的現況做了一個合理的連貫後，就可以開始解釋未來發展（位置3）。

牌陣的運用端看占卜師當下的直覺，除了一些制式的牌陣可以使用外，其實占卜師也可針對個案問題自設一些牌，如同本篇故事，一開始我捉不到個案的核心問題，當下無法選擇適合的牌陣，後來我選擇以兩張牌做為前世今生的關係，其中有一張牌為聖杯３：

這張牌屬快樂、愉悅之意，明顯與個案口述時的情境有落差，所以我才重排牌陣，這時我以問題解決牌陣來占卜，在第一張牌「發生的原因」，我則假設為兩人前世的關係，這張牌則又再次出現聖杯３，同樣的牌重覆出現二次以上，代表這張牌就有必要好好的研究，所以在解牌時，才特別針對這張牌做分析。不管你是使用「身心靈牌陣」或者是「問題解決牌陣」，須掌握一個重點原則就是**占卜結束前，個案是帶著正面與積極的信念離開。**

Q6：不可不知的祕密—在生活中如何提升直覺力？

直覺從字面上來解讀似乎少了理性與隱晦不明，對於一些人而言，「直覺」常與敏感體質、神經質的人畫上等號。真正運用直覺的人，在潛意識與天性上必須具有相當的自信，以及對於人、事、物精準的判斷力，背後所隱藏的價值，來自於對於後天對於各領域深入的涉獵、研究與鑽研，不單單侷限於鬼神、宗教、占卜方面。直覺力並不如外界想像如此的粗糙不堪與迷信。

直覺力顯現的原因有許多種，以「靈修」的人而言，透過與仙山廟宇地接觸、平日透過元神接收仙佛信息以及靈語、靈動等方式訓練，促使元神能逐步地覺醒，當某一件事觸動內心深處時，便能帶動元神的作用力，進而牽動後天意識的直覺。

元神給予的信息有時是過去世本身所具有的預知能力或記憶，有時是接收到高靈所給予的信息（詳見我的另一本著作《我在人間與靈界對話》），直覺的產生是元神能量的哪一部分，則因事件不同而有所差別。透過鑽研五術命理（山、醫、命、卜、相）的人，亦能開啟直覺力的能力，易經、卜筮、占星、命盤，內含複雜又多元的符號學，是協助我們

解讀大腦意識的原型密碼，透過後天訓練不斷地刺激右腦的細胞，也較能開啟直覺力的運作。故，許多人以為是具有直覺力的人較適合學習五術命理，殊不知，有些人則是因學習五術命理而啟迪靈魂所潛藏的能力。

在生活中，處處充滿鬆綁「大腦」進而發展直覺力的處事態度，最大的動力來自於「察覺力」的訓練，以及放下固定的生活模式。

下班時，嘗試給自己多一小時的時間，去探尋從未走過的回家路，或許你會遇到有緣的人、事，藉此敲開另一心靈之窗。

當心中對於人生有所疑問時，放開心胸不帶任何想法，去一趟書局繞一繞，隨手翻閱從未去過的書籍分類區，不帶立場去找尋任何一本書，你會在各式各樣的領域裡找到人生疑惑另一番的答案。

心情鬱悶時，拿著手機隨意查尋聯絡簿內的名單，以當下的感覺撥打給任何一個朋友，一聲問候開啟的話匣子，仔細聆聽談話內容，只要你願意敞開心房，放下對任何觀點的成見，高靈會不經意地透過對方傳遞信息。

生活中不要常常綁架右腦，自在一點、隨性一點，鬆綁大腦越多，超意識信息便能源

源不絕地從內心及外界湧現，藉由放鬆達到啟發直覺力的方法，並非什麼新鮮與神奇的概念，捨棄不必要名相及他人觀點的干擾，以及自我批判、否認性的思考，掌握靈性成長要訣：「**讓生命帶領我們自在活在當下**」，而非用太多約束去決定感觀，直覺會像大自然中火元素，遇到的燃點（放下）便會自然地昇起。

直覺與靈感在某角度來說是大意相同。

直覺是指，不經由直線式地推理對於事物有跳脫性的見解，撇除固定式思考模式而由靈識直接感受所昇起的反應。靈感，深入思考一件事情時，天外飛來一筆般跳脫平時思考層面的邏輯。愛因斯坦曾對直覺做出以下的見解：「**我相信直覺與靈感。物理學家的最高使命是要得到那些普遍的基本定律，由此世界體系就能用單純的演繹法建立起來。要通向這些定律，並沒有邏輯道路；只有通過那種以對經驗的共鳴的理解為依據的直覺，才能得到這些定律。**」

無論如何，直覺與靈動都是透過一連串經驗的累積而來，是建立在人們本身的專業背景、知識及生活歷練上，是一種具有結構性的直觀判斷，絕非所謂的天馬行空。

捕捉直覺力的脈動，是隨時隨地留意「**它在腦袋中一閃即逝的蹤跡**」，直覺力就像是一陣風輕吹過湖泊的漣漪，稍微的不留意，風吹過的漣漪會毫不留痕跡地消失無蹤，許多哲學家、宗教家，會留下一本小本子，隨時記錄下一閃即逝的想法，當我準備好要閱讀一本書、一部影片時，我會將那本伴隨在我身邊，裡頭記錄下許多我在觀看電影、閱讀書籍後的想法，甚至記錄下一場「夢」。記錄夢，也是一種直覺力的訓練，有人在床鋪邊特別放置一本「夢的記錄本」，當睡醒那一刻，意識處於靈魂與物質之間，清楚地捕捉住夢最後的尾巴。

雖然我的小冊子已經寫的亂七八糟，但當在閱讀、觀看到一半有任何想法，我會即刻按下中止鍵，馬上將想法抄寫下來，有時是一個念頭、一段話，無意中，突如其來的想法會解決我另一方面所困擾的事情。舉例來說，一日早晨，我正在觀看「大小創意齊」創辦人姚仁祿先生（註1）部落格對於星空對話的一段演講，當他講到：「我們只記得，蓋高塔，卻沒有習慣思考，塔後白雲，遠處的遠處，到底是什麼……」我當下連想到在靈修世界中，人們常常會將他人所建構的高塔（老師、大師的話）當成最終的目標，心中有感而發便馬上寫下一篇一仟字的文章，題標是：「拿掉高塔靈修世界會更美」，這篇隨手寫下

的部落格文章是這樣：

這是我在香港拍的照片，它是一種美，一種亂序的美，一種壯觀的美，一種人創造出來的美，但它的美，會讓你駐留……但不會久留？

這也是香港某一街角，時代安老院，它保留了一種純樸，一種與背後大樓產生涇渭分明的美，從下面看上去，同一個時空中，你會產生兩個不同時代，當背後大樓遮蓋住時代安老院時，產生極度落差時，你會想再多看一眼。但一眼之後呢？少了留白、少了無限、少了寬廣，你會想再多看一眼嗎？

這還是香港，非常有名賞夜景的地方，我們可以在這邊逗留幾個小時，不會覺得累也不會無聊，因為，肅靜的幕空，炫麗的燈光把夜襯托得很美，注意看，我的用詞文法……肅靜的幕空……炫麗的燈光……襯托的很美……

這是尼羅河畔，非常美，美到你把一整個下午留給它，也不會無聊的美。

尼羅河的夜景，當在尼羅河上，就算在船上待個五天，你仍然可以欣賞到五種迥異的美，靜謐、閒逸……你可以靜靜地觀看著天空的紅霞，一吋吋把尼羅河映成染布般的美。

好吧，這也是埃及，但重點不在我，而是背後的天空藍幕。

這還是埃及，靛藍天際把人、物，照映得別有一番風味，注意看，我的用詞……靛藍天際……人物。

這是義大利，也是美……我喜歡看美的事物，女人、男人、小孩……包含小動物，人的美，少了照片、影音的留存，隨著時間，你會淡忘。

這是巴黎有名的聖保羅大教堂（應該是，看太多教堂，一時也記不起來了），它很壯觀，站在下面，會突然感受到一股襲來的莊嚴，令人渺小許多，也是美，但白藍天際鋪在教堂背後，更顯它的獨一無二。

建築物的美，是因為總是留白於天空，人們所蓋的建築，總是在希望在一片無垠的天空前，展現它的獨特，這是因為，無限……留給更多人永無止盡的美，建築物令人感到陶醉，不單單是建築，而是大自然的力量。

靈修的世界，想一想，不也是如此嗎？

把建築物想像是老師、前人、前輩所畫出來的遊戲規則，而天空則是靈修，無遠弗屆的世界，靈修少了無遠弗屆的想像天空，它還剩什麼？……剩下一群人關起來，在把玩自

己的鳥。

它也可以很有趣，也可以很有味道，但無法令人一看再看、一玩再玩，久了總是會膩……當把建築物拿掉時，把別人所自設的教條、包袱、遊戲規則拿掉時，就像留白給自己，會玩得更有趣。

最純樸的美，少了驚艷，卻令人充滿永無止境的想像天空，爭奇鬥艷的建築（人設的遊戲規則），久了會令人看不到自己的內心，大自然令我們不斷地想去爭服它，它卻不在乎我們的想法，征服……高山峻嶺（靈修）……頂端……令我們更感到人的無助與渺小，人造的建築物是一時的壯觀，大自然的美令人一看再看，靈修可以重新定義想法，而非重新包裝……愛因斯坦說過：我在大自然裡所發現的只是一種宏偉壯觀的結構，對於這種結構人們的瞭解還很不完善，**這種結構會使任何一個勤於思考的人感到「謙卑」**。這是一種地道的宗教情感，而同神秘主義毫不相干。他還說：**如果你對神祕的世界失去了探尋的熱忱，你的心已經死亡。**

注意看，這裡所指是「神祕世界」是世界，人所設下的規則之外的世界，而不是人言、人造遊戲規則。

修行，靈修是否也是如此？

以上純是我個人觀點（註：全彩照片請參閱我的部落格「心靈散散步　街角遇宇色」看見靈修篇）。

有一句話是這麼說的：**觀察和理解的樂趣，是大自然最優美的禮物。**開啟敏銳的直覺力，不在於你是否找到明師，或是花費多少昂貴的金錢上了多少課程，不要忘了，許多出色的科學家、哲學家、宗教家也並沒有花錢上過開啟直覺力課程，啟迪藏在的直覺力與靈動，只在於你是否真的有留心發生在生活的每一刻、每一個人以及每一個事。直覺力本身就深藏在人的意識當中，留心不在於建立在二分法的批判基礎上，不受環境、他人之言所引誘而評斷所處的一切，**抱持一顆全然開放的心**，不同的角度，看待人世間的一切事物，就是開啟它的唯一一把鑰匙。

註1：姚仁祿先生，前慈濟大愛電視台總監，亦是大小創意齋共同創辦人兼創意長，及姚仁祿創意顧問公司創辦人。

二、堅持快樂還是賭一口氣？

她是今天預約的第一位客人，年約35歲，打扮上雖不使用名牌，但散發出不錯的氣質，我不知她的身分和職業，但她似乎享有豐裕的物質生活。以前曾聽過一句話：「最好的衣服是好的身材；最好的保養品是好的皮膚。」我覺應該要加一句話：「最好的衣服除了好身材，還要加上好的氣質才行。」

「我們是不是曾見過面？」我邊開牌邊打量她，很明顯我和她不曾見過面，但卻有一份熟悉感。「她哥哥是ＸＸ醫生，是哥哥介紹她來的。」一旁的友人替她答腔。我突然恍然大悟，原來她就是我某醫師朋友的妹妹，難怪非常眼熟，可能是年紀漸長，兩兄妹外表已不再那麼相像，但那種神態仍是相似的。

「妳小時候是不是和妳哥長得很像，尤其是臉的上半部？」我想要印證心中的想法。她笑笑：「是啊，小時候我和我哥非常像。」

她說：「我想問感情方面的問題。」「可以詳細說明一下是哪部分嗎？我解釋一下好了。」我拿起白紙開始畫圖：「您可以問和男友未來的發展如何？或者想瞭解和其他對象

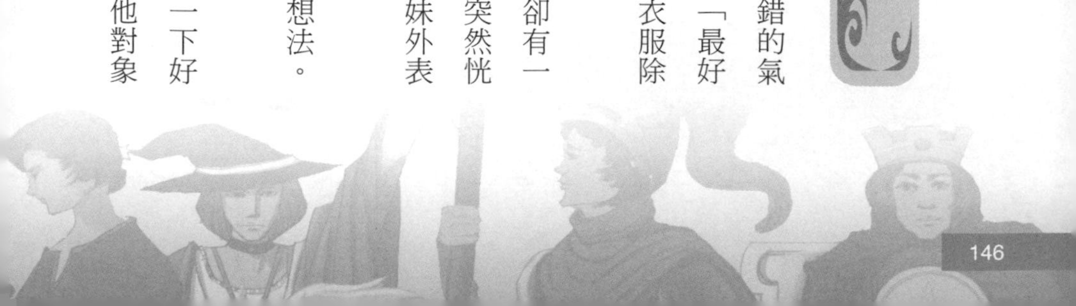

相處後的狀況如何，也可以問桃花何時較旺。」我常要為客人清楚地分析問題，才有助於解牌。

A或B選擇題

她表示，她目前有兩位男性友人，想瞭解她和哪一個在一起會比較幸福。「我把對象分為A和B，我想先瞭解，B的經濟狀況是否比A好？」從她挑選出來的牌中我看了一眼，一般我會先瞭解一下狀況，如方向對我就會開始說下去。

「差不多耶，他們兩人的經濟狀況差不多。」她表示。我說：「等一下我先就整個牌意解釋，妳可以先聽聽我的解釋，我不喜歡被說占卜是順著別人的意去解牌，所以先讓我講完全部狀況，如有問題您可再詢問。」她點點頭。

「B男士的經濟狀況相當好，而妳們在交往過程當中，不斷以金錢來衡量這段感情，他常對妳說，只要嫁給他，以後的人生將無後顧之憂，不用再煩惱金錢問題，但他卻仍無法打動妳，因為這些都不是妳想得到的。而A也很有錢，但他不曾將金錢與感情相提並論。我不清楚你們的過去，但我看到的畫面是，他曾在妳最低潮時救贖了妳的心靈，所以妳非常感激他，如果我沒有看錯，你們這段感情是註定好這一世來做個了結，有些人的感情只是過往雲煙，但他卻是您在多年後，深深烙印在心中的一段感情。如要問誰能給妳幸福，這很難說，A可以給妳豐裕的物質生活，卻無法滿足妳的心靈；而B呢，我看到妳們兩人到後來，雖能解決問題，卻不會結為夫妻。」很多人問，我的塔羅占卜是否結合通靈，我真的說不上來，有時牌一出來，我自然就會說個不停，很多想法即不自覺地湧現，我不曾找其他塔羅牌占卜師問卜，所以也不清楚別人的狀況是否與我一樣。

她開口：「沒錯，其實您講的和現實生活都符合，但有一部分我要解釋清楚，我和A已交往十七年了，這十七年來我已經等到累了。」我點點頭，請她繼續講。「A是有婦之夫，有一個小孩，而B已離婚但沒有小孩，雖然B的狀況應是我最能接受，但情況就如您所說，B常常告訴我，嫁給他不用愁錢的問題，但我要的並不是這些。」我心想，好一個傻女孩啊，人生有多少十七年呢。

「A還是醫學院學生時，我們就認識了，因為種種因素他娶了目前這位妻子，當時他告訴我，因為家人的緣故所以要娶她，有一段期間我們不再聯絡，多年後他來找我，我們又繼續在一起了。」我沒有出聲，只當一個用心的聆聽者。「後來他承諾要跟妻子離婚，

與我在一起。」我問她：「為什麼他讓妳等了十七年，還是沒有離婚？」

她說：「他妻子和娘家那邊以她有病為理由，希望他不要這時離開妻子。另一方面，他在大學四年級與另一半結婚，因為家中經濟狀況不佳，醫學系又需唸七年，女方為國中教師，所以婚後學費幾乎是由她幫忙支出，也是他這一生覺得虧欠她的地方。」

如此的愛情情節不曾出現在我人生中，聽完她的故事，我頓時講不出話來，「解決問題必先預設好對的問法」因為她是預約一小時，我有充分的時間可先從大方向，再細部分析她和A之間的感情上，所以，我先預設了兩個問題在我的牌陣內：「這段感情的未來發展？」以及「兩人內心對這段感情的看法？」

攤開牌陣後，我看到代表兩人未來的牌意，是一種心靈空虛的狀態（金幣），雖然金幣牌的另一個意思是物質上比較匱乏，但依他們兩人的經濟狀況及目前所呈現的氣場，比較不可能是後者，再說，解牌第一要件就是直覺，這是指看到牌的第一反應，我將它列入解牌的第一要素。我將牌意告訴她：「在未來所看到的部分，兩人關係是顯現沒有交集的狀況，也就是像朋友。」我看她沒有太大反應，便繼續說：「假設分手亦非外力造成，同樣我也沒看到你們會交惡，所以未來分手有可能是因為彼此在心靈上漸行漸遠，這也算是美好的結果。」

永遠是一半勝算

她尷尬地笑笑：「沒有挽回的辦法嗎？」我想了一會兒：「雖然天下事都有可能心想事成，至於成敗與否，是建立在自己當下做了多少努力，唯有感情妳永遠只有50％的勝算，另外50％則是掌握在對方手上。」

她問：「如果我和他沒有結果，那他和他目前的另一半，未來又將如何？」我回答：「妳應該要問我，如果未來你們兩人沒有結果，妳又將會如何才對吧！至於未來他與妻子的發展，不是妳應該過問的，一根草一點露，每個人都有先天要學習的功課，也許在感情上，他是妳的功課，或許他的妻子也是妳的功課。但請記住，一切的實相都是由妳本身創建出來的，當妳的心態改變了，問題也就會有所改變，至於未來別人的發展就不是妳能過問的。」

知名的老善人王鳳儀未曾入學堂，但他卻講出一句值得後人深思的話：「一個人便是一個世界，我好了就是好了一個世界；佛成了就成了個西方極樂世界，耶穌好了就成了

個天堂。今人都等世界好了再去當好人，豈不知，真到世界好的時候，你再想也來不及啦！」以另一個角度來看王老善人這句話，可以發現，不管是在感情上、修行上、工作上或者是財務上，當問題發生在我們身上時，如何改變它及扭轉成正念，端看當下的思考了。

她又繼續問我：「那如果沒有選擇B，未來我是否還會遇到好對象？」我再次將牌做了調整，這次多了時間性與對象外型的假設。「回答這個問題之前，我必須先釐清一個觀念。」攤開牌後，我先不講看到牌意：「人生當中的每個決定都會影響未來的妳，不管這個決定是學業、職業或感情等方面，每個當下的小小決定，都對未來影響甚大，我只是想表達一件事，未來的結果是利大於弊，當下如何抉擇就要拿出妳的智慧和勇氣。」「為什麼你會這樣說？」她不解。

我笑笑：「因為從牌上看，還有觀察妳身上的能量，妳離開B男的機率並不高；假設妳離開B，找到新的伴侶機率則非常高，而後續發展我暫且保留。」她問我為何不繼續講下去，我告訴她：「當有一天妳真正想要離開B時，我們再繼續討論這個問題。」

一年後例行性的洗牙，我與她當牙醫的兄長碰面，關心地詢問她的狀況，她哥哥告訴

我，狀況還是一樣，她仍跟B在一起，但心態已有所調整了，至少她明白要以何種的心態來看待這段感情。

靈性成長運作法則—每一次選擇都是一種成長機會

曾收到一封轉寄的好文，主標是〈自己的選擇，自己承受〉，內容是：我們應該為自己的生命負責，這是你的選擇。一位美國小伙子看中了一位中國姑娘，便向她展開追求攻勢。最後，中國姑娘辭掉了令人羨慕的工作，跟美國小伙子結了婚，飛到大洋彼岸去了。「我放棄了那麼好的工作，遠離父母跟你到美國來，這可是我為你做出的犧牲呀！」中國姑娘說。她以為這樣說能感動他，沒想到他只是說：「不是！不是！我不認為這是什麼犧牲，在我看來，這只是妳的一種選擇。」她後來才認識到，美國人在人際交往中，只會尊重你的選擇，而不會承認你的犧牲。這就意味著：你做出的所有決定，都必須符合你自己的心願，才能成為自己的真正選擇。這樣與人打交道，才會擁有真正的平等，同時也才能贏得他人的尊重！

那位美國小伙子是一位通曉六國語言的醫生，在美國賺錢很容易，工作一小時就有

一百美元的收入。但是她卻跟國內的朋友說：「我必須工作，必須學會自己賺錢。如果沒有經濟上的獨立，就不可能做出真正符合自己心願的選擇，也就不可能贏得他人長久的尊重。」其實，她做出了自己的選擇。

我在心裡默想：「不可能讓別人為你的選擇負責，而且一定要保持自己選擇的權利和自由。」這讓我想到曾有人說：「人生其實是一連串不斷地選擇的結果。當然，也有人稱之為賭博。」……我們常常忽略了自己其實有能力可以選擇和創造，於是，總是默默地承受，用力地抱怨。回頭看，一切可曾改變？？

在這人世間的一切都只是像「鏡子內的景物」，當我們轉移鏡面與心態時，鏡內的景物就會隨之改變，鏡內景物是否真正出現過？有，否則景物不會映在鏡面上，鏡內景物是真相嗎？不是，不然它應永久映在鏡面上。有一首禪詩是這麼寫的：風來疏竹，風止而舞竹自停。

人世間的一切不也是如此？我們要用何種角度來看鏡子，端看我們要將何物擺在鏡前；如果我們喜歡美麗的事物，我們就將鏡子放在美麗事物的前面，如果我們喜歡看某種內心所崇仰之物，也可以將鏡子放在它的面前，但不要忘了，擺放鏡子位置的決定權在我們身上。

抽離小我觀看事件本質　以「大我」看待事件始末

人間是一處修心的道場，處處皆有值得我們深思與反省之處，要能夠藉由外在環境達到省思的境界，卻必須先學習如何讓每天運作不停的「心」沉靜下來。一杯水中混雜著各式各樣的細沙，不斷拿筷子攪動水，永遠分不清楚細沙的種類，如此譬喻，就好似生存在娑婆世界的我們，每日為了柴、米、油、鹽、醬、醋、茶，以及感情、親情、友情不斷地打轉，原本純靜的心被以上種種所包覆著，當事件不斷在生活中湧現時，不平靜的心早已分不清楚，每一件事件背後所隱含的學習功課以及因果循環，遑論仔仔細細從事件中抽離出「真正影響我們的決定，是情緒、習慣、不甘心還是對於未知的恐懼」。

如果無法培養「**跳脫『境』看待事件**」本身的能力，便很容易受到「混亂心念」產生的業力影響，無法做到屬於心真正的主人，每日的生活就像在輪子中不斷奔跑的白老鼠，好像我們已經很努力地向前，其實我們只是在不斷地打轉罷了。做自己心的主人第一步，

必須先學習如何不受環境影響，進一步當事件發生時，**我們可以自由地操控決定情緒，而非反過來受情緒及慾望左右，如此的修心功力才能稱得上做自己的主人**。修心人人都會說，願意真正下苦心實修的人卻少之又少。

要做到如此需先學習如何以旁觀者平靜的角度審視自己，發生在生活當中的每一件事情所引起「心」的情緒反應；憤怒、悲傷、快樂、忌妒、懷疑、不安、不悅……。以更高層次且不斷任何批評地大我心態來看待它。

愛因斯坦曾說：製造出問題的同一個腦袋，不可能以相同腦袋解決那個問題。**假使無法學習跳脫至第三者，便永遠沈淪在同一顆製作問題以及解決問題的思維中**。有一句話是這麼說的：「真正的選擇，是從觀察自己思維開始。如果管不好自己的思維，又如何管好別的事呢？」

一晚與友人在中部某技術學院打網球，巧遇學校夜校生體育課正要考網球，也太久沒有見面，我們兩人並沒有認真地打網球，在網球場旁不斷地聊天講話，也許是佔用到夜校生練習網球的場地，被夜校生不好的口氣連趕三次。返回家中的路上，心中一直覺得不受尊重，反省自己不應佔用場地卻在聊天，明明錯在先卻依舊無法平息心中的不平。我試著

深吸一口氣，平靜地將「略帶憤怒的情緒」從心中拿出來，再以旁觀者角度觀看它，完完全全地不帶絲毫批評我與對方的角度，以一種全然陌生人思維看待「此事」，我靜靜地觀察情緒以及事件的始末，原本不平與憤怒的情緒，卻在此時一點一滴地消失。我清清楚楚地看到不受尊重的主因來自於放大了「我」的角色。

佛教所提倡的「內觀」修心法，表面上看來是一種宗教，卻是教導我們「**如實不帶任何批判地觀察，心中所升起的情緒脈動**」，透過連續性且不加諸批判的態度，接著便能引導人們**看見「心、情緒與事件本質」三者之間的關係**。如此的學習態度，有點類似《金剛經》所云：「一切有為法，如夢幻泡影，如露亦如電，應作如是觀。」如是觀，是指就是這樣看。一切的事情就像夢幻泡影一樣無常，我們只要抱持一切無常的態度，如實地觀看人生。當我們能夠清清楚楚地以旁觀者角度看待所處的環境，便能分清楚在事件中所扮演的角色（本分），以及對未來最好的抉擇。

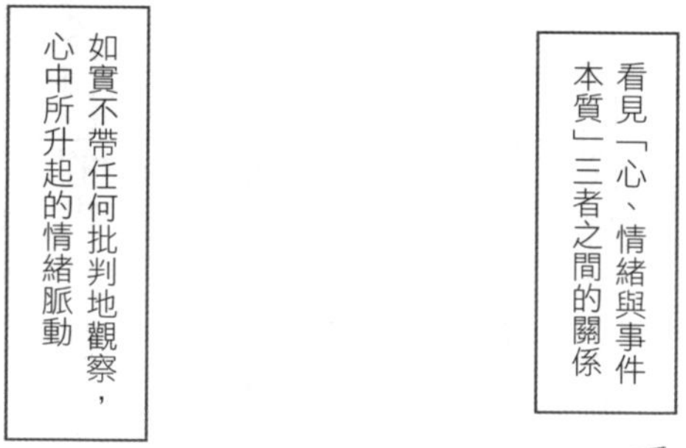
看見「心、情緒與事件本質」三者之間的關係
如實不帶任何批判地觀察，心中所升起的情緒脈動

在本篇故事「堅持快樂還是賭一口氣？」中為個案諮商時，我曾建議她，你的堅持是愛、恨還是賭一口氣？把現實中的妳投射在十年後、二十年後……甚至三十年後，再反回思考目前的環境，如此的人生真的是你要的嗎？？就像我故事中的一句話：「人生當中的每個決定都會影響未來的妳，不管這個決定是學業、職業或感情等方面，每個當下的小小決定，都對未來影響甚大，我只是想表達一件事，未來的結果是利大於弊，當下如何抉擇就要拿出妳的智慧和勇氣。」

遇到事情跳脫不出來，換一個思考邏輯，把自己當成另一個陌生人，或者是未來的你，回頭反思整起事件的脈絡：

假使這件事與我無關，我會該如何做決定？

如果我已經三十歲、四十歲……甚至七十歲，再回頭看這件事，我還會如此在意嗎？

每日反覆「跳脫境看待人生」的練習，久而久之會讓自己的覺察能力越來越強，覺察力增加了，在無形中便能引流高智慧的信息，引導我們走向更高層次的未來。

修心功夫是一點一滴累積而來，如果你用一點心，在生活中便會看見一點成果，只要我們每日持續性地觀照內心，便已經注入改變未來的基因，不要小看一點點的用心，它改

變未來的能量超乎我們想像之外。有一句話是這麼說的：「一張薄薄的報紙，對摺，再對摺，一直摺下去……。只要連續對摺42次，光是報紙的厚度就可以從地球到月球。亂講什麼呢？一張0.1mm的厚度，乘以2的42次方，就有40萬公里！你說厲害不厲害？」

◎塔羅牌的生命輪迴—無牌陣使用法

在本篇故事一開始時，雖然使用了關係牌陣法（詳見轉世，是為了學習），但在後續的問題當中，個案提到：「**如果沒有選擇B，未來我是否還會遇到好對象？**」**這樣的問法其實是較無系統性，所以也較無適合的牌陣**，為了輔助占卜師與個案本身能夠更清楚問題的盲點，當時便是使用了無牌陣占卜法，所謂的無牌陣占卜法便是依個案問題設定適合的牌位，在使用無牌陣占卜法前，有三個原則須掌握清楚：

一、對於問題的瞭解。

二、分析問題key point。

三、所要帶給個案何種建議案。

以此為例「**如果沒有選擇B，未來我是否還會遇到好對象？**」這句話隱含了幾個問題：

一、不選擇B的結果如何。

二、不選擇B的感情世界如何。

三、不選擇B的未來心態如何。

四、當下對於B的心態如何。（第三、四項為占卜師為瞭解個案而自設的問題）

因是無牌陣占卜法，所以在牌陣的位置上可依當時的狀況而自行調整。比如橫向式排法，或者是直列式排法皆可。

橫向式排法

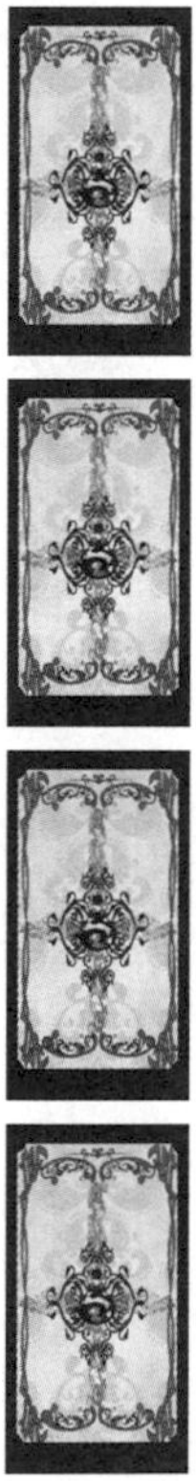

直列式排法

在這邊所要提醒的是，如果你已經有二年以上的占卜經驗，其實在牌陣的使用上是可以隨心運用，不設限於教學書所教導的方法，如果你還是一個塔羅牌占卜新手，建議最好在使用熟悉五種以上的牌陣後，再視問題的難易度使用無牌陣占卜法較為合適。

Q7：不可不知的祕密—改姓名真的改運嗎？改姓名就能一帆風順嗎？

人性的成長，可以透過以下幾種達成：

1、**透過環境的磨練：**「環境」是一個很好改變人心性的方式，人會隨著環境的改變而體悟到另一番不同的心境，最有名的例子是中國歷史素有亞聖之稱孟子小時的故事—孟母三遷。孟母為了給小孟子有一個良好的學習環境，不惜三度搬遷（墳場旁、市場邊、一直到學堂），為的就是讓小孟子從小能透過良好的環境影響他的心性。當一個人

無法「自我衝破」時，就必須藉由外境來改變個性，想一想，為何歐美國家的小孩比台灣小孩勇敢有自信，因它們從小就被教育長大必須獨立、必須向外求學或遊學。這也是為什麼近幾年揹包客的盛行，藉由國外自助來培養自信與獨立。

2、自我啟發性：在生活當中，人慣用的行為模式、思考是過去經驗值的10％所累積下的結果，今日我們對每一件事的判斷、執行都只是重覆過去經驗，所以每一個人在感情、工作、財運等等，大多都是遇到相同狀況，對於這種現象，愛因斯坦提出了一個看法：愛因斯坦曾說：**製造出問題的同一個腦袋，不可能以相同腦袋解決那個問題。**把腦袋換成思維、態度、心性、觀念……大概會比較好瞭解愛因斯坦的這句話。當我們勇於激發內在潛藏的90％能力時，就能改變外在的個性。最有名的方式，就是世尊所教導的內觀法（Vipassana），內觀是古老的禪修方法，它雖然是由釋迦牟尼佛所發揚光大，但其實它並不屬於任何宗教、教派與區域性。釋迦牟尼佛在內觀中，深刻地體悟到許多人生的

真諦，也藉此達到止寂與靜心。內觀，白話來說是觀察內心的脈動，如實地觀察事物引起內心的感覺，透過觀察淨化身心靈。透過內觀所達到的內在能量覺醒，亦能達到心性的改變。

3、時間：心性很容易隨著時間流逝而改變，在年紀尚輕時什麼事都勇於嘗試，但過了中年反而考慮的角度較多了，年輕人較為暴躁，往往行動先於思想前，而年紀增長後，會逐漸學會事情先在腦袋中沈思後行動。會產生如此的改變，是因為人在動物界唯一擁有最擅長的能力—思考。而越能學習思考的人，也就越能跳脫世俗的觀點，以不同的角度看待事情。

改變命運，須先扭轉我們看待事情的角度，以及原本的心性。而改名就像在中國傳統的新年期間，家家戶戶都會把家裡重新的清洗、粉刷過，買一套新衣服，或是換一個新的髮型，藉由新的氣象間接地改變我們的心境。改名就像這個道理，藉由一個事物來改變我們的心情，進而調整我們對待事物的角度。宗教、五術命理都應是建立在「人性」的基礎上，而非捨本逐末地追求無形的力量，乞求藉此達到人生的一帆風順，就算靠五術命理讓低潮時有過轉機，但畢竟也是一時也非一世，一切的不順逐應該先從反省自我做起。如此才能藉由每一次的低潮深刻地體悟不同的人生真諦。

改名是否能徹徹底底扭轉未來，以「唯心論」觀點而言，與其說是姓名改變了個性或未來，倒不如說是因「欣賞」、「相信」它而改變了未來，改名字而改善未來、個性，有幾個思考點：

一、對於新名字是否喜歡，而且是深切地喜歡它。

二、對於新名字的改變，內心是想要迎接一個新的未來或個性。

三、對於「欲改善的個性」、「新名字所帶來的涵義」有相當的瞭解。

Ex：我覺太過強勢、執著非常不好（欲改善的個性），我想改變過去帶給人的印象，而新名字可以帶給人一種如沐春風的氣息，我非常相信這個名字可以有此能量（新名字所帶來的個性）。

對於改名，個人的看法，費用須依本身所能接受為主。命名的方法脫不了八字、五行、發音、字形等等，這些都是老祖宗所發明的智慧，後人大多沿襲古人智慧而來，既然如此，就無太多差異性。新名字要真的自己喜歡。「姓名」如同衣服，代表了讓外人認識

的第一個印象，同時也與我們的形象息息相關，至於名字是否好聽，其實也是取決於自己，喜歡自己的名字自然會產生自信，就像一件衣服，真正喜歡那件衣服，穿在自己的身上自信就會從內心升起，假使，一個命名大師所取的新名字，不管命名大師講的如何天花亂墜，要是自己不喜歡，日後也不會由取了新名而有了新的氣象。

以我個人為例，我的本名在讀高中時改過，會想要改名的原因很單純，就是舊名個人覺得不好聽，從讀幼稚園會寫自己的名字的那一刻起，我就想要把原本的名字改掉，聽起來我似乎有點早熟。一直到高中時，終於如願把舊原名改掉，當時是在一間宮壇問事，覺得宮壇宮主的辦事蠻正派，據說神祇可以幫人命名，當時沒有多想也就請祂幫助取名。祂給了我七、八個新名字由我自己挑選，我選擇的角度是新名字要好看、好唸，至少我要自己喜歡，當我更改新名字後，不同姓名學派的老師對我的新名字都有不同的優劣看法，我告訴我自己，這名字是我自己選擇，也代表了人生由我自己決定，不管未來的人生是否順遂與否，都不應去責怪名字的好壞（怪東怪西），只要由內心真正地喜歡它就好，又何必管他人的看法。

三、他，是你創造出來的導師（前篇）

她第一次來找我占卜，詢問是否能夠與男友復合？

她與男友是同事，短時間內即墜入愛河，不久便同居。男友是獨子，家中還有多位姐妹，種種因素使然，男方家人不甚喜歡她，男友在出國讀書前夕，因家人及個性問題決定分手。之後，兩人僅以e-mail及線上通訊聯絡。

我站在旁觀者的立場，覺得他們復合機率十分渺茫，最主要是遠距離造成的問題，再加上因家人的介入而導至分手，如果沒有充裕的時間相處認識，根本難以復合。

奇妙地是，占卜結果卻顯示，兩人的分手尚未告一段落，如果她積極行動，復合的機率將提高，然而，在二、三月下旬，她將遇見新的追求者，對方是位細心體貼的男孩。

我問她：如果事情如我所言，都應驗了；她將選擇前男友或新對象？

她表示將選擇前男友，因為她不相信，自己可以遇到比前男友更好的對象，目前，她的心中再也容不下任何異性朋友。

告訴她未來的兩個可能；因為她有權利得知占卜結果，再者，我想提醒她，未來是多種可能以及許多不確定的因子，所構成的結果。

而這不確定的因子就是我們當時來到人世時，所選擇的並且勾勒出的藍圖架構。如果我們對這個未來不滿意（不滿意並不意味著不好），為了讓這能量份子轉換成我們想要的結果，也就是在「當下」朝向想得到的結果邁進，這就是所謂的心想事成。

緣分直線圖

為了能讓她更清楚整個邏輯架構，我畫了簡單的圖——

○	→	☆	→	□
20歲		22歲		23歲

如果直線式看待每個階段的緣分：假設在20歲時，遇到了心怡的對象，但因種種因素在代表☆的22歲分手了，很巧的，在投胎前，我們就替自己在23歲那年安排另一段戀情，而這段23歲戀情的到來，能夠維持更久或更幸福，決定在22歲那年的戀情，我們是否能從其中體驗到彼此應學習的課程，比如：包容、關懷、表達等等。而這些功課的學習，就是在戀愛過程中發生許多的插曲，無論快樂、難過等，我們才能學習與體驗全新的感受。

22歲的戀情結束了，接下來的感情旅途就要進行下一段了，也就是等待23歲戀情的到來，這時一般人就會有兩種處理分手後的情緒狀況：1、釋懷；分手局勢已定而無法挽回，不如接受結果。2、念念不忘，無法接受分手結果。

如果選擇前者，自然會接續到23歲應發生的戀情；如果選擇2，那麼原本應在23歲應發生的戀情，將會產生幾種情況——1、延後：因為無法接受新戀情的發生，所以原本應出現的戀情將延後，待到妳真正能接受新戀情的到來時，新戀情自然會展開。2、消失：如果在可接受的等待時間內，彼此即有交往的可能性，但如當事人對前一段戀情仍念念不忘，時間一久，原本在投胎前所選擇，應在23歲交往的對象，有可能將再另尋投胎前所選擇的其它對象。（感情和緣分相當複雜，無法一一敘述。）

我告訴她，人生最大的幸福與快樂，來自於我們擁有相當的自主權，可選擇自己想要的人生，比如面對分手是「釋懷」或「執著」。但別忘了，我們都要有擔當承受自己的選擇。雖然如此，對於命運，我們最多只有百分之五十的努力空間，其餘則掌握在別人手上，例如感情。

關於這段感情，她最後選擇等待，也盡其所能挽回這段戀情，因為從牌上來看，他們

兩人復合的機會頗高，所以我鼓勵她去完成自己的夢想。

感謝逝去的戀情

她認為與男友分手最大的主因，來自男方家人的反對，因此在分手過程中，發生了許多不愉快的事，她想要與他家人說清楚，我告訴她：「當妳懷著恨意看待所有人時，將無法看清真相，男方家人是站在保護他的立場，因為他是獨子，家中成員全家除了父親之外，其餘都是女性，妳的角色等同外人，要打入他家的圈子本來就會有困難。」她採納我的意見，不打擾前男友的家人，沉澱彼此的思緒。

幾個月後，她決定出國去找前男友，又來問我的意見，占卜結果仍相同——如果出國將提高復合機率。從牌面上，我建議她，對感情執著是天性，但要適度，在做任何決定之前，得先保護自己與家人；保護自己是要照顧好身體與工作（收入是維持生活的基本條件），而也不要為了感情而與家人產生不愉快，我們有權利去追求感情，但不要為了感情犧牲這一切。

兩個月後，我接到告知，她將再次預約占卜。當時，我一直在思考，這次她的問題是

什麼？她和前男友復合了嗎？這趟美國行順利嗎？或是她放棄了這次的美國行？

「妳還好吧？氣色不太好。」她的眼神透露出疲憊。

「我最近是有點累，但心情很好，告訴你一件非常開心的事，我交到一位新男友了，而且就真如你所說，他真的很體貼，和他在一起非常幸福，沒有壓力，我們已經交往將近一個月了，兩人在一起的感覺非常好，不像以前與前男友在一起時，有時會有小爭吵。」

聽到這句話，我心上的石頭落了地；我並非在意占卜結果是否準確，而是將每位問卜者都視為朋友，並且希望他們都能解決問題，獲得快樂與幸福。

「那妳還想再找前男友嗎？」我笑笑問她。

「不會了，因為我覺得現任男友比前男友好太多了，而且他不會像前男友那般，事事都以家人的意見為意見。」她搖搖頭。

「感情是不能去比較的，不能因為得到這段戀情後，就對前戀人有任何負面的評斷，那是不公平的；別忘了，如果沒有之前的那段戀情，妳如何會珍惜這段戀情的到來。」我收起笑容，正經地告訴她。在感情上，她非常沒有安全感，如此沒自信及沒安全感的人，戀愛時，無形中將對另一半釋放出壓力，只因害怕自己無法掌握感情。

「你知道嗎，我之前不管和哪個男生交往，都未曾有現在這種幸福感，好像快飛起來一樣。」她笑了笑。

靈性成長運作法則—從高點看人生

我拿起筆紙，又開始畫圖，在占卜過程中，我很喜歡以圖表達事物，這些圖畫有時是占卜時突來的靈感，有時是讀了一本書或一段話，以此記憶內容的方式——

學習站在高點看待人生

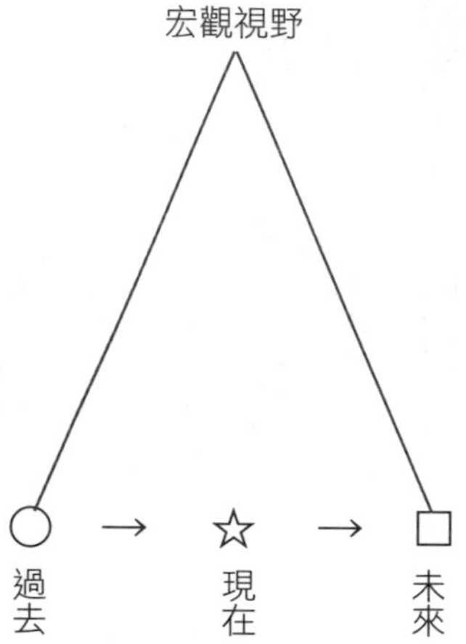

我告訴她：「當妳分手時，對未來的不信任感來自於分手的當下，那時的情緒和能量是充滿不信任與懷疑，所以想像空間永遠充滿負面能量。例如：失業的人不相信自己可以遇到更好的工作機會；而失婚者，也大多不相信第二春或新戀情的能再度到來。」

我們所要學習的，是每當失敗或發生不愉快的事情時，應站在高點看自己的人生。如上圖所示，人生所發生的每件事，無論愉快、悲傷等，如圖中的☆號，那是一個點，事情發生時，我們常將☆號放大，看成人生的全部，但當我們將視野拉高看待人生時，將會發現，它們都只是一種過程而已，而這些過程都只是人生的逗號，而非句點（句點代表告一段落，將有後續發展，而非結束）。

當下發生的事，在發生同時的下一秒，當時的當下已成了歷史，已然逝去，不會再回來。例如：被打一巴掌時，打完的當下它已成為過去，但因那巴掌所留下內心的痛，卻會因個人意念，可能永久留存。所以，不是肉體之痛讓這件事延長，而是我們將那股痛，在無形中無限延長。

我告訴她：「是妳選擇了將分手時的悲痛，延續至今，甚至無限延長。從分手至此，妳已經找到新戀情，這段期間，妳獨自承擔了所有負面的情緒能量，其實，分手的當時，如果已確定分手，要學會告訴自己——這段兩人要學習的功課已結束了，同時也已是盡力挽回的結果，應該檢討這段戀情的種種過程，是否是我們本身有所缺失，是否多做了什麼或者少做了什麼，才造成分手的結局，接下來，內心須轉為正念，期待下一段戀情的到來，一定是最好的，也是最幸福的。」我也將這句話送給目前正處於分手療傷期的朋友。希望大家每天睡前或早上起床時，都能以此不斷地期勉自己，相信您一定可以像這故事中的女主角那般，再度尋找到另一段全新的幸福戀情。

心識決定未來

固定時間「靜心」，就像是拿著一把放大鏡，檢查內心中阻礙正面思考的癥結點，恐懼、不安、焦慮、憂鬱、悲傷……等心結。這些負面情緒的產生大多來自於過去不愉快的事件，事件本身已經成為過去，但我們卻無法忘懷事件所引起的精神反應，就像是一面牆釘滿了釘子，當釘子拔除了，但釘疤卻依然留在牆面一樣。負面情緒如同業力，緊緊地包裹著心，使得我們無法以積極心態去思索、看待未來。日積月累之下，負面情緒不僅影響我們，甚至會成為「思考固定型式」。我們常常會感覺一個人的個性是快樂、樂觀，是負

面、是悲傷，主因來自於當事件發生後，依舊將不好的情緒放在心上，未能即時處理的結果，導致負面思考在不知不覺中根植在心念上，日後便變成「身上」的一部分。何種心念決定了行為模式，行為模式創造了環境，以及人與人之間的相處，同時也逐漸在為未來鋪路。

吸引力法則來自於：**未來來自於我們當下的心念投射**。換句換說，我們的心念影響了未來發生的可能性，不要小看心念的力量，生活周遭發生在我們身上的大部分的事情，皆是因我們心念而來。有曾思考過嗎？為什麼有些人總是碰到相同的事情？答案來自於，**每一個人皆具有不同的心念，而心念決定吸引事件**。

找出生命中的負面癥結點，靜靜地觀看著它，並把問題始末原原本本地「看一遍」（可參閱P122頁），思考清楚事件中，是否有值得我們學習與反省的地方？如果真是前世業力所造成，我們是否有以不抱怨的態度來面對？不愉快的情緒是否也隨著事件落幕了？……不斷地反思後，接著便是要學會如何剷除。

剷除的方式則是：扭轉負面意念，以善念看待每一件事。

「賽翁失馬 焉知非福」故事也是在告訴我們，事情沒有最好與最壞，端看我們如何來

看待事件的本身，當人生平安順利也無需太開心，不如意也無需太過難，人生本來就是摻雜著好與壞，無需太過於放大不愉快的事件。當我們能夠學習扭轉負面意念，同時也扭轉了未來結果。

投資失敗—還好沒有損失更多，真是萬幸。

感情不如意—幸好沒有結婚，至少我還有更多選擇機會。

教養問題—孩子健康就是最好的禮物。

……

「人生的一切對我們而言都是最好的安排」，事件本身處處隱藏著我們需要學習的功課，抱怨與負面思考，扼殺我們看待正面看待事件的角度。要當一個從內心真正樂觀的人，真的不是一件容易的事情，至少我們可以先選擇當一個「正面思考」的人，就算是假性的正面思考，日子久了，也會將假性變成真性的正面思考。持續性且不中斷的自我鼓勵與扭轉負面成正面思考，便能累積一次又一次吸引好運能量的到來。

◎塔羅牌的生命輪迴—掌握諮商過程每一個訊息

一般的占卜儀式是在諮商完畢後才會開始進行，但為了能快速瞭解個案背後的心態與過程，有時我會在諮商時適時地自行抽取單張牌，從牌意中客觀地切入主題，在本篇中提到「個案詢問我前段感情復合的機率時，我已暗自在洗牌過程中為她預設一個問題：『如果她選擇寬恕這段感情，未來的結果將如何？』。占卜諮商就如同一場心靈溝通的探索，當事人所言的內容並不一定與事實相符，我常講的一句話：「人與人相處，我們都是講自己最完美的一面，如果不完美就不用來占卜。」因為我們看不到自己的缺點，在闡述事件發生時，也會有先入為主的觀念，會選擇邊諮商邊抽牌，以輔助瞭解個案問題的情況：

個案表現出的態度	占卜師因個案心態延伸出的疑問
1．個案表示已經改變心境，但事件仍不盡理想。 ex：我覺我已經很容忍他，為什麼他還是不懂我的想法？	是真的改變嗎？那目前他當下的心態是什麼？

2．個案不願放棄這個決定。 ex：怎樣我都不願意放棄他。	如果選擇另一個決定，又會是什麼樣狀況？個案不願放棄的主因又是什麼？
3．個案漫無目地的敘述心路歷程。	造成內心的恐懼與不安的原因？
4．個案表現出對於事件的憤怒。 ex：你告訴我，為什麼會這樣？為什麼這個人就是這麼難相處？	造成憤怒的起源與真正的原因？

從以上幾種狀況可以發現，占卜師自行抽牌，最主要的原因是要集中問題的焦點化，占卜諮商的時間非常有限，長則數小時，短則十五分鐘，所以在時間內只能針對某幾件事件回覆，占卜師必須嚴謹地掌握好占卜timing，如果占卜師無法聆聽到問題背後真正的重點，諮商過程便容易被個案牽著鼻子走，問題結果也就會如同個案心中所預設的結果。

如同個案，她失戀時不再相信會再遇到新戀情，這是情緒與思想所懼怕的未來，這真是事實嗎？如果你在低潮期選擇相信不完滿的未來，那麼未來就有可能是不完滿的，例如：一個創業者在無數次的創業機會中，遭遇合夥人背叛，當他再次創業時，潛意識便會

恐懼被背叛的可能性。反之，你選擇了相信低潮只是暫時的，未來則是掌握在自己當下，正面思考，就有可能扭轉對於未來發生不愉快機率。

不再相信未來，是因為對未來的不確定性，產生了恐懼感，所以我才提醒個案，分手的當下，不要以負面的態度看待未來。

如果，「未來的發生率是當下的思想所創造出來」，那麼，占卜師在占卜過程中，如何帶領個案走出陰霾與低潮，而不是單向地回答個案的問題，則是占卜師應要學習的功課。

Q8：不可不知的祕密—正面思考很重要，生活中遇到不如意的事情時，該如何培養正念與正面思考？

該如何培養正念與正面思考？

1、停止抱怨發生在生命中的一切事情

在台灣創下高銷售量幾本西方身心靈書，裡頭所教導的觀念，第一步皆是停止一切的抱怨念頭。

《零極限：創造健康、平靜與財富的夏威夷療法 Zero Limits: The Secret Hawaiian System for Wealth, Health, Peace, and More》（方智出版），作者喬・維泰利、伊賀列卡拉・修・藍博士分享了真實的經驗：「我一開始在州立醫院跟那些患有精神病的罪犯一起工作時，那裡每天都會發生三、四次病患互相攻擊的事件。那時大約有三十個病人，他們被戴上腳鐐、手銬，被關在隔離病房，或者被限制在院區裡。醫生和護士在走廊上都是背靠著牆走路，因為害怕被攻擊。而僅僅經過幾個月的清理，我們就看到完全正向的轉變：不再需要腳鐐、手銬，不再需要隔離，而病人也被允許離開院區去工作或運動了。」作者所運

用的方法便是不斷地透過誠懇的意念輸送給病人、同事散發出四句話：「我愛你」、「對不起」、「請原諒我」、「謝謝你」。全書最重要的核心價值亦是繞著：「我愛你」、「對不起」、「請原諒我」、「謝謝你」四句話，它所運用的原理也就是停止抱怨，進而去除心中的負面情緒及看法。

《不抱怨的世界 A Complaint Free World》（時報出版），開宗明義地告訴我們，改變人生從停止抱怨開始，其中的一句話：「抱怨就是在講你不要的東西，而不是你要的東西。當我們開始抱怨，就是將焦點放在不如意、不快樂的事情上，我們說的話表明了我們的想法，而我們的想法又創造了我們的生活。這是一個惡性循環，也是一種負面的吸引力法則：你發出的抱怨和牢騷越多，你所招惹來的抱怨、牢騷和負面能量也會越來越多……」

2007年在台灣造成轟動的《祕密 The Secret》（方智出版）一書，讓我們瞭解「相信我們可以擁有創造未來，此能力端看我們的心念」，第一步來自於：貫注注意力在你所要

的人事物，而非不想要的。套用影片中榮格的一句話：你所抵抗的會持續。所抵抗的東西**會持續存在的原因，就是因為你一直在抵抗。**

每一個人的思想總是單一直線性思考，充斥過多的負面思想與抱怨，便會堵塞了原本可創造正面積極的人生，假使指出何種因素阻礙了我們成長，最大的原因是「本身的思想」拋棄了自己。

密宗某位仁波切曾說過一句話：**減少情緒才能看到更多可能性，才能純淨地看到事物。情緒阻擋著覺知。**

2、以祈禱的信仰力　扭轉挫折與失敗

我相信一直祈禱的力量，祈禱一詞令人連想到西方世界的宗教信仰，但就我個人的觀察，「祈禱」是人類在潛意識當中，與高靈建立親密連結的基本形態，當我們遇到低潮、挫折時，自然而然地會合掌於胸前，口唸心中最熟悉的高靈的聖號，諸如：觀世音菩薩、媽祖、世尊、母娘，或是西方的上帝、耶穌、聖母、阿拉等等，以祈求給予心靈的能量，與其說是祂們所賦予，倒不是說是藉由我們一顆內在虔誠心，串連起宇宙之間的能量。此時，在

此時，在祈禱時與祂們產生心與靈的連結，所產生的正面能量不單單宇宙所給予，有一大部分是**因為我們不再怨天尤人、不再對不愉快的事情注入更多負面思考能量，我們停止了抱怨。**

一次，北上出差，上了車發現我的鑰匙竟然不見了，左找右找整個包包翻遍了，就是沒有鑰匙的蹤影，鑰匙不僅有車鑰匙也有住家、老家的鑰匙，掉了等同於我要流浪在街頭了。等我確認真的鑰匙不在包包內時，我就這將件事丟到了一旁，我告訴自己，不要以這件小事影響我整天的工作心情，我向祂們祈禱，祈禱我的鑰匙安然插在我的機車上，我開始觀想畫面，不斷地告訴自己：**發生在我生命當中的每一刻，都是受到保護**，希望祂們能幫助我，讓鑰匙是因我遺忘在機車上。

待我祈禱完畢後，便將此件事情全然地放下，我告訴我自己，不論事情最終的結果如何，我該勇於承擔。一直出完差回到台中時，在車上我才猛然想起「鑰匙遺失」之事。我再次向祂們祈禱，我內心沒有感到一絲絲的懷疑與不信任，我將心中的恐懼完完全全地由寧靜所取代。待我回到停放機車處時，機車仍然在原處，代表了，撿到鑰匙的人並沒有把它偷走，我馬上放了一百二十個心，我找遍了四周依舊找不到鑰匙，我心想，或許有人撿到放在隔壁的7-11，我進去向店員開口詢問時，話僅才說了一半，店員轉身拿出一串鑰匙，告訴我：你忘了拔起來了，有客人看到後，說怕你機車被偷，所以先幫你拿進來。聽完我心中感動很難用言語來形容。

心中又有一個新的體悟，祈禱、心想事成，它們的發生有時並不會如我們心中所期盼，但結果卻是相同：解決心中的問題。我相信祈禱的能力嗎？對此我一直都是置信不疑，先決條件是先告訴自己：**這世間發生在我們身上所有的一切人事物，沒有最差、最壞，只有還沒有就定位而已。**

每當我遇到人生低潮期時，最喜歡拿一首新詩來勉勵自己，分享給大家：

你不可以停下來喔
皆是壞天氣　皆是壞條件
沒錢、負債累累、要我笑……唉！只有嘆氣
因為　包袱太重了！
那麼「再休息一會兒吧」！

人生真奇　任何人都會去體驗
風水會輪流轉！
只需再加一點油　不可以停下來哦！
步伐遲鈍、緩慢　可是……也許只差這一步！
終點就快接近了
只因為被滿臉的汗水淹蓋看不清自己而已
獎杯就在眼前哪！不可以停下來喔！
王冠就快加冕了
就快了！
事後再來發覺就已太遲了。
把失敗轉過來即是「成功」。
其實烏雲的上方不就是閃閃發光的星星嗎？
就快了！
看似很遠　其實……就在眼前了

雖然很苦　但是……

加油啊！

在最難過的時候更要向前進！

你　不可以停下來喔！

3、時時觀照自己的心性　起了不好念頭　就拿掉它

一次在豐原借場地的素食館問事，預約的客人晚到，心有點浮躁，十多分鐘過去了，起了想離開的念頭，心想：都是個案等我，很少我在等個案。此念頭一升起，我驚覺到「貢高心」升起，以平靜心視之，個案晚到其實也沒什麼，或許塞車？找停車位？遲到了，此刻她的心情比我更急，遲到本來是不應該，但我不應該升起「個案等我，很少我在等個案」的心念。約十五分鐘左右個案到了，果不其然，因遲到使得她在占卜過程無法平靜，她不斷地向我道歉。假如，我當場怪罪於她，豈不是令她更無法仔細聆聽到諮商的重點。

她走後，店家老板聊起此事說：你是第一次等客人。她告訴我，另一個客人曾表示，在其它地方塔羅牌占卜，亦是遲到了十分鐘，占卜師就把她趕走，意思是：妳遲到了，我

不幫妳算。使得那位帶著不愉快的心情離開。我事後想一想，我也是一個常常遲到的人，僅僅我是占卜師而無法接受個案的遲到，豈是換了角色便嚴人寬己！我在怪別人之前，是否也曾反省過自己。

保持一顆察覺的心，時時刻刻地察覺自己。多多聆聽朋友對我們的看法，如果有一天朋友發現我們起了不好念頭，記得要把力拉回來。

生活在紅塵中如履薄冰，心念稍不慎，很容易造成無法收拾的後果，時時訓練自己「觀照自己的心性」，才能保持正念處於生活中。

四、他，是你創造出來的導師（後篇）

距離她上次來占卜感情問題，已經三個月了，那時，她認為自己找到了人生的幸福伴侶，在認識不到兩個月的時間內，她深愛著他，更急於與他共結此生。

她甚至問我，是否有機會在今年九月與他結婚，當下她抽中兩張非常弔詭的牌，那張牌沒有顯示明確的答覆，站在占卜師的立場，我必須誠實地告訴牌意：「我無法告訴妳是否會結婚，我只能說如果妳急於結婚，那就勇敢下決定；如果妳不想那麼快結婚，那再等一陣子，總歸就是一切的選擇權在妳手。這張牌代表，你們之間的關係將產生變化，而這種變化是一種救贖或者徹底的改變，我無法預知到底是什麼變化，但請記得，在你們的關係中，他或這段感情是扮演救贖的角色，希望妳好好認清這張牌的意思。」（註：她所抽出的牌為大祕儀XX審判，及宮廷牌聖杯騎士。）

變相的感情要求

隔沒多久她又來找我，我從她的表情和氣場，感到她內心的沮喪。她告訴我，從她上

次問卜至今，發生了許多事情，尤其現任男友有三個特質，是她最無法忍受的：

一、注意力不集中：常常前一秒發生的事，後一秒就忘掉了；

二、跳躍式邏輯：常冒出一句，讓對方接不上話或搞不清楚他在說什麼；

三、前後矛盾的回答：有時問他問題，他回答一種是答案，後一秒馬上又換了另一種答案。

為了這些生活上的瑣事，她內心感到非常不悅，甚至瀕臨精神崩潰的地步了。她問我，這到底是怎麼一回事，她甚至還念念不忘前男友。我告訴她：「那是因為妳對這段感情不滿，所投射出對前一段戀情的眷戀，這是正常的現象。」她不知要如何才能改變他，以及面對這段感情。

我說：「因為妳身上充滿了對感情的不信任及不安全感，導至當感情來臨時，妳卻急於掌握一切，妳想想看，才剛認識不到三個月，妳就想嫁給他，妳就想要改變他成妳心目中的模樣，話說回來，妳又改變了什麼？妳只是一味地要求他符合妳理想中的樣子，妳怎不改變自己來符合這段感情？」我並無生氣，只是當我聽到她常因男方的種種行為，而在極度憤怒時，常拿自殺來威脅他，還讓男方下跪來求她時，我感到非常的不解？為什麼要做出傷害自己又強迫對方跟妳一樣受傷害的事，對方與她認識不到三個月，為什麼對男方的要求那麼高。

我告訴她：「妳要求他那麼多事，要求他改變以符合妳的理想，他曾要求妳改變什麼嗎？」她搖搖頭，我繼續說：「那他曾拿任何一件事要求妳回報嗎？」她再度搖頭。

我說：「雖然人生在世都有其單獨且不可取代的價值，但我忍不住想說，論學歷，妳有比他好嗎？論收入，妳有比他高嗎？論交際，妳有比他處理得好嗎？論與家人的關係，妳又有比他好嗎？」（這是錯誤的問法，我必須承認講到這裡時，我已開始生氣了。）她回答我沒有，他是碩士畢業，目前是竹科新貴，收入自然比她優渥，甚至在與人互動時，他處理得非常好，與她的家人關係上，她家人覺得他比她交往過的男友還更好，甚至父母都認為，如果失去了這個男朋友是女方的損失。我又說：「恕我講一句不中聽的話，在妳要求對方時請反省自己，妳又做了多少？」

我看她不講話，又繼續說：「請不要將不明確的恐懼，建築在感情及所愛的人身上。妳只是擔心害怕失去他，所以希望他能盡快改變，符合妳的理想而已。而且，妳目前的生活圈過於狹小，讓妳不得不將重心放在曾經傷害妳最深、同時也是妳最在意的感情方面，這也讓他間接地成為受害者。」我希望她能建立起自己的信心，學習獨立，去找工作，在工作中磨練自己的心性，從學習中培養自信，多用心於工作職場上，自然在信心上就會加分，而不要每天將重心及注意力放在感情上，執著於掌握，將會擴散於各方面，不管是朋友圈、感情及生活，都是如此，要釋懷執著。

至於與男方相處部分，因他們兩人相處的情緒頻率處於一高一低的狀況，假設他是30％，而女方就是70％，避免爭執的方法就是，接近彼此的生活圈，共同培養相同的興趣及話題。我所看到的畫面是，他們沒有聽到彼此內心的聲音，延伸出的問題就是沒有交集。我認為頻率思考慢的人，要學習快反應，是要花較多時間的，相反地，頻率快的人，只要放慢腳步，耐性學習，反而較容易與頻率慢的人配合。所以，女方必須學習改變腳步及順其自然。

而且我所看到的畫面，是男方將補足女方的缺點，我告訴她：「他是妳的生活導師。把他當成人生的功課去學習，試著從他身上找到種種妳所缺乏的優點，在人生中，妳所看到的每個人，都是我們內心所投射出的個性。妳在他身上看到種種不能接受的個性，其實就是妳最需要突破之處。」我繼續說：「我們來到人世間，是要學習人性平等及中庸心

性，上天賜給妳這麼好，可以接受妳大發脾氣而不發怒的好好先生，為什麼妳不懂得珍惜，請記住——每個人都是投射出來我們的另一個自我；我們必須學習站在別人的立場才能真正去愛對方；感情不是付出就必有結果，我們要專注於相處過程的種種勝於重視結果（無論結果的好壞）；如果反觀自己都沒有學習和成長，又如何渴求對方來改變配合我們（連自己都做不到，怎可要求別人）。」

我告訴她，什麼樣格（層次）及特質的人，自然會吸引什麼樣的對象，如果想找到一個更好的人，那就把目前這個交往對象，當成人生的功課向他學習，當我們在這段感情中，變成一個全新的自我時，無論結果如何，至少可以得知——下一段戀情，一定能吸引到對我們靈性最有幫助的對象。

我不清楚我說的話，她是否都能接受，但我仍建議她，在每晚他睡著後，用右手輕撫他的額頭，告訴他：1、我講的每句話，你都會聽進去；2、你的注意力會愈來愈集中；3、你的生活會愈來愈快樂；4、你會愈來愈棒；5、我真的愛你（這句話非常重要）。每天在睡前都要做這件事，一來可以在他睡著時，改變他醒來後的磁場，同樣當我們用心將以上這些話講出來時，也是在改變我們對他的看法。（可參考《零極限》一書。）

在我的觀念中，每一段戀情不管在相處過程中是好是壞，對方都是我們來到人世間之前所決定的學習導師，就算不是如此，至少也是我們所吸引過來的；因此，我們要相信，要改變一個人或一件事時，必須先由自己本身做起，未來是當下能量所投射構成，人也是、思考也是，當我們即時改變、扭轉我們的觀念時，所創造出來的能量就能改變三度空間的一切。

煥然一新的愛

不久後，我收到她寄來的一封E-mail——

您好：

距離上次問卜迄今，已將近一個月了，原本應在隔日回覆我的心得（思考「那張牌」的意思）以及當日的筆記寄給您，由於後來在新竹有很多心煩的事（每天的心情很糟，煩燥與煩悶，很痛苦），所以始終無法靜下心思考這個問題。但我一直惦記著，因為這件事情對我而言很重要，我也想要好好地思考後再回覆您。直到昨日，心情已漸平復，因此著手整理當時的筆記，並慢慢靜下心來，思考這個牌面的意思。延遲迄今才寫信給您，在此

跟您說聲對不起，請您原諒。

上次問卜時，我將您認為重要的地方寫在筆記上，如此有助提醒自己該如何處理事情。但因筆記已放將近一個月，所以有些內容疏漏或不齊全，請您不要見怪。

順道告訴您，由於近半年來面臨及處理許多事情，所以半年來幾乎沒有上網，所以無法閱讀您部落格上的文章。直到最近，才有時間閱讀您部落格上的每篇文章，獲益良多，也深深啟發了我，感謝您的分享，謝謝您。後來也訂閱了電子報，讓我可以即時得知您新發表的文章，而不會漏失，因為我是您的忠實讀者。自從去年8月開始逛您的部落格之後，我就常上去閱讀您的文章，甚至怕遺漏掉任何一篇，我常從其中獲得許多不同層面的觀念與想法，並帶領自己往更好的地方邁進！

如果將來您出書，我一定會在第一時間買來看，因為能夠有機會閱讀您分享的文章，是很幸福的！也希望許多人也能夠透過您的書籍或文章，進而能幫助和改變自己。

關於思考「那張牌」的感想：在這一個月內，我與男友的狀況時好時壞，大部分都處於很不好的狀態，常常感到很痛苦，後來接連健康也出了問題。不過，直到昨天，我終於明白了許多事情，也明白了我真正需要的是什麼樣的感情，以及適合我的對象。所以，當我豁然開朗、心態改變了之後，現在的我，才能真正對前男友釋懷，我也才能真心對待現在的男友，而不再三心二意想著美國的前男友，所謂的折磨與痛苦已漸漸解脫！

我更發現，現在的我才能再次面對自己的感情，面對他，才能夠進一步瞭解他，愛他。在經過了將近三個月，因為我的緣故，讓彼此經歷了許多的痛苦與折磨，更讓他受傷與痛苦，也曾面臨要分手的狀況（彼此都想分手）。直到前天，當他消失不見時，我卻發現自己好傷心，一直哭。我才驚覺，我居然愛上了他，我愛上了這位一直默默對我好的男朋友，我好怕失去他，直到終於聯絡上他，他也願意出來與我見面。

那時的我，好想立即見到他，才瞭解到他在我心中，一直佔據了很重要的地位。在談話過程裡，我深怕再也看不到他，後來經過深談，他也願意與我再重新談一場戀愛，一切都重新來過。也因為如此，我才開始瞭解到這張牌面（男友是來「救贖」我的）的涵義。現在的我，終於明白這張牌的意思，我終於明白了。

但是付出的代價太大，我頓悟太慢，是我造成的錯誤，讓我差點錯過一位對我這麼好的男生。我終於想通了許多事，也終於明白他的出現對我的影響，他是「那張牌」來點醒我，我真的好感謝，好感謝有這個緣分讓我認識了他，也感謝當時有您的指點。

我自責自己為什麼快失去他的時候，才明白他對我的重要。雖然現在的我，終於能夠明白許多事，也能看清楚事情的真相，可是突然間，我好想哭，因為一切得來不易啊！我不斷回想起，您給我的所有建議以及觀念，讓我瞭解到該如何學習與他相處，以及可以如何改善與他的關係。當時您曾提到「他是我的人生導師」、「我必須向他學習」，當時的我無法深入瞭解這些話，但現在，我終於瞭解這些話的意義了。

現在我和他將重新談一場真正的戀愛，我也將盡力彌補我對他曾經造成的傷害，我也很感謝他的包容以及願意再次給予我機會。現在的我，終於明白一切，也能真正省思許多事，也明白前段感情失誤的原因，我想，如果沒有他的出現與無條件的包容，我將不斷犯同樣的錯誤，也充分體會到「愛」的力量是如此的大，我終於覺醒了！

我看到了他的善良、單純、平易近人、替別人著想，及許多優點，這些都是我所不及的。我曾認為他「呆」、「笨」，但原來自認聰明的我，卻是最笨的人！當時的我，一直想念前男友，始終無法忘懷那段刻苦銘心的愛情與傷痛，因此與前男友分手的這一年，仍無法平復，更無法忘記那段感情，但也因為這樣，我卻傷害了現在的感情，傷害了他，也傷害了我。因為無法忘懷前男友，讓我一直無法接受他，更是對他不夠體貼，不夠好。直到前天他

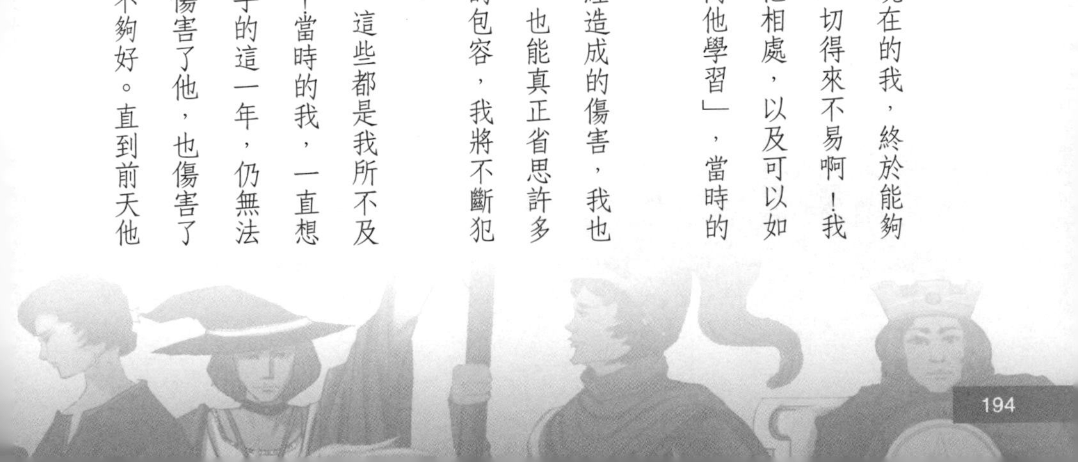

消失，我開始慢慢回想起他為我所做的一切，才明白他是那麼的好！如果當時沒有他的愛，現在的我仍會怨天尤人，仍無法忘懷過去的戀情所造成的傷害，更會犯相同的錯！

可是，當我看到他不斷付出，他那麼善良與對我那麼好，而我卻那麼挑剔他，只因為以為前男友是最好的，而忘了一直陪在我身旁的他，突然間，我掉下眼淚狂哭，我知道我錯了，我責怪自己在這段時間裡，沒有珍惜他與瞭解他，而傷害他。我不想失去他，所以現在的我，除了好好的重新談這份感情，也會努力付出，感謝與報答他對我的體貼與包容。

我終於明白，他的好人緣與成功，是來自於個性的「善良」，與「處處替人著想」個性，而這都是我所不及的，我好慚愧！我想我應該要好好向他學習！我終於明白他真的是我的好老師，告訴我所謂的「愛」、「寬容」、「容忍」以及「體貼」。如果不是他，我迄今仍學不乖，仍會犯相同的錯！一錯再錯！但是現在我終於瞭解自己的缺失，我要好謝謝他對我的愛，謝謝他的出現，讓我學習寶貴的功課！也謝謝您當時給予的指點及指出該如何改善關係，以及要我思考這個牌面（「那張牌」）的意思及寄信給您，如果不是您主動要求我思考，我想我一定不會慎重面對這個牌面（「那張牌」）要告訴我的事，感謝您，謝謝您。

XXX敬上

前不久她帶她男友來找我占卜，想瞭解他的問題時，趁空檔時，她才告訴我，因為這個男友的到來，改變了她與她家人的關係，從原本極度不好，改變成目前彼此已能靜下來談心，她父親非常喜歡這個男生，而也因為這個男生，她漸漸懂得母親的想法，也漸漸知道母親撐起一個家庭的辛酸，她在我面前掉淚告訴我：她真的好愛這個男生，好想跟他說聲抱歉，她傷害了他，但其實她是愛他的。

靈性成長運作法則—都是好結果，只是不同的選擇過程

在《克里昂靈性寓言故事》一書中提到，在某處有兩個辛勤工作的農夫，他們各自擁有一塊好田，有一天，一位聖者帶著神的訊息來到他們兩人面前（意指神之訊息就在生活當中），並告訴他們，因為他們辛勤工作，而將獲得十倍的收穫，而成就此事的力量已在他們面前，為了引動這十倍的收穫，他們必須清除原有田裡的農作物（既有的思考與深根蒂固的想法），並把它們犁進土裡，另外還要檢視根部的寄生蟲（不好的思想），找到後並丟掉。

第一位農夫與家人商量後，選擇按照神之訊息行事，而第二位農夫則是選擇再過一

陣子，等待收割的到來，後來，原本不應下雨的日子，反而下起大雨了，這時農作物全都泡在大水中，沒多久又刮起了大風，未毀的農作物都被刮走了。第一位農夫因聽從神之訊息，不僅在財務上沒有損失，更因將快要收割的農作物再次埋入土中，後來所收割的農作物更勝以往；而第二位農夫則損失慘重，但因它們都是具有神性的人類，所以第一位農夫將收割後的農作物分給第二位農夫，第二位農夫才有機會在新季節中再次翻種。

信使事後告訴他們，當時所傳遞的信息或許有違邏輯，但結果都是好的，只是在過程中的選擇不同罷了。（第一位農夫獲得豐收；第二位農夫獲得經驗，也因第一位農夫的幫忙而度過難關）。

這篇寓言故事帶著五種意涵——

一、清除原有的穀物：是指消除舊有的行為作風。

二、穀物深埋土裡：是指消除過去的行為作風。

三、清除寄生蟲：丟棄執念，包含直覺是不好的，但卻依賴成性的事物。（這是人性中最難改變的一部分）。

四、重新播種：拋棄負面思想，以新能量與正面思考。

五、信使在這之後讓他們知道，他們的地球環境將有所變動，好使這項新的安排會是
舒適的，而且能夠支持他們。

本篇故事中，個案希望男方能按照她的喜好來維持這段感情，而在占卜過程的討論中，她也瞭解另一半有許多長處值得她學習，比如他與家人的相處之道，但因她的天性使然，無法改變舊有的執著，雖經雙方努力但還是以分手為結局。

個案在他們分手後，再次找我占卜，我告訴她，分手不一定是壞事或好事，就看在這段戀情中，妳從另一半身上學習到什麼，當妳有所學習時，下一段戀情就會出現另一種不同的課題，如果在妳內心中只有學到後悔，那妳的戀情將會重覆遇到相同的問題。換言之，如果你瞭解到戀情不是只以妳為中心，而是抱持互相學習的心態，下一段戀情才會走得長久。

◎塔羅牌的生命輪迴—諮商式占卜法

在為人占卜時，會遇到個案以跳躍式思考方式闡述問題，一股腦地傾倒所有的問題，

對於新手占卜師而言，反而更不容易掌握住個案所要諮商的核心問題。開始為人諮商占卜時，我不太懂得如何掌握諮商發球權，隨著占卜經驗地累積，我漸漸地整理出一個心得：**個案所言永遠不是導致問題的最終答案**。會找命理師、占卜師或是心理諮商的人，便是作繭自縛本身個性、行為所衍生出來的問題中，**相同思維製作出來的問題，自然不可能用同一個思維解決問題，想當然爾也是以同樣的思維在闡述問題**。為避免受到個案情緒遮蔽客觀的占卜，適時地我會採用「諮商式占卜法」與個案進行討論，此為我個人設計的占卜法，方式是在與個案溝通的同時，邊抽牌邊解牌，直接從牌面獲取信息解決事件的核心問題。

以兩張牌解讀個案心理及核心問題

一、諮商時，攤開塔羅牌成橫條式。

二、溝通過程中，心中默念：此事真正的癥結點為何？隨意抽出兩張牌。

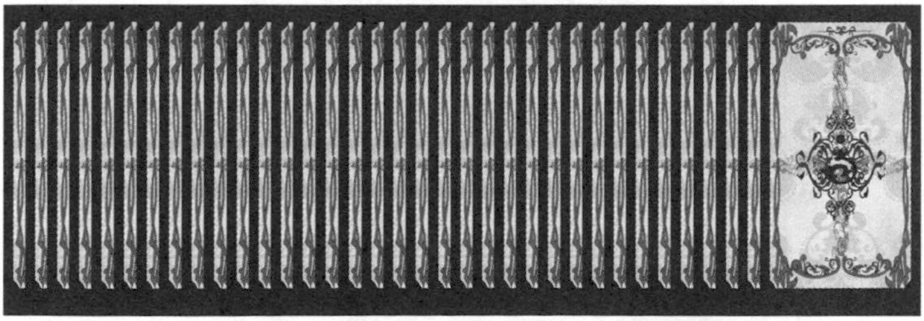

三、抽出牌面無須告知個案，僅是當作是溝通參考依據。

Ex：

前來問事是女性個案，所遭遇的問題是情感出現裂痕，諮商時抽出大祕儀女祭師與戀人時，可以推測導致女方是屬於較理性型，兩人之間缺少了溝通以及熱情，女祭司又代表著內斂型智慧，在諮商中占卜師直觀個案如屬於此類型的人，大概就可以猜出來，女方思考角度與男友大相徑庭，或許也是造成感情破裂的主因。

（以上僅是就牌面舉例，仍須視個案為主，相關的牌面意思，可參閱另一本著作《學會塔羅牌的第一本書》，知青頻道出版）

四、對牌面的解讀可以進一步套用在與個案溝通中。

Ex：你覺得你們兩人之間看事情角度是否有很大的落差？

你與男友在個性上，誰較外向主動，誰較沉穩？

五、假使個案回答符合牌面，占卜師大概便能清楚瞭解核心問題點。

六、後續諮商可以繞著牌面所傳遞的信息進行更多延伸性討論。而不會因受到個案情緒性的闡述，讓占卜師捕捉不到個案所要詢問的問題。

兩張牌的解讀重點：

一、無須設定兩張牌的牌陣位置。Ex：有人會將前者設計問題主因，後者設為解決方案。在使用諮商式占卜法中，無須去設定兩張牌前後關係。

二、仔細觀察兩張牌之間的共同點，以方才所舉例的大祕儀女祭師與戀人，兩者之間的共通點是「女性」，女祭師背後的BJ雙柱代表Ⅱ，戀人牌中的亞當夏娃也是Ⅱ，聯想兩張牌的相同的元素，皆隱含著二元化與對立之意。（尚有戰車Ⅶ）

三、牌中透露的信息是代表占卜當事者還是詢問對象，須視牌面人物個性，而非牌面人物性別。再以方才女祭師為例，不能因女祭師為女性，便推測女察司是指問事的女個案，而是以女祭師的個性去反推是男方或是女方。

四、兩張牌的主要是使用在釐清問題，協助占卜師提供客觀的建議，有時個案前來諮商並非要一個「答案」，而是藉占卜尋求情緒發洩出口，此時便可以藉「諮商式占卜法」幫個案一步一步解開心中的結。

「諮商式占卜法」所使用的邏輯是運用與榮格在精神醫學的獨特觀點，透過塔羅牌協助占卜師窺探問題背後的問題，以及個案不為人知且未說出來的問題盲點，榮格在自傳一書中提到：在精神醫學的情況下，病人來就診時都有一些沒有說出來、一般人不知的故事，我覺得，只有找出這些純屬個人的故事之後，對病人的治療才算真正開始。……要是能知道這些私藏的故事，便等於掌握了治療的關鍵。

雖然，占卜師並不能取代真正的心理諮商醫療，但就榮格對於塔羅牌的見解，「塔羅牌是呈現人類的潛意識原型」，由此可見，一個全方位的占卜師應該是學習跳脫「塔羅牌」被狹隘定義是預測工具，反過來應該是充分地運用它成為占卜師與個案間的深層靈性溝通。如此，才能讓占卜師生涯走的更具不同色彩與無限可能。

Q9：不可不知的祕密—如何成為一位出色的占卜諮商師？

特色與觀點創造您的個人價值

注意看，在一開始的問句裡，我所使用的名詞是占卜「諮商」師，而不是單純的占卜師，諮商兩個字在國語辭典中的解釋是：一種心理輔導的歷程。專業諮商員在與案主直接面對面的情境下，根據需要，協助其解除心理困惑，面對現實，並得到內在自發的成長。一種心理輔導的歷程。專業諮商員在與案主直接面對面的情境下，根據需要，協助其解除心理困惑，面對現實，並得到內在自發的成長。

有一句話是這麼說：態度決定高度。在我的想法中，清楚的定位，才能決定本身在專業領域的價值及特色。

價值就是您的觀點

當一個人能夠提出不同於一般人的觀點，並且能深入觀點核心，進而引述非常多的具體的想法與論點，此觀點不僅引起民眾的共鳴外，還能讓人有耳目一新的感覺，而非天馬行空不著邊際地胡扯一堆，此時，就已向打造自我價值跨進一大步。

觀點＝價值＝無形資產

何謂特色？特色是您與他人與眾不同。特色不是搞怪，而是清楚地瞭解本身的優缺點，進而展現本身獨特的差異性。

之前認識一位網友是以命理紫微為生，後來自己研發一套紫微占卜，原本都是在自家接案子的他，希望能夠與餐廳合作駐店占卜。

我問他你的特色在哪？「我算的很準，而且我還會引導別人正確觀念，並且給他良好建議」。全世界沒有100％準的預言，這並非特色，「準」是從事占卜、命理工作應該具備的基本能力和態度。她反問我那什麼是特色？？在命理的特色有許多種，能夠結合本身的專業能力（EX：市場分析）於五術命理中，獨創一套它人所沒有的命理工具，在諮商過程中，能夠給予其它不同於一般命理占卜師的人生哲學、世界觀、人生觀，如此才稱得上特色。

不管你是占卜師、通靈人、宗教人，或者只是社會上的職場人士，創造自己不同的觀點與特色，就是你成功與價值之處，在創造自己不同的觀點、特色、風格之前，提升自我的內涵、事物敏感度是相當重要的，不要將自己學習的觸角侷限於一個身分或職業領域上，跳脫前人對舊有「身分」腳步，才能從中找出屬於自己的特色。

人生的樂趣，來自於藉由學習在生命中不同類型的事物，刺激腦部細胞達到各區域之間的連結，產生對於人生不同的思維與看法。在有限的生活模式中找出不同的觀點，如此的人生才顯得高竿與精彩。

五、愛，來自於尊重自己

她長得算漂亮，是第一次來找我占卜，在占卜前的諮詢中，年紀與我相仿，但從言談中可感覺得到，情路上走得非常辛苦。很奇妙地是，我不斷感受到她身上好像披著一層灰灰的薄霧，讓我一直無法看清她的人，那種薄霧就像包裹住她的全身，讓她整個能量一直處於消極的狀態，當然也間接地影響到她的工作和感情等，我問她最近睡眠狀況如何？或是最近有去什麼地方？她回我一切都很好，只是前陣子有酗酒的情況，最近偶爾也需要吃安眠藥才能入眠。

我沉思了一會兒，那種灰灰的感覺與她所言情況並不相同，當下認為或許是我多慮了。很多人以為這是通靈人才會產生的直覺力，但我必須說明，這僅是一種自然反射能力而已，就好像中醫師從醫多年，即使不把脈一樣能略知病患的病情，相同的道理。

她曾有過一段婚姻，婚後的生活還算平順，但沒多久卻發現彼此的個性差異頗大，很慶幸地是當時沒有小孩，雙方在平和狀況之下以離婚收場，她第一個問題，在工作職場上，她愛上了一位有婦之夫，在職務上對方算是她的主管，兩人也發生了超友誼的肉體關

係，最近男方對她的態度似乎不如以往，已有冷卻的現象，她想詢問，他們兩人的關係未來會產生何種變化。

這個問題很明確，我選擇了時光之流來占卜，所謂的時光之流就是抽出四張牌，分別代表了此事的過去、現在及未來等狀況，最後一張牌則是建議牌，以客觀的角度對這件事給予建議。

情路跌撞的第三者

我看了牌後告訴她，原則上只要她不放棄，她們的關係就不會斷掉。但老實說，這樣的牌又有另一個含意，意即兩人之間不可能再像之前那麼甜蜜，反而會漸漸因失去交集而走向分手。

站在旁觀者的立場，我還是提醒她：當妳成為對方家庭的破壞者時，有一天，妳也將會體驗到相同的狀況，有一天，妳的一切行為，都會反射在自己身上。

她告訴我，因這位男士是她的主管，雖然對方的老婆尚不知情兩人關係，但平常她與對方老婆在工作上觀念及個性就不太合，常常無故打電話來找她麻煩，令她非常不悅。我

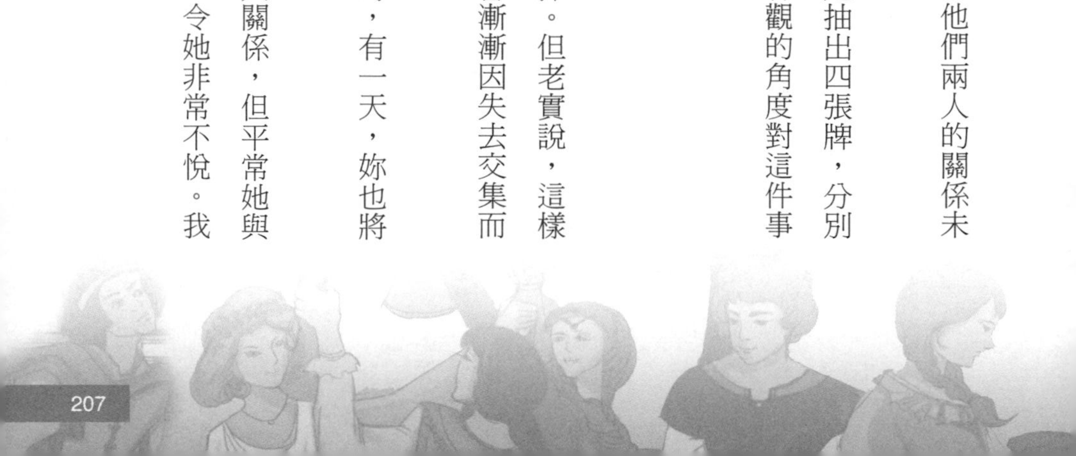

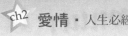

問她有回嘴嗎？她回說沒有。我笑笑告訴她，因為妳先理虧在先，所以她故意找妳麻煩妳只好往肚裡吞，依妳的個性怎會不回嘴。她笑了出來，點點頭。

大約兩週後，她再度前來占卜，自從上次占卜之後，她明顯感受到對方與她的互動似乎逐漸冷淡，一開始我以為她是來詢問這段第三者戀情是否要繼續維持，但她卻表示，其實她是想問下一段戀情何時到來。她告訴我，這一路走來，她經歷不少戀情，但結局都是不甚理想。雖然她曾結束一段婚姻，但她內心其實非常渴望再遇到一段真正可以投入和經營的婚姻生活。

占卜後，我看了她這兩年的狀況，她想獲得一段可以長久的戀情是有難度，因為這兩年內似乎不會出現真愛，頂多只有短暫的戀情而已，而且從牌上來看，她對這位有婦之夫也不像之前那麼執著，似乎以可有可無的心態來面對，她點點頭表示沒錯。

但牌陣中的建議牌，出現了一張權杖四，權杖四代表了在此時慶祝辛苦後的豐收成果，同樣亦有家庭和樂之意，但這樣的牌與她的現況並不吻合，一則她目前尚未再婚，所以不可能指她擁有快樂的婚姻生活；另一方面，在沒有穩固的戀情之前，這張牌不太可能是指她未來近期內將結婚的跡象。

從這張牌可看出兩個和樂的一男一女，及數名小孩陪伴在一旁。我問她：「喜歡小孩嗎？」她回答：「還好。」聽到她這樣的回答，我大概明白這張建議牌所指何事了。

我告訴她：「唯有瞭解家庭真諦及小孩在婚姻中的重要性，妳才能真正找到所謂的真愛，也唯有找到真愛，妳才能找到可以與妳共度一生的另一半。」我將牌攤開：「這張牌是告訴妳，等妳瞭解孩子的重要性，瞭解何謂『家』與『愛』，妳心中所渴望的家庭及婚姻才會到來。不要將專注力放在「外面」，必須學會先將專注力放在自己的心上，才能感受到妳所欠缺及應學習的。妳欠缺安全感，無法學習獨處的快樂，每當夜深人靜，妳總會產生到莫名的恐懼感，那是因為妳無法面對真正的自己，只有一個不瞭解自己、沒有勇氣面對自己的人，才會一直往外尋找所謂的安全感及愛。但不要忘了，唯有當妳瞭解自己、愛自己的道理，妳所期盼的『愛』才會被妳吸引過來，這是很重要的觀念。」

成為善美的磁場

我一再提醒她，務必要記住，當妳愛小孩時，妳心中所想要的『家』才會出現。她看了我一眼久久不語，過了一會兒才告訴我，她已墮胎將近十次了……。

我愣住了，一時之間完全說不出話來，一個女人怎能這樣傷害自己的身體，當她告訴我這件事時，我才完全將第一次看到她的畫面與這件事連結在一起，原來那天灰灰薄霧的磁場，是因她長期墮胎所導致，我不知道那是不是所謂嬰靈，因為我沒看過嬰靈，但確知那是一種長期負能量累積的現象，我告訴她，人的磁場就好像雞蛋，只要破了一次（開刀），那個傷痕很難復合。

我也一再提醒她，請不要再墮胎，如果妳真的不愛小孩，請做好避孕的措施，一方面是保護自己，另一方面算是保護一個與自己無緣的孩子，最後我告訴她：請記住我所講的這句話，這句話非常重要——請學會尊重自己、愛自己，當妳尊重自己時，就等於肯定自己的價值，唯有肯定自己的價值，妳才能真正瞭解自己心中所欠缺的，不管是什麼，等妳改變了自己的心態，往更高善的路上走時，像一塊大磁場，吸引妳所想要的東西，例如：真愛、真心愛妳的人、家庭……。

就好像當妳尚未改變自己時，身邊的人、事、物，皆未必是最適合妳的，有些人不懂這個道理，只一味地向外求取更美好的事物，但往往事倍功半，因為就算妳追求到了，這些人事物也不一定會一輩子在妳身旁，唯有向內自省、肯定自己的價值、愛自己，進而尊重自己，才能提升自己的能量，並因此能在無形中改變周遭的環境，這包含了人際關係、親子關係、感情、事業、財運及未來等。

靈性成長運作法則—幸福的祕密　不要忘了湯匙裡的油

「牧羊少年奇幻之旅」，是一本我很喜歡的心靈勵志書，書中沒有太多深澀文字，清新中卻帶著幾分神祕感的寫法手法，引領讀者進入奇幻之旅，故事從一個牧羊少年出發尋找幸福開始。其中一小段老人對牧羊少年所講幸福與油的故事，值得我們深思——

「有一個商店老闆教他的兒子到世界最有智慧的人那兒，去學習幸福的祕密。少年於是穿越沙漠，跋涉了四十天，終於來到一座蓋在山頂上的美麗城堡。那是智者住的地方。

「他本以為會遇見一個擺脫塵俗的智者，結果他一踏入城堡大廳，卻看見了鬧哄哄的聚會，商人來來去去，人們擠在各個角落裡聊天，一個小型的樂團正演奏著抒情音樂，還有一張桌子上擺滿了各式各樣美味佳餚。而智者正跟每個人談話，少年只好等待了兩個小時，直到終於輪到他和智者說話。

「智者專心聽少年解釋他來這裡的原因，卻說他沒有時間立刻解釋幸福的祕密。他建議少年到四處去逛逛，兩個小時後再回來。

「『同時我也要你做一件事，』智者遞給少年一根湯匙，匙上滴了兩滴油，『當你在四處逛的時候，不要讓油滴出來。』

「男孩開始沿著城堡的樓梯爬上爬下，眼光卻一刻未離開湯匙。兩個小時後，他回到大廳，找到智者。

「『好啦，』智者問：『你有沒有看見掛在餐廳裡的波斯壁毯？你有沒有欣賞那個精心設計的主花園？那可是花了十年才造好的。你有沒有注意到圖書館裡那張美麗的羊毛紙啊？』

「男孩覺得十分尷尬，坦承他根本什麼也沒有注意看。他只全神貫注不讓油滴出來。

「『那就再回去欣賞這個城堡的美麗壯觀吧！』智者說：『你不應該相信一個人，如果你不瞭解他的房子。』

「於是少年就放鬆心情，開始探索這個城堡。這一次，他仔細地欣賞了天花板、地板，和牆上的繪畫，他看了花園，也瞭望了四周的山景、美麗的花朵，還有各個精心挑選的藝術品。等再回到智者身邊時，他仔細描述了他所見的一切。

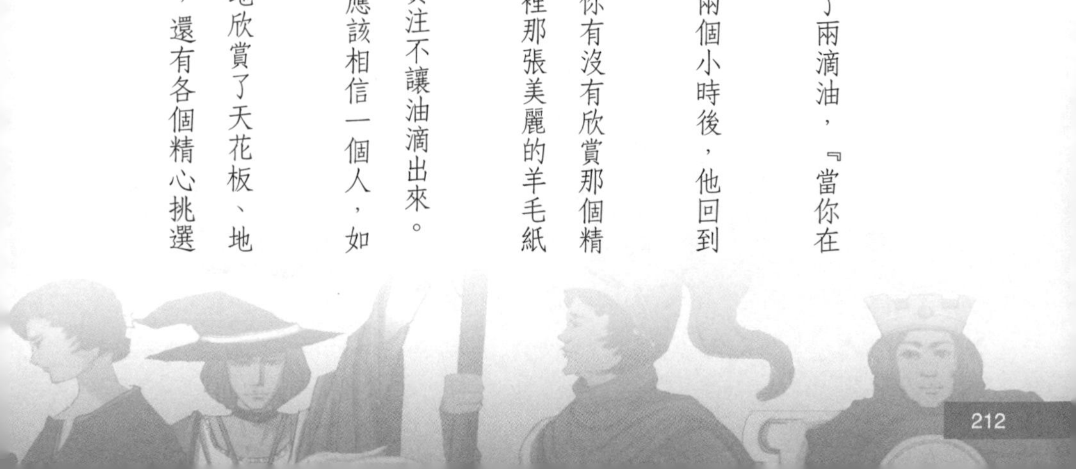

「『可是那些油呢？』智者問。

「少年低頭看湯匙，發現湯匙裡的油早就沒了。

「『我只能提供你一個建議，』這個最有智慧的人說：『**幸福的祕密就是去欣賞世界上所有的奇特景觀，但不要忘了湯匙裡的油。**』」

牧羊人沒說話。他瞭解老人告訴他的故事。一個牧羊人可以熱愛旅行，但絕不能忘了他的羊群。

這故事傳遞許多信息值得我們去思考，假使你還沒有想清楚「智者與小孩」之間的對話，將時空拉回現實生活中，我再舉一個姚仁祿先生對於設計與創意的見解，同樣與以上故事有著異曲同工之妙的隱含。

姚仁祿（註1）先生說：設計，是設法將「現況」靠近「期望」，而創意是拉近兩者之間的能力，一個不清楚現況而一味追求期望的人，就是一個無知的人。

姚仁祿引用股神巴菲特的投資名詞：當退潮時，你才知道誰在裸泳。意思是，如果一個企業不清楚自己的能力、公司屬性、特質、員工

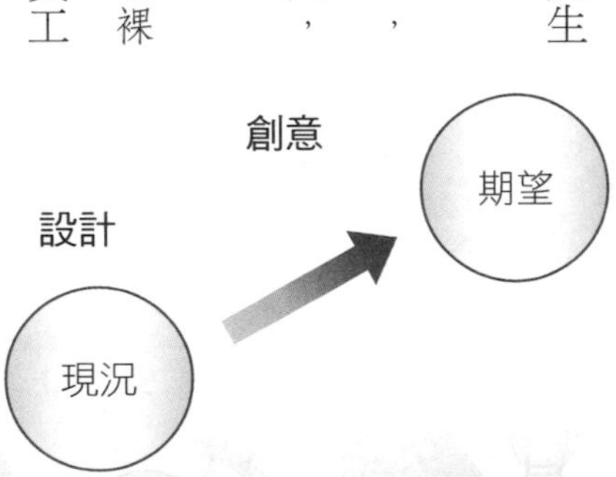

能力、產業屬性等等，景氣良好時每一家公司都是欣欣向榮，當金融風暴來襲，唯有真正瞭解自己公司的企業才能夠真正地生存下來。因為他們深入瞭解公司特性，不受他人（或金融專家）對於未來投以假性期望，一步一腳印地向前邁進。

在生活中，我們不斷地追求外在的物境達到「幸福的人生」，追求情感、事業順利、財運亨通、家庭和睦……，這是人之常情，但在追求外境的同時，是否我們真正瞭解自己以及聆聽過內心真正的「需求」是什麼？？有仔細思考過？

這段情感中我學習到什麼？在情感中為了讓對方快樂，卻一味地退讓自己的原則。

目前的工作是一份固定薪水或者是興趣所在？這份工作是否還有值得學習之處？

我所處的生活環境是我所滿意的嗎？或者是過著一天又一天重覆的生活模式？

我在渴望賺大錢的同時，是否真正低下頭思考，我所擁有的專業技能是什麼？？

誠如「牧羊少年奇幻之旅」故事中提到一句話：「**幸福的祕密就是去欣賞世界上所有的奇特景觀，但不要忘了湯匙裡的油。**」我們內心深處都擁有追求幸福的原動力，但在追求的同時，不要忘了應該時時刻刻低下頭看看自己的本分。

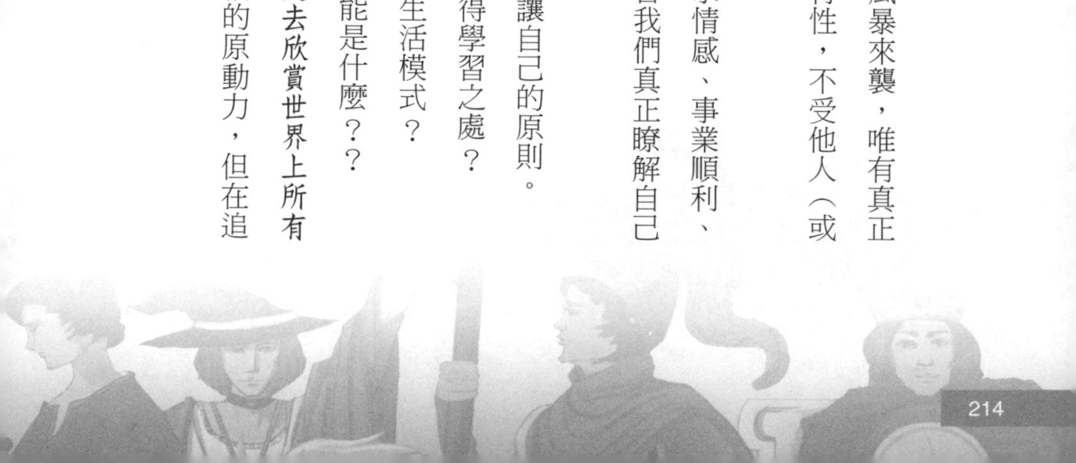

◎塔羅牌的生命輪迴—當下心念預測85%的未來

塔羅牌占卜的神祕，來自於它對於問卜者表意識以及潛意識的解讀，超乎一般人所能想像的神準，其背後運作方式與人類意識裡的原型有著密不可分的關係（詳見另一本著作《學會塔羅牌的第一本書》P42 塔羅牌占卜原型概念）。問卜者在抽牌前，無形中已經受到三層意識的牽引，從洗牌那一刻便已經將它融進占卜諮商中。在未看到牌面情況之下，無論問卜者選擇何種抽牌方式或是重抽，皆無法跳脫意識的操控，問卜者所抽出的牌面或許有所不同，但牌與牌之間的核心意義卻是相同。與其說為塔羅牌蒙上一層神祕的面紗，倒不是說是，它背後隱藏的能量來自於人們的一言一行，無不受到三層意識—表意識、潛意識以及集體意識的影響。

理解了塔羅牌與人這層關係，就不難理解塔羅牌預測未來背後的基本架構。

不管所使用的是哪一套塔羅牌，抑或是心靈圖卡的占卜卡，只要是占卜師有興趣，甚至覺得使用上能得心應手，用心學習及研讀每一張卡的圖意，試著以聯想方式將它與人類心理融合為一體，便能降低以記憶力記住牌畫的困難度。誠如方才所言，人類行為脫不了意識運作，而行為創造了環境以及決定每一個人生抉擇，由此可見，扭轉未來的核心來自

於意識。

由我為人解牌的生涯中，為在各行各業任職的個案占卜，所詢問的問題包羅萬象，最常被問的問題大多以選擇題為居多。

我適合何種工作才會賺到錢？

這幾個人選哪一個才是最佳的伴侶？

投資工具中，哪一個會為我賺進大筆鈔票？

這些公司中，哪一個會較有貴人幫助我？未來工作運會較順利？

多年下來，個案所詢問的問題統統列入我思考的範疇中，經過無數次的印證後，我發現一個很有趣的共通點：塔羅牌呈現個案當下心念所投射的未來，心念未調整前，諸多的選擇題並不能大幅度地扭轉未來人生。

以我曾經的一次占卜經驗為例，個案從事業務性質的工作，在選擇跳槽新東家前，她拿出十餘家公司的名片請我為她占卜，去面試前想先瞭解公司對於未來人生的利弊關係，在78張塔羅牌交叉占卜下，應該有適合未來發展的組合，很神奇的是，十餘家公司竟然沒

有一家對她有正面幫助的牌面，原因出於個案求職心態以及工作態度有所偏差。她在表面上很渴望從工作中得到肯定，也希望從工作中獲得一份高額收入，主因來自於家庭的不和睦，使得她不得不從家庭中走出來，在潛意識中，相夫教子當一個賢妻良母是她人生最大的目標，對於工作沒有抱持熱忱與興趣。一開始的心念對工作認知便有所偏頗，投射到牌上亦是呈現相同的結果。俗語說：種瓜得瓜，種豆得豆。此概念與塔羅牌占卜有著相同涵義。在本篇個案中，因為當事者未真正瞭解何謂「婚姻」，故在預測未來的情況之下才會出現「占卜後，我看了她這兩年的狀況，她想獲得一段可以長久的戀情是有難度，因為這兩年內似乎不會出現真愛，頂多只有短暫的戀情而已。」

「心念創造未來」僅是估預測的85%左右，換句換說，塔羅牌是以問卜者心念去預測未來，但畢竟未來的時間有長有短，在這過程中，沒有人可以仔細地預測出問卜者在這段期間是否會受到其它外力影響，導致提升或降低未來事件發生率。從此觀點中可推出，以塔羅牌預測未來的可能性，預測時間越接近當下發生的機率便越高，反之，問卜的事情遠當下越遠，未來劇本被改寫的機會便越大。舉例來說，問卜者在二月底前來詢問三月高普考的結果，此時占卜的準測度會因距離發生點較近，相對性提高預測的準確度（當然也要看占卜師的功力）。如果，問卜者在一月前來詢問大後年六月高普考結果，以當下距離發生點的時間推算，前者的準確度會高過後者。故問卜者如希望讓占卜結果更趨於現實，所詢問的項目必須是接近當下最為準確。

在未行動前的占卜結果，大多僅能提供參考，而不能當成最終的結果論，雖然「心念創造未來」理論是普遍性通用，但仍須在「執行力」為前提之下進行，一個問卜者如果是抱持「問問看」好奇心態前來占卜，占卜後的結果大多也不可能有驚人的結果。

註1：姚仁祿先生個人資料：

・大小創意齋（dX Creative House）共同創辦人兼創意長
・姚仁祿創意顧問公司（Eric Yao Creative Consultant）創辦人
・大小媒體（dX Media）共同創辦人兼執行長
・大仁集團（DAZA International Group）創辦人（1997年辭職）
・前大愛電視副總監、總監（無給職）
・前靜思文化執行長（無給職）

Q10：不可不知的祕密—如何淨化身體以及情緒的負面能量？

《自我淨化方法》

淨化身體的要訣來自於「觀想」，觀想另一種較通俗的講法是：想像力。透過密集及專注的觀想，便能導引充斥在大自然當中的能量，讓這股能量能夠順暢無礙地流動要訣來自於：相信及放鬆。

相信觀想的能量，放鬆全身的肌肉。

在這邊分享幾個生活中隨時隨地可以做的自我淨化：

【洗澡時】

1、站在蓮蓬頭下讓水從頭頂流瀉至全身，想像水如同白色的光洗滌全身，在沖刷同時觀想在這今日不愉快或是良心過意不去之事，例如：與家人吵架、講了別人的八卦、吃了哪些垃圾食物，甚至連身體的病痛都可以一併觀想，而這些負面的事件都隨著在頭上往下沖的水流瀉至腳底。這時可以進一步觀想水帶著白色的光。

白色之光↓它聚合著所有顏色及元素、能量，它又被稱為基督之光，代表著基督的意識與純潔，可以洗滌並去除晦暗與混濁之負面思想與能量。

2、仍是讓水繼續沖刷全身，一直到負面思想一一地沖刷盡，接著想像金色的光隨這些水洗滌全身、籠罩全身，全身就好似包裹在金光雞蛋內一般。

金色之光↓象徵和平、喜悅與和諧，可以將潛意識內負面能量、思想轉化為正面、積極之能量，同時又被稱為動力之光，可以使個人朝目標、理想及願望前進。

3、洗淨七脈輪，將蓮蓬頭依序從海底輪開始至頂輪沖刷，並依照每一個脈輪所呈現的顏色觀想，例如：沖洗海底輪時，閉上眼睛觀想水像太陽光般的豔紅與亮眼。臍輪，就如同橙橘般的橙色……可以找一個你所熟悉的代替物顏色觀想，可以幫助更進入狀況。

海底輪：位於人體最下方的穴道，在東方稱之為會陰穴之處，代表色為紅色。

臍輪：大約位於人體肚臍之處，代表色為橙色。

太陽輪：位於胸肋骨下方凹陷之處，在東方稱之為膻中穴，代表色為黃色。

心輪：位於兩乳頭中間凹陷之處，代表色為綠色。

喉輪：位於喉嚨處，代表色為藍色。

眉心輪：位於兩眉之處代表色為靛色。

頂輪：位於頭頂，代表色為紫色。

這些脈輪的用處不太需要強記，只要能夠觀想每一脈輪的顏色，比記住用途更重要。

對脈輪有興趣的朋友，可以上網搜尋相關的文章，內容大多大同小異。或者可以購買由生命潛能出版相關的書籍：

印加能量療法—一位人類學家的巫士學習之旅（阿貝托・維洛多博士著）

脈輪能量書I—回歸存在的意識地圖（奧修OSHO著）

脈輪能量書II—靈妙體的探索旅程（奧修OSHO著）

4、身心靈合一法：為七脈輪做完淨化與補充能量，最後一個步驟就是讓身心靈合一，平日我們常會受到不小心的驚嚇，或是感到煩心、悲傷等等，這些都影響我們身心靈的運作，我們可以將兩手合一放在胸口處做祈禱狀，口中唸到：祈請高

靈（或熟悉的仙佛）讓XXX（自己的名字）身心靈一。

4.1 說完後雙眼閉上，兩手併指，左右平舉與肩同高。

4.2 漸漸地兩手向胸前合一，合一後睜開雙眼看看五根手指是否都有合一。

4.3 如果位置有所跑掉，重覆動作再做一次。（從4.1開始）

4.4 一直到兩手五指都能合併為止。

以上動作你可以擇一做，也可以全部都做到完為止，這都有助於淨化磁場使用，淨化磁場其實不用花大筆錢，同樣也不要相信只有「高僧」或是「通靈人、心靈工作者」才能幫我們做磁場淨化的動作，其實我們就可以每日DIY做，我們也可以幫家人、小孩做，這些都是非常有幫助的動作，希望大家對自己有幫助。

【睡前】

1、深呼吸，呼吸可以平息、消弭一整日積壓在心胸的負面情緒，深深的一口呼吸讓腦獲得最大的氧份，瞬間的壓力獲得放鬆。

2、平靜地向內觀察，此時沒有任何的聲音，把一切的煩惱阻隔於大腦之外，未解決的事情統統留待明日處理，已經發生的事情，就讓它暫放一邊，全心專注於平靜當中。

3、專注在呼吸上，心中升起的情緒，透過呼吸使它排出。

這套流程是我從南傳佛教中學習安般念觀息法（註）所領悟，安般念觀息法是世尊所教導的內觀方法。以前睡前我會習慣聆聽音樂，後來漸漸會習慣有輕音樂才能入睡，但音樂聲依舊盤旋於半夢半醒之間，使用了安般念觀息法入睡，反而能一覺到天亮，醒來後精神也會較清明。常常訓練不僅能讓心或得平靜，也能放鬆心頭上的負面情緒。在初期尚無法獲得平靜的人，可以配合數息或佛號（依本身的信仰為主）：

吸時心念：佛

呼時心念：陀

佛…陀…佛…陀…

註：安般念觀息法（aanaapaana-sati），意譯為「入出息念」，是修習禪定的基本功夫。禪定的本質是讓混亂、無明的思緒平息，專注於一境中。透過不間斷地訓練，便能駕馭一顆無法受控制的心性，逐漸會進入「明心見性」的修心功夫。

Queen of Wands

20
Judgement

第三章

覺醒．從內在昇華無限能量

南傳禪師阿姜查說：

苦與樂這兩種雜染中，苦是較容易覺察的，因此，我們必須提出痛苦，以便能去止息我們的痛苦。快樂不是我們的歸宿，痛苦不是我們的歸宿，內心的平靜才是我們真正的歸宿。如實瞭解事物的真相，並放下對一切外緣的執著，以一顆不執著的心做為你的依歸。

蛇的頭是苦，蛇的尾是樂。不要說是頭，即使你只是去抓尾巴，牠同樣會轉過身來咬你。快樂和痛苦；愉快和悲傷都是從同一條「蛇」——欲求（wanting）升起的。所以當你快樂時，不是真正寧靜的。快樂和痛苦存在哪裡呢？快樂和痛苦都從黏著生起。

你必須對你的喜歡和不喜歡，你的痛苦和快樂，兩者都放下。

一切事物都具有兩面性，你必須看得周全，那麼，當快樂來時，你不會得意忘形；當痛苦來時，你也不會亂了方寸。當快樂生起來，你不會忘了痛苦，因為你知道他們是相互依存的。當你感到瞋恨和怨怒時，你必須以正見去做慈悲觀。如此一來，你的心境就會比較平衡與穩定。

——摘錄自阿姜查語錄

人生旅途中，健康、情感、親情、事業等，潛藏著許許多多未知及危機因子，當低潮

來臨時，如未能時時刻刻在生活中培養一顆平靜心及智慧，往往會被低潮的海浪衝擊而久久無法站立。**平靜心，就像是心靈鎮定劑，讓我們遇到問題時不容易因失控，讓自己陷入更複雜的業力泥沼中。智慧，如同一台頂極的GPS直覺衛星導航，面臨困境時，它以不同的觀點，引導我們往更高層次前進。**

平靜心與智慧存在每一個人的靈魂最深處，但它不會莫名地出現在眼前，唯有能夠持續性地對發生在生命歷程中的每一件事有所體悟，並捨下內心對於物質的喜好及執著，發展一顆堅定心時，剩下就是耐性地等候它的到來。平靜心與智慧如同是孿生子，當快樂與不如意在心中升起，依然能夠以旁觀者的立場看待，此時「智慧」離我們不遠了。

在魯道夫·史丹勒博士（Dr. Rudolf Steiner，18621-1925）在《超級生死門》一書中說道：在每一個「天天過日子的人」之內，都有一個「高等人類」，只要這個高等人類未被喚醒，沉睡的超感知能力便被封藏。內心的寧靜就是通往這條喚醒之路，所以，在還沒有達到這種平靜之前，我們要堅忍、誠心、精進地做這個功課。

唯有當內在的這個高等人能由內指揮一切，令外在的這個人不受外在的環境影響，我們才是自己真正的主人。

魯道夫·史丹勒博士所指的「真正的主人」與佛法教義中「智慧」(註)，有著異曲同工之意涵。

平靜心的學習不外乎看透一切事物的無常，深深地瞭解「諸行無常」的道理。**「行」是指萬物萬象均變化無常，同樣包含一切發生在生命當中的一切，均依循著成、住、壞、空的脈絡前進，事件本身是無常，人們又何必緊緊捉住無常不放呢？**深刻地瞭解此道理，內心才能不受環境影響升起的情緒反應。

如同阿姜查禪師所言：你必須對你的喜歡和不喜歡，你的痛苦和快樂，兩者都放下。學習放下，便是邁向智慧之路。

以下四則占卜故事，所要傳遞的訊息是，人生路上處處埋下值得學習的種子，端看我們精進地修持平靜定力，來面對人生的逆境。

註：佛教用語中的智慧，是「證悟一切現象之真實性的智力」。

一、阿伯也問卜

那天晚上六點多，在豐原素食生活館店內，我聽見一位女客人正在詢問，關於塔羅占卜的時間和方式。餐廳服務人員向她說明之後，接著問：「是妳本人要占卜嗎？」她搖搖頭：「不是，是我爸爸。」她們一行人進來用餐時，我曾瞥見她年邁的父親，年約六、七十歲，我不禁感到疑惑：「他的人生都已過了一大半，應是享受含飴弄孫之時，人生還會有什麼困惑，須透過占卜解決呢？」

前一位問卜者離開之後，趁著為老伯占卜前，我抽了一張牌，藉此瞭解老伯的困惑；我抽到的牌是「寶劍5」，直覺告訴我：他剛經歷過一場戰爭，一場已經勝利但卻心力交瘁的戰爭。究竟是金錢？是事業？或是……？

占卜考驗

老伯坐定之後，客氣地問：「請問這個要怎麼算？任何問題都可以占卜嗎？」這時，老伯的女兒也坐在一旁。

我說：「您想要問什麼問題，都可以問，例如：工作、小孩的運勢、感情……等，只要問題明確即可。」累積多年的占卜經歷，我自有一套占卜的Q&A，對於長輩問卜者，我通常會特別放慢講話的速度。老伯表示，他目前最想瞭解是健康狀況。聽他這麼說，我心中出現了許多驚嘆號，雖然已占卜多年，卻不曾幫人占卜健康問題。

塔羅牌講求是與問題對應的牌陣，如果問題不明確，會令我不知使用何種牌陣，後續將難以解牌。我想，就當上天安排這位老伯賜給我的考驗吧，我只能針對問題，預測事件的過去與未來。

「阿伯，請問您之前的工作是否與手藝行業有關？而且，當時很多人幫您，換言之，您廣結善緣。」奇怪，不是問健康嗎，牌意及訊息為何全都顯現工作的部分？這有一種可能性，也就是老伯的健康或許與工作有關。老伯和他女兒聽了之後，很驚訝我怎會知道這些事！

老伯的女兒表示：「我爸之前從事機車買賣的行業，也有修車，目前已退休，如你所言，算是手藝方面的行業。」一旁的老伯沒有多說什麼，我看他們父女無言，我便繼續說：「從整副牌陣來看，最主要的是心靈上的問題，當時您在工作領域，可能有一定的成，就與目標，退休後便感到空虛，目前似乎在尋找人生的方向。您凡事都靠自己的努力，在您的字典中，世上沒有不可能的事，就算發生不可能的事情，您都會認為是自己不夠努力，即便教育子女，您也是灌輸同樣的觀念。就目前而言，您已走出先前的低潮。」我還是感到納悶，怎麼全是心靈上的建議，而無關健康。

老伯說：「你講得很準耶，我確實曾陷入低潮期，目前已逐漸遠離低潮。」說罷，老伯和他女兒似乎面有難色，我說：「若有任何問題都可直說，來占卜應該要獲得建議，無論占卜結果好或壞，如果不將問題全盤托出，那等於浪費彼此的時間。」

女兒低聲詢問了父親的意思之後，才娓娓道出老伯先前曾罹患攝護腺癌，癌細胞指數曾高達135左右（我對醫療數據不太明白，如有誤解請見諒）。我終於恍然大悟，告訴老伯：「不需要覺得不好意思，占卜與通靈問事不同，占卜就是針對占卜師心中所預設的問題去處理。現在，我們針對癌細胞對身體的影響，這個問題，重新占卜。」

「可以再占卜一次喔？一次不是只能問一個問題嗎？」老伯和他女兒有些驚訝。我告訴他們：「占卜的目的，應是要解決問題，而不是帶回更多的問題與疑惑，所以，再占卜一次也無妨。」我再度洗牌，而我願意再占卜一次，是因為我明白一定會有好結果，除了第一次占卜的牌陣所透露的訊息，我也相信這位充滿自信的老伯必定能戰勝病魔。

將牌攤開後，我頓時放下了心頭的那塊石頭：「阿伯，當檢查結果顯示，您的身體受到癌細胞的威脅時，您當下受到很大的打擊；您不僅無法接受這個事實，甚至對人生感到絕望，因為你不明白為何會罹癌，以及您才放下生活的重擔而已，正要走向另一階段人生。」不等老伯的回應，我又接著說：「您出社會後，始終保持著『世上沒有不可能的事』這樣的想法，所以您開始尋求自我療程，比如打坐或冥想，這些無形（這在醫學界屬於第三療法）、正面、積極的方式，試著用自己的方式，期盼扭轉這個結果。假設醫生說您沒救了，但您還是會覺得——別人講是一套，然而真正最瞭解我的還是自己。」

我不喜歡別人說我占卜時，是攀別人的話尾去解答，所以我很少等人回答，便接著講：「未來部分，我看到的畫面是您的身心靈已達到一個平衡，也就是不僅能抑制癌細胞，您也變得更快樂。」我轉頭問老伯的女兒：「請問，伯母還健在嗎？」老伯的女兒聽完我正面的占卜內容之後，愉快地回答我：「在啊。」

我又說：「阿伯，您的夫人非常賢慧，在您的健康方面，給予您很大的支持，她不僅會配合您，而且還會到處去打聽對您有用的常識，助長您的健康。您和夫人的感情非常

好，經歷這場病後，您們的感情將更好。」

多年來，我深深體悟到解牌深度，需要看問卜者的福份與造化，這無關占卜師的能力，一個有修行或本身常行善事的人，在被占卜過程中，自然會有高靈或祖先靈到訪，給予建議。

「太準了！」老伯和他女兒高興地幾乎要從座位上站起來。

「少年耶，你講的前面兩張牌都很準。」老伯順手指了牌：「剛開始發病時，我真的覺得人生沒有希望了。」老伯的女兒在一旁補充，說老伯當時的指數，已近乎病危。老伯說：「就如同您所說的，後來我努去嘗試改變它，而且我的身心狀況，都被您講中了。」他又指指第三張牌：「這張牌可以象徵上天的幫助嗎？」（註：當時是抽中大祕儀Ⅵ戀人。）

「應該是說，是您創造了自己的人生。」雖然我不想糾正老伯。

老伯的女兒並開心地表示：「您怎麼會說得那麼準，我父親真的就是那種人。而且他就是靠冥想、打坐、運動，控制病情，才短短兩個月，癌症指數從100多，降到30，連醫生都嚇一跳呢。」

「您父親是不是有宗教信仰？」最後，我還是想要解開這個疑惑。

「有耶。」老伯的女兒說。

「是佛教。」我和她異口同聲。

「大多是拜家裡的神。」女兒說。

我心想，老伯還真是老菩薩，占卜過程中，我不斷地感到無形的訊息，如果不是他良善的心與家神保佑，就是他平時常助人，否則病情根本難以控制；反過來說，要得到家神保佑，也是要靠全家向善和慈悲的心，才能有此福報，不是隨便買一尊神偶回來拜，就能得到神明的保佑。

高靈相助

我從2006年開始為人占卜，從北到南，接觸了不少問卜者，有很深的感觸。有時，我能給予某些問卜者許多建議；而有的則不然。能夠獲得許多意見的問卜者，通常有幾項特徵：茹素之人（或減少葷食之人）、問卜問題牽涉修行或玄學、本身常做善事、善心之人。

只要是具備善心之人，在占卜過程中，他們本身的守護神或是有緣的高靈，都會在一旁給予協助。經由詢問高靈，我才知道原來這些人問卜時，能讓占卜師更加得心應手，除了上述原因之外，還有另一種情況——占卜師為問卜者解惑時，不僅解決私人疑問，連帶地間接也幫助到其他不知名的人；也就是說，問卜者的提問並非為了私我。

而問卜者必須有心聆聽占卜師的建議，以廣寬的心及執行力，改變自己的人生，這是非常重要的。渴望獲得高靈的幫助，記得先學會幫助別人。

那位老伯和他女兒要離開時，不斷跟我道謝，他說：「少年耶，你的占卜很準，很厲害。」在此祝福他們。

靈性成長運作法則—正面思想 創造療癒能量

《祕密》影片中，有位罹患乳癌的中年女子，選擇以不同的角度看待人生，無時無刻，她都告訴自己：我是健康的人。她以笑容取代愁眉苦臉，將自我投入「全然健康」的未來影像中，以充滿感恩的心面對未來，一個月後，她意外地發現，胸部X光片上清晰可見的癌細胞，竟消失了。而我同事的父親，在五、六年前罹癌時，已是癌症末期，醫生以

專業斷言，他最多僅能再活半年或一年，這位自我意識極強的長者，積極地面對這場身體的抗戰，六年後，他安然地離開人世，已超過醫生斷言的時間。如果未來是由一群不確定的能量所構成，而未來決定於當下，我相信，健康也是透過積極的信念及執行力去改變的。

另外一個發生在我身上的真實故事，我有遺傳性的敏感性皮膚，冬天半夜常會因發癢而睡不著，尤其是吃到容易引起過敏的食物更加嚴重。一天晚上，因中午吃到過敏性的食物，導致大腿內側、背、腰等皆紅癢難耐。臨睡前我有「冥想大自然」的習慣，我將冥想的方式套用在治癒身上的紅癢，我將兩隻手隔空在紅腫處約一公分處，我持續性地告訴自己：「全宇宙的高靈充滿了愛的能量，介由我的手傳遞出治療的藍光，透過藍光醫治我的過敏源，紅癢處隨著藍光逐漸消失。」我將專注放在發癢處，並不斷告訴自己「我是健康的身體」。

進行第二段觀想則是想像躺在一整片充滿能量的藍沙上，海水一陣一陣地拍打躺在藍沙灘上的我，當潮水退去時，我身上的不好能量也隨之褪去。因為冥想的緣故，我逐漸進入夢鄉，隔天起床，我身上的紅腫已經大幅度地減少了。

對於能量場的解讀，引用《慧眼視心靈》一書中的一段：任何生命體都有能量脈動，這種能量無處不是資訊。這個觀念為另類醫療或輔助醫療執業醫師所接受，這並不令人驚訝。但連有些量子物理學家都承認，身體在生物過程中會產生電磁場，這才叫人訝異。科學家相信，人類的身體會製造電流，因為所有生命組織都會製造能量。

關於透過觀想能量療癒全身，讓細胞產生更強大生命力的著作，在許多本西方著作中可以參考，在「人本自然」所出版的《我治好了搖滾巨星的癌症》為例，作者亞當（Adam）在十六歲時發現自己擁有強大的治療能力，透過後天學習，他獨創了「量子遠距治療」。關於能量療癒，作者提到一個觀念：每一個人都各有天賜，生命本身就是最珍貴的賜福。他對於「觀想」能量的觀點：絕對不要輕估觀想的力量。當你在想像的時候，你就是在觀想；只要你觀想，就進入了宇宙的知識庫，科學上稱之為「量子療癒場」。亞當（Adam）提出自我治療的自我觀想法，「只有你才能改變自己。真實而且長久的改變，必須來自於個人內在，為了改善自己的健康狀況，首先你必須相信，改善是絕對可能的。

以下三則「信條」可以逐步強化你的信念系統，以漸進的方式提升自我療癒的可能。

1. 我可以好起來。（可能）

2. 我一定會好起來。（絕對可能）

3. 我好起來了。（正在實現之中）

他進一步提出三點從生活中提升健康能量的態度：

1. 改變習慣：對於許多疾病來說，個人習慣都是關鍵因素。治療自己的第一步就是檢查自己的習慣，你必須「不偏不倚」、客觀的進行這個檢查。你可以試著回想今天所做的每件事，挑出對健康有負面影響的事情，如果這樣做有困難，就去問一問瞭解你的親朋好友，請他們誠實告訴你，改變哪些生活型態對你有幫助。

2. 修正態度：自我治療的第二步是創造正面的社會環境，唯有正面的環境才能提升你的療癒力。你周圍的人對於你的健康有巨大的影響力，因此，你不但要改變自己的習慣、飲食、思考模式，也要影響周圍的人，讓大家的態度一起變得正面。當你以及身旁的所有人都能正面思考時，你就創造了一個完美的療癒場，大幅提升整個環境的治療效率；相反的，如果你身旁的人都在進行負面思考，他們的負面態度將干擾你的治療效率。

3.面對情緒：情緒的問題很複雜，而且往往發展成生理困擾。原因在於我們總是任由情緒主導潛意識，進而操控我們的健康，如果你能搶回發球權，控制情緒，就能掌控免疫系統與健康。

引用《你有能力改變未來》（琉璃光出版，瑞萌・葛瑞斯（Raymon Grace）所著）書中的一句話：假如你可以放鬆身體和頭腦並且集中心念，而且可以生動地觀想，你就可以展現奇蹟。基本的觀念是這樣的：「未來」是由尚未成形的意念組成的。我們有權選擇「自己創造未來」，或者把它交由「不做決定」去創造。我們用思想、決定和行動（或者完全不採取行動）創造了「現在」。我們也用（或者不用）同樣的方式創造我們的未來。我們的未來有無限的可能性，完全取決於我們的思想和行動。

如果對於觀想能量達到治療有興趣的朋友，除了可以參閱以上這兩本書外，可以延伸閱讀亞當（Adam）的另一本著作《量子療癒場II你也可以用意念殺死癌細胞》以及琉璃光出版的《能量醫療 Energy Medicne》，以上幾本書提供了觀想、能量以及自我療癒更深入的見解，打破我們對於人體生病只能依靠藥物的傳統印象，以上幾本書中分享許多實用的能量治療手法，幫助我們在生活中學習如何靠自我達到能量平衡。

態度決定一切，同樣，對於伴隨我們一生的色身，我們以何種態度來對待它？我們是否真的瞭解它？當我們不斷在追求物質生活的同時，或許也該靜下來，聆聽它真正的聲音。

◎塔羅牌的生命輪迴─闡明健康狀況　提升問題準確度

對於健康方面的問題，在未充分瞭解病情之下，我較少會為個案進行占卜，主因來自於，占卜不能取代正統醫療。假使個案仍然希望透過占卜給予一些參考，我的方式則是進一步問清楚病情後，先以「時光之流牌陣」進行占卜，「時光之流」是以一件當下事件推論未來的結果，印證未來發生的可能性，可以依照牌陣所代表「過去」的牌面先進行推測，占卜師看到代表過去的牌面符合個案當初的病情，以及過去發病時的情緒反應。那便可以進一步推測未來病情的走向。

在本篇故事中，我便是採用時光之流牌陣為阿伯占卜，故事中提到阿伯過去工作

情節：「之前的工作是否與手藝行業有關？而且，當時很多人幫您，換言之，您廣結善緣。」此時的牌面是出現金幣３，金幣３是指朝向某一項目標努力，因圖中有商人、皮築師以及神職人員，所以，又隱含著工藝技術之意，多少可以直觀出阿伯的健康與工作有著密不可分的關係。

在阿伯健康方面，未來是出現一張大祕儀Ⅵ戀人牌，只要是塔羅牌中出現關於大天使的人物，例如：ⅩⅣ節制、ⅩⅩ審判，均有著無形力量的助力，尤其是戀人牌出現時，直觀中看到天使以及亞當，故直覺地告訴阿伯：「未來部分，我看到的畫面是您的身心靈已達到一個平衡，也就是不僅能抑制癌細胞，您也變得更快樂。」我才會阿伯說：「阿伯，您的夫人非常賢慧，在您的健康方面，給予您很大的支持，她不僅會配合您，而且還會到處去打聽對您有用的常識，助長您的健康。您和夫人的感情非常

好，經歷這場病後，您們的感情將更好。」

使用「時光之流牌陣」預測健康、病情走向時，要有一個概念：**過去及當下的牌面符合事實時，假使未來顯示不盡理想的結果，應給予正面鼓勵或再抽一張建議輔助牌，以試著改變未來的結果**。有些占卜師會因過去及現在皆符合事實，在態度上便會產生「我漫心」，在占卜未來部分，不論結果如何，占卜師便會直接了當地告知當事者。在我個人的占卜經驗法則：「占卜是以當下窺探未來發生率，預測未來發生的可能性。藉由即時的心念改變扭轉未來，達到趨吉避凶的效果。」換句話說，也就是，結果是正面、良好，我會鼓勵當事者保持現今的態度繼續下去，反之是負面的結局，我則會再抽一張代表「如何改善未來」的建議牌，試著透過當下心念去改變結果論。我曾經不斷提醒塔羅牌學員一個觀念：**不論占卜過程為何，都要讓個案帶著歡喜心離開**。在為個案預測病情時，必須掌握一個原則：**以正面解讀全部的牌面**。畢竟個案前來詢求諮商，對於占卜師以及占卜結果充滿了期待，如果占卜師給予個案的建議充滿負面看法且帶有恐嚇的口氣，反而喪失了一次以正念鼓勵病人的機會。此觀念絕非「報喜不報憂」，而是要感恩我們有機會為行「無畏佈施」的機會。（無畏佈施詳見Q16：算命後有辦法改變未來嗎？）

除了時光之流之外，個案對於健康沒有身體某部位針對性疑問，例如：癌症、頭、心臟、胃等等，僅是想聽看看占卜師建議，健康方面是否有應要注意之處，我一般會選擇以下列方式進行占卜：

星座占卜法：

一、從大祕儀中挑出代表12星座的牌面，其餘未使用的牌面另放一堆。

星座	塔羅牌	代表部位
牧羊座	Ⅳ皇帝	頭
金牛座	Ⅷ教皇	肩、頸、淋巴
雙子座	Ⅵ戀人	手臂
巨蟹座	Ⅶ戰車	胸腔、胃部
獅子座	Ⅷ力量	心臟
處女座	Ⅸ隱士	腸

星座	塔羅牌	代表部位
天秤座	XⅠ正義	腰、腎臟
天蠍座	XⅢ死神	膀胱、生殖器
射手座	XⅣ節制	臀部、大腿
魔羯座	XⅤ惡魔	膝蓋
水瓶座	XⅦ星星	小腿、腳踝
雙魚座	XⅧ月亮	雙腿

一般記憶塔羅牌最佳方式，便是採用圖像記憶法，對於身體器官無法詳記的讀者，可以參閱以下星座對應身體部位的圖示。

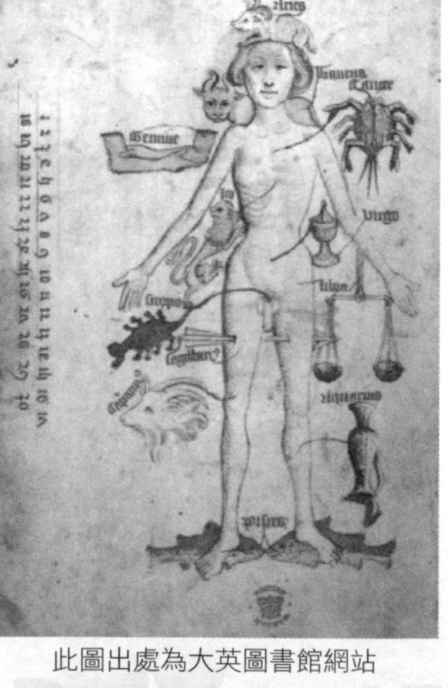

此圖出處為大英圖書館網站

二、隨意請問卜者抽出三張分別代表以下注意事項的塔羅牌。

1. 天生機能較弱的器官。

2. 目前應該留意的器官功能。

三、將方才未使用的牌面重新洗牌後，請問卜者再抽出兩張輔助第二項的牌意，並將牌放在第二項抽出牌的上方。

1. 應該如何從生活中改善。（解讀：天生機能較弱的器官。）

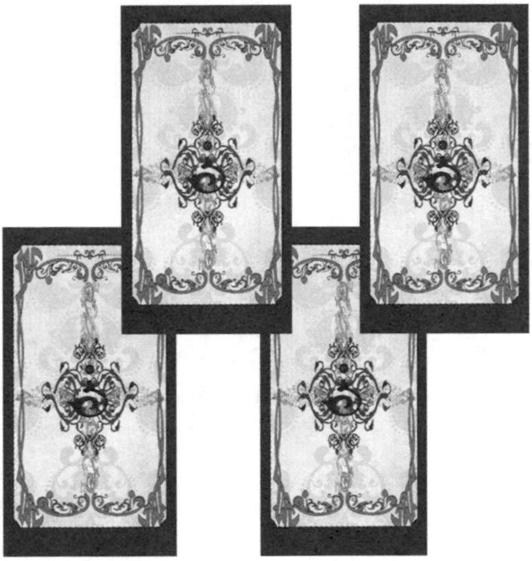

2.造成的主因為何？（解讀：目前應該留意的器官功能。）

為問卜者占卜健康方面的疑問，最好平時多吸收一些醫學、能量療法等基本常識，以避免遇到牌與現實不符合情況時，陷入牌面不知如何解讀的窘況。占卜結束後，記得仍要告知問卜者：占卜僅提供另一種角度的參考，最終還是要回歸到正統的醫療。許多問卜者會執著於神祕空間所給予的建言，而忽略了現實生活，此部分亦是占卜師應要學習的態度：將問卜者的思考模式拉回現實。

Q11：不可不知的祕密—如何在生活中以觀想的能量創造未來？

《你有能力改變未來—用意念重塑世界》（瑞萌、葛瑞斯所著，琉璃光出版），一書中主要是分享人們如何靠正面意念創造能量改變未來。泛指疾病、家庭、人際關係等等方面的問題。

此觀念在21世紀並不算新鮮事，在歐美國家不少身心靈書籍皆以此為核心思想，如賽斯、奇績課程、娑婆世界、歐林等一系列，只是在亞洲地區較容易冠上宗教名詞。

《你有能力改變未來—用意念重塑世界》這本書是以更接近我們現實生活的角度切入，所以讀起來非常的輕鬆。

1、**能量可以影響所有的東西**，包括地球和我們自己的健康狀況。

2、**說服你相信自己確實有此能力**，只是你得去培養它、學習使用它。

3、**心念世界通用言語是畫面**，你想要創造改變的，需要用形象與畫面表達。

4、學習此方法，**最強大的原動力在於無私的愛**。

此書講述了許多的真實案例，以簡單的意念信息去改變未來的一切，例如，在書中提到，當遠距離的朋友感受到不舒服，或者受到長年慢性疾病所苦時，作者（任何人都可以）會以無私與專注的信念傳遞給朋友，很奇妙的是，此方法以非常高的機率達到消除或以大幅度去減輕問題。這種做法與賽斯所言「信念創造實現」是不謀而合的。

遇過一個真實個案，透過能量觀想，改變了未來：

她前公司因合作專案結束，將要遣散現任的員工，公司立場以半強迫方式要求這群員工轉移到較偏遠的地方，說好聽也就是調派，因地處偏遠，如果不願意便得辦理自動離職，也就是說拿不到一毛的遣散費。員工想法是想以法律途徑得到應得的遣散費，在占卜時出現了公正、法律、強權的畫面，表示此筆遣散費會延後交付，如果想要將時間縮短，便得走法律途徑或勇敢地提出自己的看法（公權力），選擇以時間托延，亦可以拿到遣散費，相對性要等待較長一段時間。結束後我一直罣礙此事，她只是我一位素昧平生的個案，我瞭解她心中的感受，於是在睡前誠心地祝福她能順利拿到這筆應得的遣散費，同時專注且持續地觀想她獲得遣散費的畫面，希望她能順利得到這筆錢。事後再碰面，她告訴我終於拿到這筆遣散費，她是這群員工中最後一個離開，也是唯一一個拿到遣散費的，在會議中她勇敢地表達自己的立場（其它員工都低頭不語），事後，她與最高層主管通過電話，表明因何種因素無法依公司規定遣派到外地。

此件事情能達到臻至圓滿，須有三種因素構成：

1、執行力與行動力。（她勇敢表達自己的態度與爭取一切應得的。）

2、正面的信念。（本人及其它人給予的正面信念創造了未來結果。）

3、觀想的力量建立在事件須有三成以上的成功率（假設她個人希望全體員工都能拿到，可能機率就不大了，畢竟這已不是她一人能達成，而是要靠大家創造共同信念與行動力才行。）

任何物質面的事物，皆是以能量與分子組構而成，**當我們腦袋處於阿法波（Alpha）時**（註），**以具正面、積極、專注傳遞出清楚的畫面時，未來的藍圖會照腦波所投射的畫面勾勒。**

此書中引導我們以正面的態度、口吻對待小孩，當小孩犯錯時，我們要告訴他，你是最棒的，你是最聰明的，犯錯只是學習過程的一部分，下次你就不會再犯了，如小孩非常的調皮或常常頂嘴，我們可以在他們睡著時，輕撫他們的額頭告訴他們：「乖，你是上天賜給我們家庭最好的禮物，你是最棒的，當明天太陽出現時，一整天你都會非常的乖，你會帶給許多人快樂與幸福，吃完飯後，你會將碗筷收好（如是這是他常犯的錯），下完課，你會先洗手後再去做功課等待吃飯（如果他常一放學就窩在房間打電腦）。」

★請記得，信念中絕不可以加諸負面的字眼，比如很壞、不可以、不是、不准等等，因為這都是負面的能量，如果我們愛小孩，請不要將我們的負面能量加註在他們的身上。

註：「Alpha波」在極度放鬆時腦波所呈現的狀況，Alpha波是「感覺最放鬆及最舒適的狀態」。它被譽為大腦最佳的狀態。運動、瑜珈、SPA、輕音樂等等，都能協助身體放鬆，進而讓大腦呈現Alpha波，進入Alpha波狀態後的觀想能量最為顯著。

二、拋棄外在，活的自在

她告訴我，她的職業是「高中老師」時，我心中不禁感到訝異：「啊，好年輕的女老師！」她穿著輕便的吊帶褲，淡紅色鏡框，輕爽的短髮，若不知她是老師，第一直覺她是服飾店的員工。

按照慣例，我還是要為每位首次前來的問卜者，重覆讀一次占卜的開場白：一、如果我講太快或不清楚一定要說，不要不好意思說；二、牌與現實一定會有落差，如果與事實差太多，也要明說；三、前來占卜唯一要做的就是將問題丟給我，再帶答案回去，所以不要帶任何不清不楚的疑問回家，有問題要在現場問，時間來不及就問仔細不要問多。

這三項開場白，是希望每位問卜者不要不好意思說出內心話，不管是在占卜的準確度或是其它方面等等，問卜者都有權利說出心中的感受；占卜過程中最重要的是占卜師是否能讓問卜者卸下心防，如此互動之下，才能讓每一次占卜的結果達到完美，因預約時間有限，我會希望對方先將問題一次說完，以方便我歸納問題後，再判斷要以何種牌陣回覆。

幸福卻不快樂的人

這位高中老師並不快樂，學生似乎都很怕她，她覺得同事似乎也不太喜歡她。她知道自己在工作上，是一個較強勢的老師，學生都非常怕她，回到家，身為同行的老公，似乎也不太瞭解她，當她將工作上的無奈向另一半吐訴時，所得到的回應卻總是：「做一途怨一途。」（意思是工作本就如此）。工作上的不順心，學生與家長的反彈，讓她開始思考自己到底是否適合這份工作，或是要轉到另一所學校？而在這樣的工作環境下，也讓她萌生轉換跑道的念頭。才結婚幾個月的她，新婚不久，已感受到和另一半在心靈上較無交集，雙方的生活態度也有所落差。

我告訴她，她的問題可從三個角度切入：一、目前工作上的瓶頸及未來發展還有宇宙高靈希望給予她工作上的建議；二、我將透過塔羅牌分析她目前七個脈輪的狀況，這樣的檢視除了可瞭解她目前的身心靈狀況之外，最重要地，我希望教導她平衡七脈輪的方法；三、婚姻問題。

攤開牌，我笑著告訴她，雖然她有滿腹怨言、沒自信與無奈等內心的感受，她表現在外，仍是如此的堅強與自信，換言之，別人並無法體會她的感受。她告訴我，的確如此，在職場上，她不希望讓人看到她軟弱的一面。

我接著說，我看到目前支撐她持續從事教職的主因，是因為優渥的收入，但如果因此而失去成就感和興趣，自然就會想要轉換跑道。她也認為，目前這份薪水確實較高，又能維持她的生活開銷，這也就是為什麼她遲遲無法下決定離職，並因此造成她對工作產生厭倦與無力感。接下來，我看到一個畫面；如果這樣的情況未能解決，而持續發展，兩年後將每況愈下，她不僅備感壓力與無奈，甚至會導致失眠。站在占卜者的立場，我當然希望給予問卜者一些實際上的幫助，我請她閉上眼睛，祈請宇宙高靈給予協助，以不離職的情況之下，看看高靈是否有其它建議，而她所翻到的牌卻是：專心在工作上，努力在工作上。

我建議她，把重心再放在工作上，不要想太多。我問她，是否常常下一堂課還未到，就開始煩惱下一堂課哪個學生不乖、哪個課程學生反應不好等，她說：「是啊。」我告訴她，何不換一個角度想，假設過去、現在、未來是以線性進行，過去的煩惱已都過去了，而未來的煩惱仍未發生，既然如此，當下何必撿過去的煩惱來困惑現在，拿未來的煩惱來

迷惑當下，做人，活在當下不是更能自在嗎！

看著牌，我一直感到它隱含另一層意義，我閉上眼問她：「請問妳最近心臟是否感到不舒服或胸悶嗎？」她回答：「是啊，最近常感覺到很無力和悶悶的感覺，之前還有類似心絞痛的現象。」我說：「建議妳，當妳瀕臨發脾氣的臨界點時，試著深呼吸，因為牌面似乎隱含另一個訊息，也就是說，當妳有心事時卻不吐露出來，明明很生氣，但妳仍看似一副無所謂的樣子，可以此得知妳的個性蠻強硬的，如此的個性，久而久之會讓妳常感到胸悶，嚴重的話，將引起心絞痛喔。別忘了，心理影響身體，身體的表徵往往是內心的投射。」講到這裡，我突然感到心虛，因為我的個性也是如此。

看著牌，我思考了一會兒，我不太喜歡讓問卜者產生隔靴搔癢之感，除了以上那些線索，是否還有其它我沒看到的問題？我閉上眼沈思，問她是否會在乎別人如何看待她的職業嗎？例如：「妳看起來不像老師，因為太年輕了。」或是，是否希望建立形象，讓人第一眼就可感受到她的專業。

「會啊！！」她爽直地回應。我再問她：「妳有把學生當成人來看待嗎？」她說，其實她並不是一位尊重學生的老師，在她的認知裡，學生應當照她的教導來做事，比如考試或行為表現等，她的家人都笑說，她希望在班級或教導學生時，塑造一個烏托邦。

我告訴她：「與其讓人以外在形象來肯定妳的專業，不如以專業去樹立別人對妳的尊重，不是更好嗎？」我接著問她：「妳曾在學校如此輕鬆地裝扮嗎？」她回答：「不曾，我在學校通常都不戴眼鏡，穿著較正式。」我建議她，可以試著輕鬆地裝扮到學校上課，也許可從同事與學生的反應中，更瞭解自己或更放寬對所謂『身分』的看法。」

我舉例與她分享：全天下只有我母親，是我最無法改變的人，例如飲食習慣等，我母親身體不好，我知道肉類對健康助益不大，而應改變飲食習慣，比如多食用穀類等，但她屢勸不聽；為了這樣的事，我常跟母親起爭執，有一次我非常生氣地說：「為什麼妳就是不聽我的話？有那麼多人花錢請我占卜聽我說話，別人都將我的意見聽進去，為什麼我跟妳說話不用錢，妳都不聽？」

聽起來似乎很好笑，但事後想想，拿掉所謂的塔羅牌占卜師身分，我充其量也只是家母生出來的兒子罷了；就如同總統再偉大，拿掉總統的身分，也只是別人的兒子、老公、父親。身分，它絕不會一輩子跟著我們，只有「當下的我」才是真正的自我，我們每個人都是平等的，要贏得別人的尊重絕非要拿身分來壓別人，而別人是否要接受我們的建議，取擇權仍在對方身上。

我告訴她，別忘了，老師的身分不是一輩子的，等學生畢業了，師生關係就不再存在（雖然古人說：「一日為師，終生為父。」但時代不同了），為什麼不在仍維持師生關係時，把握機會給予善知識呢。我告訴她，有篇文章〈你是什麼就是什麼〉中提到一句話：『你可以穿得很高級、可以裝得很高級，你可以因為別人不重視你生氣，或是因為別人在乎你就以為高人一等，其實，你是什麼跟這些都無關。你是什麼就是什麼。』

我最後以塔羅牌幫她測量了身體的七脈輪，我問她最近的經期是否異常，她肯定回答，而她也非常擔心不易懷孕，我告訴她，就以七脈輪來看，她的生殖器能量較弱，頂輪部分也是，較強是喉輪與心輪，我笑說，還好她心臟夠強，不然以她的生活態度來面對所謂的不愉快，一般人老早就離職了吧，她也笑說自己的確是個非常堅強的人。我說，口德非常重要，不要因口直而傷害到學生小小的心靈，她告訴我，她確實不是個尊重學生的老師，所以在口語上常對學生不尊重，我希望她日後在脈輪部分取得平衡，能將過強與較弱的能量平衡一下，我在最後以能量療法方式教導她如何balance七脈輪，以簡單的方法將較強的能量輸送予較弱的能量，如果每日以幾分鐘的時間去自我療癒，大約一週就能見效。

最後我不斷地叮嚀她，找一天穿著輕便的服裝去學校，或許將有不同的感受！

知性的留言

事後，她在我的blog上留言，在此與大家分享，希望每位朋友透過她的故事，能有所得：

您好，今天聽了您的解說真是受益良多，在回程的火車上寫了筆記，不斷回憶著與您的對話，發現很多事情真的不是巧合，或許我也積了一些陰德，今天因緣俱足才能聽到金玉良言。回家後，抽了我的天使卡，問有關今天的事，很巧地出現了「能量工作」這張卡，也許是要謝謝您幫我補充了我的氣；接著，又出現了「心輪」，告訴我要注意自己的心，愛是一切的重點，與今日的七脈輪占卜相符合。不知道您是否喜歡大海？我在心裡默禱，為您祝福，希望我的天使告訴您，我對您的感謝，我不知道天使要告訴您什麼？因為出現了「海洋」，雖然我就不明白這是什麼意思了，或許您可以到海邊走走。

為什麼我下定決心坐車去找您占卜呢？因為上個月，時常出現「新夥伴」這張卡，要我留心生活中的所有新朋友，而任何一位都可能影響我的，因此我才下定決心認識新朋友

並聆聽意見，我覺得自己非常幸運，也許您真的是圖卡上的那隻獨角獸吧。當我搭車抵達目的地時，我竟看到了睽違十幾年的彩虹，我好感動，我相信這道彩虹是天使，也是祝福了。謝謝您，也祝福您，繼續用能量工作，去拯救別人。

您的題目下得很好，因為我對「外在」有很深的執念，這點昨天我沒提到；為了改變外表，甚至動了兩三次微整型，我才27歲，似乎不需要整容對嗎？但我對美感已幾近病態，我想我的心生病了，無法接受自己已經ok的外表？這大概也是讓我很累的原因吧？

我忘了何時開始閱讀您的部落格。您的文章很多，每一篇都很紮實，對於一個愛閱讀神秘學的人而言，有點吃力，但又非常淺近。其實我以前曾時常算命，當您問我：「曾經占卜過嗎？」我回想起過去的種種，我曾經求助卜卦、八字、紫微、通靈、姓名學、塔羅、天使卡、女神卡、測字、算生死簿，我喜歡求籤、問卜，或許是這樣，讓27歲的我，對這個社會沒有什麼好奇心。我的人生非常順遂，我的直覺也告訴我，此生將非常幸福，我從不缺錢，也有個好丈夫，家人都很疼愛我，三五個知己好友也已足夠。可是我竟常感到不快樂，我自己也感到奇怪。

我一直在尋找信仰的中心，可是我太喜歡懷疑事情，所以我無法很「虔誠」去信仰

什麼，也因為我什麼都有，所以從不渴求什麼。每次拜拜，我都祈求「風調雨順國泰民安」，我想我是個非常幸福的人。再來要談談，為什麼我相信您，願意花費有點遙遠的路途，找您占卜，並且願意寫一篇文章與大家分享。

寫文章對我而言不是難事，但我懶得分享，但為了感謝您，我願意寫出來。我喜歡有學問的人，尤其在探究生命這部分，他的學問超出我的所學。

您的眼睛非常特別。我不懂得看氣場，可是我感到他很祥和、很乾淨，整個人彷彿一團柔和的光，卻又不帶任何顏色。他的眸子有點琥珀色，有時似乎是藍色，我發現他的瞳仁特別大，讓我想起古代石窟中用七彩琉璃鑲嵌的佛睛。他胸前有個十字架，但是，他不是教友？他拿出一條藍色帶子，上面鑲嵌著我不認識的石子，也有繡線。我沒看清楚上面是否有咒文。這令我很安心，因為他沒有任何宗教立場；對我這個迷離（可能只相信自己）的人而言，中性的角色最安全。

因為我的宗教觀沒有侷限，我逃避信仰神祇，我目前認為，所有高靈可以幻化成不同形貌，如同菩薩以各種形象渡化人。所以在天上，大家都是好朋友，祂們沒有肉體，宇宙永遠可容納很多靈魂，祂們只是電波，如果有一天想到凡間，就輪流下來玩耍。所以今生

的功課都是自己選擇要學習的。

關於那天占卜的內容，我相信宇色老師都會寫在他的文章裡。所以我這篇文章，不是要歌功頌德，我只是相信他是一個中立的角色。他曾在某篇文章寫道，他問高靈，他的角色是否以佛教為主？若我沒記錯，高靈似乎告訴他現在還不用以某宗教為主。我想告訴宇色老師，這是對的，因為很多像我這樣無宗教信仰的人，或是什麼都信的人，總害怕被宗教的框框設限。

宗教太多太龐雜，但我追求的是超越宗教（也就是宇色所說的高靈吧）的一種神祇，同時不是至高無上的。因為我對什麼都要辯駁和懷疑，也可能像宇色所說的那般，我的心輪很強大，所以我只相信自己。我們需要一個中立的角色，像宇色，如實傳遞高靈說的話，不是耶穌、不是佛陀、不是密教、不是一貫道……而是一位打破所有藩籬的傳達者，才能讓我們心平氣和地接受訊息。

靈性成長運作法則─如筏喻者，法尚應舍，何況非法

在金剛經上有一句話：「以是義故，如來常說，汝等比丘，知我說法，如筏喻者，法尚應舍，何況非法。」

此句話的大意是，佛法僅是帶領我們從此岸至彼岸的方法，教導我們領悟「此境至空」的境界，但一般人卻在「方法」中打轉，忽略了學習後應該放下的重要性。同時也隱喻著，人世間一切「境」都在於體悟，感情、親情、友情中處處充滿了可以學習之處，不論結果為何，應該要學習的心態便是「放下」，放下過去、放下未來，僅須好好地活在當下，不應該揹負著「境」過一輩子。以金剛經所云：「以是義故，如來常說，汝等比丘，知我說法，如筏喻者，法尚應舍，何況非法。」渡河需要一艘船，尋覓到船幫助我們過了河，為何還要將船背在身上走上岸呢？佛陀以簡要比喻引領弟子思索「人世間學習」的基本態度，其中的「法尚應舍，何況非法」意指：帶領我們學習「悟性」的「法」都可以捨棄，更何況其它非佛法中所言的「法」。將此觀點放大至生活中，我們是否也常常犯了「揹船過河」的毛病？

經驗、身分、名相，都是引領我們朝向學習成長的工具，當我們懂得「運用」它達到目的時，便要懂得放下它。我在為人諮商服務時，看見各行各業、各式各樣的朋友，有高階主管、教職員、科技新貴、公務人員……亦有月入百萬、年薪千萬的人，在諮商中，他們不斷地提醒我要「記得」他們的身分，比如，他們的收入、所認識的人高官貴族等等。但我卻看見他們被所處環境綁住並不快樂的情緒，他們忘了下班打卡的同時應該連身分也要打卡下班了。我們常常揹負著外境對於我們的眼光，諸如各種的名相、身分與地位，卻常常忽略了，當世俗的名相建立在適宜的時間與空間中，當時間與空間轉換後，便應該要將「它」放下來，但平凡的我們卻時時刻刻揹負著它。

「放下」的前提是要學習如何時時刻刻自我「**內省**」與「**放下我執**」。

內省，學習省思何謂可取與不可取，可取，對我們有幫助並能提升靈性成長的觀念、事物。

放下我執，捨棄過去的舊有想法，放下造成思想阻塞與自在、快樂的思考模式，回歸於當下。

在《回到當下的旅程》（生命潛能出版，李耳納・傑克伯森）一書中，提到一段話：

我執剛開始的時候是你的朋友

在你生命旅程的剛開始，我執是你的朋友兼保護者，經過時間的變遷，他的角色從保護你變成了保護他自己，保護捍衛他在你生命中佔有的地位與力量。它現在是分離的監管者，他的意圖及目的，是把你囚禁在頭腦那過去和未來的世界裡，把你和當下這刻分離隔開，把你跟上帝分隔開來。

存在現在的覺醒和我執之間的差異

當你完全地處在當下，並與真實存在這裡的事物同在，你的頭腦是寂靜的，那麼你就是在存在現在中覺醒，除了這以外的一切都是你的我執，沒有例外可言。

任何你的層面只要是存在這刻之外的就是你的我執，任何你的想法就是我執的想法，任何你執著的意見或信念也是我執的執著，所有的批判看法來自我執，任何你喜歡或不喜歡是我執喜歡或不喜歡，全部通通是我執。

我並不是說你的我執有什麼不對，也不是說他是壞或邪惡或你必須除掉他，我只是單純的敘述覺醒在存在現在中和我執之間的不同。

因為如果你不知道有什麼不同的話，那你如何知道你處在當下？你又如何深入存在現

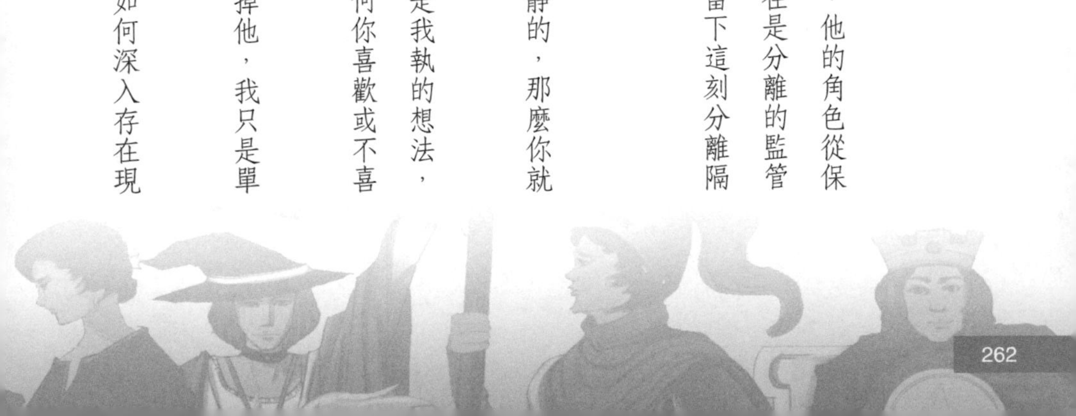

在呢？你又怎麼覺醒呢？

活在當下

在本篇故事中，她常常會把工作不愉快帶回家中，上班時，常常擔心下一堂課學生的反應。我們常常忘記，應該要懂得如何活在當下，但卻一直讓過去與未來壓得我們喘不過氣來，「過去、現在、未來」它不是絕對時間性，一年前是過去，一週前是過去，早上是過去，就算前一秒也是過去……一年後是未來，一週後是未來，下午是未來，就算是後一秒也依舊是未來……

不懂得放下的人，等同是拿一條繩索捆綁住自己的心，所以，我才會建議她：「何不換一個角度想，假設過去、現在、未來是以線性進行，過去的煩惱已都過去了，而未來的煩惱仍未發生，既然如此，當下何必撿過去的煩惱來困惑現在，拿未來的煩惱來迷惑當下，做人，活在當下不是更能自在嗎！」

空與色

在蔡志忠先生所繪的「心經新釋」對於空與色，有了淺入深出的見解；

如果世界是一片草原，每個人是一根小草，你自認為自己是一根小草，你就是活在此岸的「色境」，如果你自認你即是草原本身，那麼，你即是活在彼岸的「空境」。

如果世界是一片大海，每個人是一滴海水，你自認為自己是一滴海水，你就是活在「色境」，如果你自認為自己即是大海本身，那麼你即是活在「空境」。

這個此岸與彼岸，其實是同一個時空（好無聊與好清靜，是不同態度看待相同環境），只是處於這時空中的人的態度不同，而活的境界有所不同（好吵與好聽，亦是以不同的觀感看待相同的事物）。

所以，佛陀說：「色不異空，空不異色；色即是空，空即是色。」

一個人處在任何時間、空間時，要像一粒鹽溶入一桶水一樣，一粒鹽剛掉入一桶水時，有我有水，當它溶入於水之後，無我無水，消失了自己。無我的把自己，溶入時空的每一部分。把自己溶入一桶水，你就擁有了整桶水，把自己溶入所處的時空中，你就擁有了整片時空。

大多數的人，都老是背負著過去，期盼著將來，而沒有活在現在，要做一個溶入於當下的人，別當一個背負過去與企盼著未來的奴隸啊。要像一艘隨時空而流的船啊。「**水到**

哪裡，船就到哪裡；船到哪裡，人就到哪裡；人到哪裡，心就到哪裡。」

放下我執，最快的方法便是學習「專注呼吸」，時時刻刻提醒自己「專注呼吸」，便能放下不屬於當下的一切。專注呼吸、覺知在心中的情緒脈動，便能進一步學習到如何：「照見自身的本質，藉由此洞察力來淨化內心的不淨。藉著有系統的與平靜的觀察，觀察自身不斷變化的身心現象所顯示出來的感受。觀察世間一切的無常。」佛陀教導的精髓：**透過自我觀察以其達到自我淨化**。

明心見性，最基礎的功法亦是來自於活在當下，學習活在當下的時間、空間，便能看見自己的本性，故言之：自性迷即是眾生，自性覺是佛。自性自悟、自性自度。

修行絕非隱居深山，捨下世俗的一切，修行可簡要地說明為：修正言行舉止。世間本就是一個道場，端看我們以何種角度看待，把心放大，會發現，人世間處處有我們的導師。故，禪宗二祖慧說道：「若欲修行，在家亦得，不由在寺」以及「佛法在世間，不離世間覺，離世覓菩提，猶如求兔角」。

◎塔羅牌的生命輪迴—七脈輪牌陣使用法

很多人透過占卜、命理或是其它心靈工具尋問問題，最常碰到的問題有時並不一定是生活上所遇到的問題，抽絲剝繭後，將發現，問題核心反而是想認識自己，諮詢這個步驟在占卜過程中非常重要，有時是為了瞭解問題，有時卻要釐清問題的本質是什麼。

但往往會遇到個案在敘述完一件事後，個案本身根本不清楚問題到底出在哪；如同本篇故事，個案只帶著疑惑與不解前來，如果占卜師本身在「分析問題」方面，有一套自己的邏輯系統與思考方法，占卜結束後，個案對占卜師的解惑仍一知半解。

當遇到這樣問題時，我將選擇兩種方式回答問題：

一、讓個案慢慢述說自己的問題，也是幫助個案釐清問題，之後，再請個案本身自抽一張代表目前心境的牌，以及請個案在心中默念宇宙高靈或是本身所信仰的神祇，請祂們給予建議，以此解牌，或多或少就能瞭解個案潛在的問題。

二、另一個可窺探個案內心層面的問題，就是透過合適的牌陣，例如尖端出版社出版的《塔羅入門經典牌陣》（丹尼爾著），即編列出適合初學者運用的22種牌陣，這些牌陣有些可解決生活上的問題外，有些則很適合去分析個案內心層面的問題，比如，在本篇故事中我所運用的牌陣就是脈輪牌陣，脈輪牌陣共需七張牌，由下而上分別是海底輪、臍輪、太陽神經叢、心輪、喉輪、眉心輪、頂輪等，依照《印加靈魂復元療法》所述如下——

◎海底輪：是通向大地之母和女性能量的通道，靈魂失去發生在第一脈輪的人，常感到孤單無依靠，心裡如同一個孤兒般，不容易相信他人。

◎臍輪：是熱情、性和早年對自我之意識棲居之處，也是人們「面對問題或逃避問題（當面臨壓力）」之行為模式寄居之所。當靈魂失去發生在第二脈輪，此一面對或逃避的反應必將經常啟動。

◎太陽神經叢：影響一個人如何向世界表達自己，若此脈輪出的靈魂失去，便很容易出現悲傷或羞愧感，或者變成另一種極端——過度自我膨脹。

◎心輪：這裡是分享和經驗愛的部位。當靈魂的失去發生在此處，很容易讓人分不清楚何者為真愛、何者為迷戀，很有可能產生自戀。

◎喉輪：是靈性的中心，賦予人非言語的溝通力量。當靈魂的失去發生在此，容易出現睡眠失調的情形，害怕說出來或被聽到，或造成體重失調，並無法分辨他人是真誠或虛偽。

◎第三隻眼（又稱眉心輪）：透過它的作用，我們可以獲悉個人與上蒼是合而為一、不可分割的道理，當靈魂的失去發生在此，會變得過度理智，和自己內心的感覺失去連繫，也就是不知自己的感覺。

◎頂輪：其作用如同一扇門，透過此可以通往上蒼，如同根脈輪是掌管進入土地的大門。當靈魂的失去發生在此，一個人將感受到巨大的孤寂，而療癒之後，則可活力充沛地遊走在時間與空間的次元。

因與果不應只是侷限於制式的「輪迴」關係，任何生存在現實生活中的事物本身即存有因果關係，塔羅牌占卜也是，以此個案為例，塔羅牌可以占卜出個案的七脈輪能量，它呈現個案累積在身上的一種果，但主因還是來自於個案的情緒反應（因），以下為圖示——

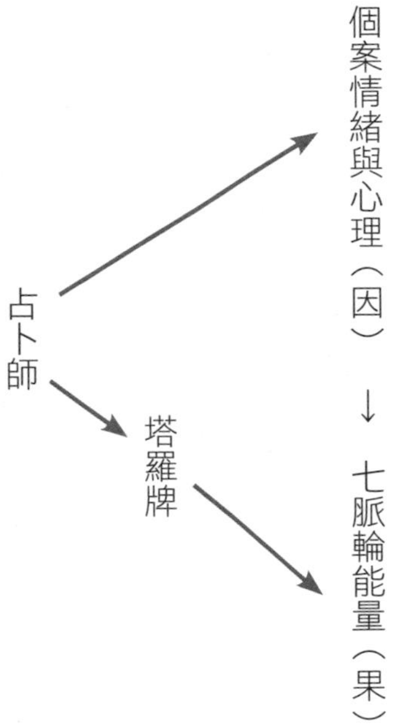

我們運用塔羅牌找出個案的心理問題，再運用塔羅牌圖解以及本身的客觀立場（此時占卜師價值觀就很重要），來剖析個案的問題，雙重運用之下，才能讓個案瞭解潛在內心的問題。

後記：此位朋友於隔年順利產下一子，無法正常受孕是她當時的心結，透過解放心結及搭配七脈輪能量療法，讓她意外地獲得生命中另一個禮物。

Q12：不可不知的祕密—唸經、持咒是否有功德？可以消業力嗎？

即使他背誦了許多經典，然而並不依法實行，這怠惰的人如有牧童在數別人的牛，沒得分享沙門生活的利益。

——《小部．法句經》偈十九

在日本江本勝博士（代替醫療博士認定）進行一系列水的研究（註1），它讓水聽音樂、看圖片、看影片以及與人的意識（念力）等實驗，發現，正負面的能量皆會記憶於水中，甚至將文字貼在透明的玻璃瓶外，依舊會影響水的結構。同理可以發現，任何物質皆有能量，遑論是世尊當時為弟子所述說悟證的經文內容。

佛經總稱為「三藏」，包含：經藏、律藏及論藏三種。（我在猜西遊記中的唐三藏，應該是作者取此為名吧。）

經藏：為世尊弟子記述下世尊的說法內容。

律藏：是記載著佛教弟子的戒律。

論藏：是對佛教一切教義的詳細說明。

從這裡可以瞭解，經文內容記載著非常多的關於世尊在世的故事，以及對於當時佛教教義的解說。咒是每一個經典最後的總結，世尊在世時瞭解到所述說的內容，會因時間、空間以及語言的緣故產生與原意偏頗，故在每一部經典結束後做簡要的總結，也就是所謂的咒。對於經文的部分，應是要著重瞭解它的緣故，而非僅是唸誦的階段。

以心經為例，心經是世尊與弟子舍利佛之間充滿智慧的對話，心經共有260字，主要是從宇宙觀、前世因果為主要的核心架構，其中的色不異空、空不異色（註2），簡單的八個字包含了宇宙之間的相對性。假使純粹地唸誦心經，僅能獲得正面的能量，卻無法啟迪人心提升智慧，不平靜的心接觸到紅塵俗事時，依舊無法跳脫一般的觀念，用著舊有思維及處理方式看待問事，只是讓問題重覆出現在生活中。修行不應僅建立在「獲得神明護佑及能量」，應是深入研究世尊、仙佛以及歷代聖人賢士的智慧及精神，以一顆虔誠心閱讀祂們流傳下來畢生的思想精粹。如同一開頭的偈句：即使他背誦了許多經典，然而並不依法實行，這怠惰的人如有牧童在數別人的牛，沒得分享沙門生活的利益。意思是，不要當一個只是背誦經典以及滿腦佛學的人，未親身體證四聖諦之人，我們只是一個幫人看顧牛的牧童罷了，牛（智慧）依舊不屬於我們。

持咒時，需將**意念一心不亂地以投入**，此功夫可以從安般念觀息法中學習，專注在鼻息或呼吸上，雖然咒有分多種，但能夠將咒與意念融而為一，如此才能獲得「咒」的能量，此道理說來很簡單，如同聆聽一首歌、演唱一曲目，專注意念在其中，亦能感受到其中的能量。有人把咒當成拼業績，每次要唸個上千、上萬句，才覺能從中獲得無比的能量，疏不知，專注於其中唸上一百句所獲得殊勝的愉樂，也是勝於無心持咒上萬句。

持咒是否能消業力？將「咒語」當成一種內在能量的提升，業力就如同包覆在心性上負面能量，每一個心中都有一個無形的太極（請詳見P108從太極陰陽體悟夫妻之道），專注的念力配合咒本身的能量，能夠帶動心中無形太極，轉動太極逐漸消弭累積於今世的負面業力。這是一個很玄的道理，如果在日常生活中能配合正念、正信、行善，轉動太極的速度及能量會更顯著。消業力僅如外界所言燒金紙嗎？如果沒有一顆虔誠心和專注力，一切只是空有的儀式罷了。

有人將唸經持咒當成一種投射於外的能量，求平安、平財運、求順利、求健康……如此攀緣的心等同是將專注力放在外在而非內心中，換一個方式，將持咒時的能量放在自身，在持咒唸經的當下轉換加持自己的能量，當自身能量不斷提升時，一切的外在都是轉我們心念而轉動。至於持何種咒對我們有幫助，仍然是一個觀念：專注、虔誠心，勝於追求外在的名相。

註1：如有興趣的朋友可以上Google搜尋江本勝博士，會有一系列相關的文章、圖片及影音介紹。

註2：可上http://www.csie.nctu.edu.tw/~jglee/teacher/heart.htm網頁瞭解「心經」全部的字譯。

三、維持婚姻先學會減法

在為最後一位來自台北的問卜者占卜時，有四位同桌的客人告知小朋，他們想安排接下來的占卜（三個大人一個小孩），小朋轉告他們，今天占卜的預約已額滿，如要等待，可能要等到六點之後，而對方表示他們願意等候。

我聽到他們願意花時間等候時，心中有點過意不去；我的占卜採行預約制，除了希望由問卜者自行安排適當的占卜時間，除了可免去等候的時間，也可以清楚知道是否還有其他人在等候，如此我在占卜時才不會緊張；這是以我的立場去設想的，我不喜歡後面有人等候，也不喜歡占卜時旁邊有人（無論他們是否在聆聽占卜內容），所以店家從不安排緊湊的占卜行程，是希望讓每位問卜者都能擁有充裕的占卜時間，盡量縮短後來者的等候時間，店家也都安排先到者到樓上喝茶等候。

解牌困惑

輪到她們占卜時已經是晚上六點半了，當她坐上位子時，直覺告訴我她想問健康或婚姻的問題，而且，她的磁場顯示其健康欠佳。她尚未開口，我便問她是否占卜健康問題，她楞了一下，表示沒聽清楚，我心想，也許她不是要問這方面的問題，這樣直截了當地說好像不太禮貌，我搖搖頭表示沒事。

她問我可占卜什麼問題，我彷彿錄音機和百貨公司的廣播客服專員，又以制式的台詞，將占卜模式重覆了一次：「塔羅牌占卜不是算命也非通靈，所以只要將問題清楚地告訴我，無論婚姻、感情、工作、財務等都可占卜，但預測時間僅限未來兩年以內，畢竟命運操之在己，當下的心態並能決定或改變未來的結果，還有，不能算非親人之外的人。」

「那我想占卜婚姻和健康。」喔？那不應驗了我的直覺嗎？

她表示目前老公有外遇，想問未來的狀況如何？我先為她分析問題，畢竟不同的問題就有不同的解決方式——一、抱持隨緣的態度，問這段婚姻的未來；二、想要挽回，所以想知道解決方案。最後，她選擇前者。

當她抽出一張象徵現狀的牌，我嚇了一跳；因為那是一張好牌，而且是一張象徵家庭美滿與幸福的牌。「怎會這樣呢？」如果她老公有外遇，怎會出現好牌，一時之間我腦袋空白，我無法解讀這種牌，而且與現況差太多了。

整個占卜過程並無誤，也無不妥之處，我實在沒有理由重新洗牌和抽牌。接著，我又連續抽了兩張牌來輔助講解，天啊，又是一張代表婚姻美滿幸福的牌，另一張則是代表感情重頭開始的狀況，也算是一張不錯的牌，天啊，怎會這樣，雖然我很清楚現實有太多未知，但也不可能差那麼多，我後來決定老實告訴她，這個牌我不會解，也告訴她我的不解之處。

「雖然妳說自己是抱持隨緣的態度，但其實內心還是希望能夠和先生繼續生活，這從牌上可明確看出。」我看她點點頭後，我又繼續解牌下去，我不知道這樣坦白會有什麼樣的後果，因為現場不只她一人，還有兩位朋友和她女兒，我無法預期要怎麼收場，但我覺她有權知道她所抽的牌是什麼狀況，我不應該隱瞞任何事。

「但有個地方出了問題，就是代表你現況的牌與你所言不太一樣，這是一張代表婚姻美滿的牌，不管是你抽還是我抽的，結果都一樣，這也是我不解之處。」這時場面冷了下來，沒有任何一人出聲……

「大姐，我覺得妳要跟他說清楚現實狀況。」其中一人先打破局面。這是常有的事，許多問卜者對於問題的陳述常避重就輕，輕描淡寫自己的過錯，卻將過錯歸咎於另一人。

「事情就是這樣啊，我老公有外遇想離婚，我想知道事情的發展狀況，不然還要說什麼。」「妳老公從以前至今從沒拿錢回家，這段要說清楚。」透過她們的對話，我終於能解牌了，我甚至看到了未來的畫面。

代表現狀的牌是一張幸福的牌，它的意思是雖然老公有外遇，但因為老公從以前至今從未用心經營家庭，而家庭全部的重擔都落在老婆身上。我常說：「身為父母，是要讓小孩需要我們。」但大姐的老公卻沒盡到身為父親最基本的責任，而且還造成家庭的壓力與不和諧，雖然勸合不勸離，但這種父親很明顯已對家庭沒有向心力了，與其強迫他們兩人繼續維持家庭表面的和諧，倒不如任由老公選擇離婚，至少母親還能將全力放在孩子與家庭上。牌面所顯，老公如因外遇而離去，對家庭其實是好的。

至於未來的牌，她抽中是象徵一個人很辛苦地工作，雖然看不到幸福快樂的畫面，但至少，因為她努力工作而能夠維持家庭的經濟，但我比較擔心的卻是她的健康：「妳要小心健康問題喔，妳的腰是不是不太好？」她點點頭。「還有肩膀，還有要特別注意，妳的腿容易麻，因為腰不好的人，常會壓迫到腿的神經，尤其是左腿。」大姐反問我：「對啊，你怎麼知道？這種事連牌都可看出？」

她的兩位朋友同時表示，已經屢次勸大姐放棄這段婚姻，但她總是當耳邊風。我還告訴她，雖然不清楚未來她是否會離婚，但可以確定的是，未來仍是由她獨立維持家庭的經濟，畫面清楚地顯示她為家庭而努力工作，無論離婚與否，局勢都相同。

每天先愛自己

接下來，我開始不客氣地指責她：「身為老婆的妳，要為老公的外遇負一半的責任。我知道妳心中一定有恨，恨為什麼對這個家做牛做馬，想不到老公竟以這種態度回報妳。但是，大姐，我要告訴妳一句話：婚姻和感情的維持，有時不在於妳少做了什麼，而在於妳多做了什麼。」

她面露不解的神情，我繼續說：「因為妳多做，另一半必然就會少做，這是一定的道理，再說回來，妳目前將全心都放在孩子身上，不懂得照顧自己的身體，有一天等孩子都大了，不再需要妳的時候，請問，妳該怎麼辦？那種失去重心的感覺，是非常可怕的。妳不想放棄婚姻，是因為覺得正常的家庭就是要有父母，才能帶給孩子正常的教育，或是因為妳習慣了他的存在，而害怕改變？」她表示是因為前者。

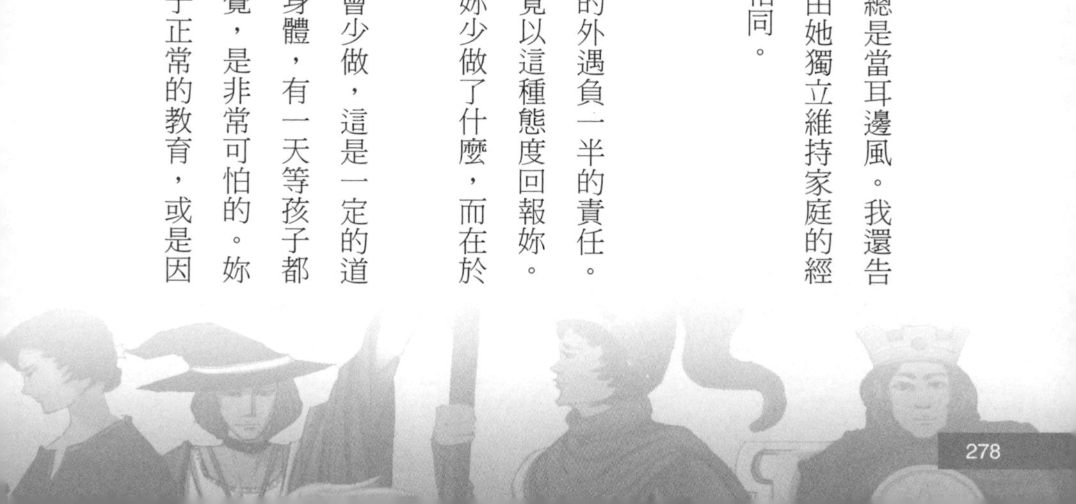

「大姐，千萬不要將自己單方面的認知套在別人身上，這是不公平的。」我看她們三人露出不解的表情，似乎不太懂我所要表達的，我只好直說：「妳認為小孩會因為失去父親而無法正常地成長，這其實是妳單方面的認知罷了，妳太小看小孩的自我教育了，他們都會自己觀察，也會選擇最適合自己的家庭，而且根據研究，單親家庭的小孩有時反而比雙親家庭小孩更獨立與成熟。」

我開始收牌，嚴肅地說：「大姐，如果妳不學會讓自己快樂，不學會愛自己，如何教育妳的下一代？祂們讓妳這輩子再次享有身為人的權利，不是要讓妳為別人做牛做馬，而是要妳學會愛自己，妳看看妳自己（她才四十一歲，卻貌似五十幾歲），妳如此對待自己的身體，如何對生養妳的父母親交代？如果妳看到妳的子女像妳這樣，妳會高興嗎？」她無語。

「每個人都是人生父母養的，沒有人願意看到子女不快樂，同樣地，妳也不該讓自己變成這樣，不要以為妳沒有第二春，那只是因為妳看不到未來罷了。」咦？我怎會提到第二春？從頭到尾我都沒想過這議題啊？

「對啊，你知道嗎？她一直認為離婚之後，就不可能有男人喜歡她。」她的朋友說。

「大姐，愛是一種生活潤滑劑，沒有一個人不需要它，愛有很多種，有大愛也有小愛，我們只是平凡人，上天絕不會剝奪身為平凡人最基本的東西，如果人類失去了愛（不單單指男女之間的情愛），那還有生存的意義嗎？千萬不要以為妳沒有人要，如不希望未來發生這種事，那就從今天開始改變自己，每天早上起來第一件事就是告訴自己：我是最棒的，我今天一定會比昨天更進步，我是被愛的。」

在她們離去前，我告訴大姐，無論她是否在豐原素食館用餐，只要經過都非常歡迎她進來找我聊天。

事後，小朋和我聊起這件事，她告訴我，她覺得這位太太在當時已將我的話聽進去了，我問她為什麼？小朋回答：「我的直覺告訴我的。」

靈性成長運作法則—勇於承擔打破慣性邏輯思維後的行為

一篇網路上流傳的小故事：

有一天，我在鄉下看到有位老農把一頭大水牛栓在一個小小的木樁上。我就走上前，對老農說：「大伯，靠一支小小的木樁，怎麼可能栓著住水牛？只要牠如果要逃跑，只要輕輕向前走就會把木樁拔掉。」老農呵呵一笑，語氣十分肯定地說：「牠絕對不會跑掉，從以前到現在一直都是這樣。」

我感到迷惑與不解，忍不住又問了老農：「為什麼不會呢？這麼一個小小的木樁，牛只要稍稍用點力，不就拔出來了嗎？」

這時，老農靠近了我，靠近我的耳邊壓低聲音說：「我告訴你，當這頭牛還是小牛的時候，就被這木樁給栓住了。

「一開始，牠還不能老老實實地待著，常常會想要從木樁上掙脫，但是，那時牠的力氣還小，不敢怎麼樣，牠依然是在原地打轉，見沒法子，它就放棄了。

後來，牠漸漸長大了，卻一直以為還是無法拔起木樁。牠卻忘了，隨著時間牠長大了、力量也變大了。

有一次，我拿草料來餵它，故意想刺探牠，就把飼料放在牠脖子伸不到的地方，我想牠肯定會掙脫木樁去吃草的。

可是，它沒有，只是叫了兩聲，就站在原地呆呆地望著草料了。你說，有意思嗎？」

想清楚了嗎？在這則小故事中，牛、木樁與飼料，分別代表了我們、固定的生活模式以及所想追求的夢想。隨著時光的流逝，我們不斷地成長、茁壯，但靈性並沒有得到相對性的成長，反而一直揹負著在固定環境中所殘留下來的舊有思考模式，卻忽略了，在成長過程中，無形中我們已經產生了更多不可預期的能量，只是因慣性向外求，而忘記應該在每日留給自己一段空暇時間，好好地靜下來傾聽自己內在聲音：這是我所想要的模式嗎？我是因害怕改變？還是不想改變或者是無能力改變？說到底，只是我們一直害怕去改變現在的模式，沒有足夠的能力去承擔所做決定後的結果。

勇於承擔不僅是對人生及自我的負責，亦是達到個體化的歷程。「個體化歷程」幾乎是每一個人在人生中所不能逃避的靈性成長過程，各式各樣的瓶頸以軟性方式要我們學習去承擔各種問題。這便是一種個體化歷程。而達到個體化歷程的先決條件來自於「承擔及負責」，承擔一切勇敢地負責，對於事件決定後的行為結果。

在《榮格與密宗的29個覺》一書中提到：

「承擔」這個歷程，感覺起來往往很像是要邊緣跨到未知之地，這需要我們願意放棄原有熟悉但狹隘的環境以及環境帶來的安全感。「承擔」或許會喚起恐懼，擔心眼前看

得到的自由從此受到限制，似乎原有的選擇性即將失去；然而，因為「承擔」而失去的自由，常常因「不負責任」這種「自由」。

「承擔」是很重大的決定，決心要認真、嚴肅的走好自己的旅程，過好自己的靈性生活；要好好為自己這一生的發展負起責任，要真正的投入這個歷程，否則便永遠三心二意。這種意義下的「承擔」，需要的是熱誠，需要的是勇氣，需要的是看清楚生命太過珍貴，不要任意混過去。「承擔」並不是加入某種同修俱樂部，參加什麼外在課程而已；「承擔」是奉獻—向自己的真實本性或真實潛能奉獻。

但如果是這樣的話，為什麼我們會害怕?或許是因為我們知道自己無法逃避現實生活。我們是「逃避大師」，不斷藉無意義的事物製造安全、幸福的假象，做為逃避的手段；我們很可能也很辛苦的工作，來製造安全狀態，但有一天總歸要看穿幻覺。「承擔」靈修道途是我們人生當中極為重大的「轉變」；一轉過去，我們便會看到唯有以完全的覺察生活，才得解脫。

在佛教修行裡面，旅程上一道重大的門檻便是「皈依」。「皈依」，在藏語叫作Kyabsu chi wo，亞歷斯．柏金（Alex Berzin）翻譯成「向安全的方向走」。就此意義而言，皈依就是改變我們人生的方向。讓我們知道什麼才是有意義的，什麼才能帶來平安和幸福；什麼一直在麻痺我們的心，使我們不願面對人生的問題。

皈依時我們體認到：

第一，**事情往往不是我們所以為的那樣固定，可靠，安全；**

第二，**自我無法完全控制現實生活。**

我們活在混亂的世界，但情感上卻渴望安全，所以我們便一直在設法控制環境，這種控制，在我們的文化以種種精密複雜的方式表現。但是「承擔」佛教道途卻意謂著不再控制，而是臣服。自我通常會害怕這種臣服，因為自我向來習慣我行我素，選擇最安全的事物來避免苦惱，而不會選擇讓自己滅亡的道途；然而，要投入佛法這一類的靈修道途，最後卻不能不讓自我消滅，這一點在開始的時候並不清楚，但我們心裡都知道自己不得不如此。這或許是「承擔」之所以令人不安的原因所在，因為**承擔是便是「放棄」——放棄我們一向緊抓不放，不讓自我接受挑戰的東西，也就是自我的控制慾。**

我們會在歷程上多次遭遇「承擔」這個門檻，這個必須要「捨」的點。愈深入，到達的承擔層次就愈深，也就愈寬廣，這意謂著「皈依」也愈來愈深。我們一旦跨越門檻，就會有個東西先死去而重生，更新。每一次跨越都會。在這個轉化的歷程當中，我們都必須丟下某些東西，不能帶著自己原有的習性，不能逃避。

然而，雖是有所「承擔」，卻會使我們大為解脫。用榮格話說就是，**自我一旦放掉自己在心靈中所佔的主宰地位，讓位給自性，我們就會感覺輕鬆與開放。**

人生擁有許許多多的選擇權，而選擇權雖然掌握在個人手中，但少了一顆大無畏的勇氣來面對新的選擇，一般人會以各種理由來逃避不可未知的選擇，而繼續待在原地，不斷地抱怨。我們生活在人世間，最常聽到的一句口頭禪：因為……所以……。

因為老公不愛我，所以我才想要離婚。

因為老闆不看重我，所以我工作才會不順利。

因為我有小孩，所以我不想離婚，我一切的犧牲都是為了小孩和這個家庭。

因為……所以……。

往往我們習慣把他人的錯放在思考的第一順位，而把自己「不夠承擔」的勇氣當成最佳的藉口。人世間有太多的「因為」，便也造就太多的看似不幸福，其實是自己不夠勇敢承擔一切的人。

讓自己每日活在全新的開始，早上起床內心提醒自己：又是一個新的人生開始，晚上睡覺時，便告訴自己舊的已經死去。以全然、開放的心來面對每一天，不背負每一日不可解決的情緒入眠，久而久之便會養成「承擔新挑戰」的勇氣。

◎塔羅牌的生命輪迴—占卜師的聆聽與引導

塔羅牌解牌方式，就占卜師本身所具備的能力，可大約區分為，直覺式以及學理派兩種。直覺派占卜便是占卜過程中，運用占卜師天生對於人、事、物的直覺敏感度，配合塔羅牌牌面以及直覺信息為個案進行解讀。直覺並不等於通靈，直覺占卜師在為個案占卜時常常會閱讀超出牌面的基本牌意，甚至能夠解讀出個案的潛意識的信息。「直覺」在每一個身上均有差異性的體現方式，在榮格自傳中，提及一段關於他無意識解讀到他人潛意識的小插曲：

在我妻子一個朋友的婚禮上，我對新娘及她家人一無所知。當時，我坐在一個蓄著長長美髯的中年紳士對面，他是一位律師。我們熱烈地談起犯罪心理學。為了回答他一個很專門的問題，我編了個故事說，其間再潤飾各種細節。我正說著故事的時候，發現那律師表情十分怪異，接著，同桌的人全都不說話了。我感到十分尷尬，只好打住。謝天謝地，大家開始吃水果了，我站起來走進飯店的休息室。我在角落坐了下來，點起一支雪茄，把剛才的情景從頭到尾想了一遍。這時候，跟我同桌的一個客人走了過來，帶著一臉責備的臉色：「你怎麼這麼冒失呢？」

「冒失？」

「對啊，就是你講的那個故事。」

「但故事是我編的啊！」

使我感到驚愕和可怕的是，我講的竟是坐在我對面那個人的故事，細節毫髮不差。同時，我發現自己連這個故事裡的一句話也記不起來了——直到現在。

如此的現象也處處發生在我「超直覺塔羅牌」與「靈修・覺醒旅程」的教學中，因為每一班學員的資質、心性、理解能力，以及讓學員能夠徹底地理解我所要傳達的觀念，我幾乎都會在不同的課堂中舉出不同的實際占卜案例或是生活小故事，奇妙的是，往往在現場總是有學員問我：「你是不是有讀心術？？為什麼你所舉的故事好像是在講我？」甚至有學員會好奇我是否在課程前會先接收仙佛信訊。事實上，除了「靈修」課程之外，或是特殊情況，我很少會透過通靈方式瞭解學員的心性。隨著次數的增多我也見怪不怪，漸漸地我才瞭解到，直覺的產生與我們腦部中的「集體意識」有很大的關係。當一個人不斷地學習向內探求時，會不斷地拉近表意識與潛意識、集體意識三者之間的距離，三者之間距離越近似乎也就更能在無意間，捕捉到同一個時空中所流竄的信息場。

直覺能力只要經過實修，每一個人均具有程度上的直覺能力，換句換說，只要在生活中不斷地向內探求，去瞭解「我」在世間的生存意義，或者透過許多的課程去瞭解內在，均能提升直覺力的能量。就我個人教學經驗中，不斷地透過塔羅牌占卜的訓練，依舊可以開啟直覺力的能量。甚至有些人能夠不依賴牌陣上每一個基本意義，透過直覺式地抽牌，不特定攤牌以及擺放牌面，便可能隨意地解牌出牌面與當事者所要詢問的問題核心。不論如何，要達到如此的功力依舊必須先有瞭解每一張牌以及後天占卜的經驗累積。

學理派占卜，則是專心研究占星學、希臘神話故事、色彩學、生命靈數、卡巴拉之數等。將塔羅牌牌面以外的外掛程式理論融入學術記憶中，便能解讀出一般占卜師所不能看到的問題角度。直覺派占卜須以學理派占卜為基礎，許多人都會以為，只要有了直覺力或通靈能力，便能「看圖說故事」，此抄捷徑的心態是萬不可取。

在本篇故事中，當時我是運用大部分的直覺方式搭配後天對於塔羅牌的研究來進行占卜。暫且不論牌陣以及兩種占卜方式，回歸到占卜核心價值，占卜師應該學習以下幾點基本態度，除了為個案解答迷惑，更能給予個案額外的心靈成長：

一、聆聽：學習聆聽對方的話中話，是很重要的，因為談話過程中，對方會流露出許多重要的訊息，這些訊息也許是對方不經意說出來的，但有些卻是上天安排好的內容。占卜過程中，也許對方覺得受益不少，實際上需要占卜師開口的機率，有時只有前半段而已，所以，可讓對方吐訴心中的不平，也是占卜師的工作之一。

二、善導：引導別人講出內心話，同樣還必須佐以鼓勵的話，鼓勵是平時就該學會的，絕非在一時之刻學會。

三、磁場：這很難解釋，也就是說，必須讓問卜者在坐下來那一刻，感受到占卜師所散發出善意與平穩的磁場，就算占卜師不說話，也能安撫對方雜亂的心情，這是需要透過後天訓練的。占卜是建立在問卜者與占卜師之間的信任關係，如果問卜者在一開始的諮詢中無法信任占卜師，無論占卜師針對牌陣解析得多精彩，個案接受的程度也有限。

四、知識：無論對於占卜工具的研究是多麼地透徹，仍得不脫離生活，時常閱讀最新流行的資訊、社會脈動、經濟趨勢等，才能與對方分享更多實際的內容。我看過不少算命師，能講出長篇大道理，但卻不實用，這表示，算命師太專注於自己的領域，而忽略身邊的重要事物。

五、尊重：不管是對方的身分或性別，都要尊重他們，尤其，占卜師和問卜者常有許多獨處的時間，學會如何保護自己與當事人是很重要的，有時男女一談到深入的話題，即會自然流露出人性。真正的塔羅牌占卜必須學會跨越性別的界線，讓男女問卜者，都能講出心中的真話，這才是最重要的。

直覺力的訓練

《通靈工作坊》書中寫道：「紙牌可以是協助直覺運作最有用的工具之一，紙牌上面意象生動的符號和圖像，可以幫助我們增強視覺性的直覺語言，同時提供我們一個明白、具象的直覺出發點。初學者閱讀紙牌的參考手冊，以便對每張牌的意義獲得大略的瞭解，這部分或許是有幫助的，不過以後就無須再使用任何手冊了。一般嫻熟紙牌運用的人多半不會用手冊詮釋，也不會去記憶它對每一張牌的細微描述，相反的，紙牌的詮釋者多半會針對每張牌上的符號、影像、顏色、數目，依據個別不同的人之特性做為解釋的出發點。………學習瞭解牌義，其實是一個學習以隱喻和符號來溝通的過程，約略辨別出紙牌影射的情勢，套用在現實生活的狀況，為自己或為他人解讀的時候，你可以發現自己所使用的語言彷彿一種寓言或謎語，類似直接回答或命令的狀況是鮮少出現的。」

從以上這段話可得知，運用紙牌占卜初期，須瞭解每張紙牌上的特定意義，但隨占卜時間和經驗的累積，占卜師將漸漸建立一套解釋牌義的心得與系統。以下列出幾項能夠協助開發直覺發展及腦力訓練的方式，供大家參考——

一、閱讀

讓自己成為海綿，不斷閱讀不同類型的書。如果你對宗教有興趣，卻只閱讀宗教類的書，或對室內設計有興趣，僅閱讀室內設計類的書，那都只是別人的經驗罷了，無法成為自己的特點。

如果對玄學有興趣，除了閱讀佛經、道德經、聖經等書籍外，可將學習的觸角延伸到一些邏輯性但不涉及任何宗教背景的書，例如：《與神對話》、《當天使穿黑衣出現》、「賽斯系列」書籍、《全部的意外都是巧合》、《最後十四堂星期二的課》、《創造自我實現——許添盛醫師系列之二》等……。

平日除了增長工作技能的書籍外，多閱讀一些非專業性的書籍，也是有幫助的，例如你是學設計的，則可將觸角再延伸至色彩學、文學類、廣告類、品牌設計、品牌策略、甚至提升內心心靈成長的書籍，當然還有一些創作名人與創作產品的背後故事，這都有助於美學方面的培養。

從事設計的同事告訴我，他常發現很多不錯的設計品，創作人竟都不是科班出身，反而是一些企管類、會計類等方面的專業人才，可見只要你擁有基礎美學，再融入獨特的想

法，也可以創立獨樹一格的風格。

還記得蔡康永曾提供靈感讓藝術家蔡國強以爆破藝術燒毀報廢的美金，再重組排列成具有特色的畫面嗎？誰說設計師才有辦法做出藝術，別忘了，蔡康永也並非設計科班出身。

還有一點請注意，請將書籍分成過去、現在與未來：何謂過去？歷史書、地理書、神話書，只要在我們出生前的事，有機會一定要多接觸；何謂現在？時事類、政治類、時尚類，只要發生在當下，也要常關心；何謂未來？心靈類、玄學類、宗教類、玄學類、哲學類，只要與現實生活不相關的書籍，它們都是心靈上的精神食糧與導師。

過去書讓我們知道所有事情發生的起源；現在書讓我們的思考更務實、實際、踏實，而非天馬行空；未來書讓我們學會沉澱、分析、整理一切事物，而非一味模仿與抄襲，而將學會看透別人所想像不到的事物。

二、觀點

學習逆向思考的能力，當所有人都朝一直線思考時，就要有辦法往那條線的另一端思考回來。例如：活佛、仁波切都是乘願再來的佛，都是為了眾生再回來的佛，都是累世修行的現在佛。而當我們逆向思考：為什麼乘願再來？有無可能是修行不好，而被貶回人間再修行；或是某世許下服務眾生的承諾未完成，所以再返回人間服務？為什麼是轉世繼續修行？有沒有可能和一般人一樣，是釋迦牟尼佛口中所言的未來佛，只是他的靈體來源被公開化，而我們靈體來源卻不詳，那他累世轉世再回來修行，也就跟一般人一樣。

這就是觀點，如果你的思考都與別人相同，將世事視為理所當然，那麼，你將只是一名資料接收者，多年後仍與一般人沒什麼兩樣。

三、運動

運動中是一種發洩和沉澱，也能訓練我們的專注力與腦力發展，我不知這樣說法對不對，但我發現我在爬山、游泳、打籃球時，可忘掉很多的事，尤其運動之後，很多思考點將更清楚顯現。

四、上課

請將十分之一的薪水花在腦力上，上課可區分為三種：專業技能、體能運動、玄學心理等課程。

專業技能：就是與我們工作有很大關係的課程，也許有人認為，現在有工作，以後再去進修，只不過是複習。別忘了，我們常以自己的方式在處理工作，而上課是多聽聽同領域的人士如何運用個人方法去處理這些事，這也是一種學習。

體能運動：市面上有相當多的課程可以學習，例如：瑜珈、健身房、游泳、羽毛球、籃球、太極拳、太極導引等。有好體力才能有好的事業，將人生時間花在事業上的人是不會有大成就的。

玄學心理：也許我們並不想以此為業，但去瞭解它，多接觸不同事物空間的朋友與事情，可幫助我們以不同觀點去看待人事。例如：塔羅牌、光的能力、水晶能力、奧修課程、自我催眠課程、如何冥想、養生學等。這絕對不是要我們迷信，以上的課程都是自我心理衛生的學習。

上課絕對對我們是有相當程度的幫助，但無須去設想對現在是否有幫助，只要去接觸，自然就會變成無形的資產。

五、社團

這裡的社團是指聚會，多參加不同聚會，不要害怕參加不同性質的聚會，在聚會中，可訓練我們與許多不同類型的朋友溝通和互動，同時也在訓練口才與表達能力，在講話過

程中，我們常會講出許多平時想像不到的新事物，這是非常奇妙的。

學習傾聽也是相當重要的一件事，可以讓我們學習聽到「重點」，很多人為什麼會成功?因為他聽出、看出、思考出事情的重點。

六、電影

一部電影是製片人多年心血；是演員一生的回憶；是美學、藝術、創意的結合。很多人透過電影更認識自己，以及瞭解不同領域的事。電影分為藝術片、紀錄片、商業片等，不要只專注在某一種電影上，請將全部電影平均列入你的興趣，一個月看一部片，一年就能累積十二種不同的全新觀點。電影是許多人的結晶，透過三小時的時間，你就可擁有許多人花費數年不等的功力，這是何等可貴啊。

Q13：不可不知的祕密—靜坐的用意是什麼？可以在房間靜坐嗎？

「平靜心」是止息一切念頭，業力的生成來自於心的作用力，佛教用語中將不善心分為十四種（註1），透過靜坐達到內心的平靜心，進而扭轉十四種不好的念頭。因果業力的起源來自於心，當心停止作用力時，也就中止了業力生成。世尊的教誨是根除輪迴的最源頭：心，絕非一般人狹隘地認知修行是消極的生活方式。

靜坐是訓練一顆平靜心，它只是一個過程而非最終的結果，從靜心中培養觀察念頭在心中的生、住、異、滅，學習覺知一切的念頭，瞭解人事間所有事物皆是由四大元素所生成，一切皆是無常不可掌握，包含情感、財務、親情、愛情等。深切地體

因事俗產生的不好念頭，假使未觀察到，進而便會產生不好的行為。

平靜心能覺察心中的「念頭」，當升起不好念頭時，也會提醒自己可為與不可為，便能逐漸化解行為的產生，在今世不再起新的業力。

悟才能不受事俗的束縛，應用到生活中，才能不受紅塵俗事左右了修行心。修行兩字大家都很會說，但真正能做到「不動心」又有幾人？如實地看清內心，便能清楚地掌握心念產生行為後的因果關係，如未能看見心，遑論掌握人生。

靜心僅能透過靜坐？

靜心與任何宗教無關，它是人類基本的能力，僅是我們常常忽略了它的存在，靜心的功夫除了靜坐之外，亦能透過「行禪」學習，有一些人無法靜靜地觀住鼻息，可以透過行走的方式來練習，行禪又可稱為動中禪（註2）。世尊曾說過：「行時知行、住時知住、坐時知坐、臥時知臥。」意思是，走路時須知道正在行走，起步、停步、坐下、睡臥、起身一切皆在

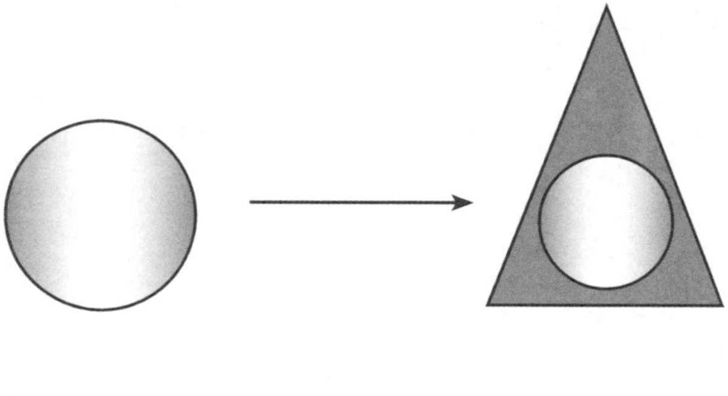

體悟靜坐要領、培養靜心

掌握「靜心、止息」要領，運用生活中克服一切的不好念頭

覺知當中，覺知每日時時刻刻的生活作息，單純地觀察它，便是一種行禪的功夫。仔細觀察行人，從表情中可以瞭解，每一個人帶著許許多多情緒在行走當中，情緒直接地展露在表情中，當他們在走路時心中想到已發生、未發生的事情，無法如實地**活在當下**。行禪並非要達到何種目的，僅是以覺知的態度觀察身體脈動，拉回飄散的思緒於當下，不再害怕、恐懼已發生及未發生的事情。實修無分好壞、深淺，如能在生活中如實地貫徹行禪，依然可以透過行禪了悟一切的無常。

生活處處皆是修練靜心的場所

如是夫妻同房而睡，於房間靜坐會因打擾另一半的作息，如沒有其它房間可供選擇，可以在睡前以觀鼻息的內觀方法，獲得身心靈的平靜。如是單身者，房間、客廳都是可以靜坐的好地方，舒適、不受打擾的場所，便是修習的好地方，修行者應是專注於內心的平靜，而非在未真正瞭解靜坐用意前，便產生諸多不必要的聯想。

有人會問，在沒有神像面前靜坐是否受到外靈入侵的危險性？

在佛陀時期有一種稱之為頭陀的苦行修，所謂的頭陀是指抖擻精神之意，也就是刻

苦，捨棄一切煩惱與塵垢。在當時眾多佛陀弟子中，以摩訶迦葉尊者稱之為頭陀第一的稱號。頭陀修行共有十二種（註3），其中的樹下坐及露地坐及塚間坐，代表了，世間處處是修心之處，無須過分著重於禪修之處，不攀緣於外境，應是向內求以瞭解實修重要性。塚間坐是佛陀所教導的一種學習禪坐方式。禪修者住在曝露屍骨的墳場，透過觀察死去的人警惕修心重要性，以修得「無常觀」，了知世間一切皆是無常，最終是死亡的事實，人生在世無須事事執著不放。

墳場都能是練心、修心的場所，遑論是在沒有神像的地方。擔心外靈入侵是因許多人以為靜坐是放空全部的意識，當意識放空時，便讓外靈有機可乘，靜坐的要訣不是在於放空，應是練習一心不亂地專注於鼻息吸中，以覺知觀察心的脈動，許多前賢能在靜坐中看見本身禪相，極度地專注是一種能量，不論心升起出現任何異象皆不受打擾，此專注的能力絕非一朝一夕所能得來。

讓外靈干擾、入侵的主因不在於靜坐的場所，不要忘了，人與外靈關連是因心念帶動，假使在靜坐時產生能看見異象、獲得通靈能力、獲得仙佛護佑，甚至在靜坐中依舊想著生活中種種不如意之事，就算沒有讓外靈入侵，也因無法進入止寂而感受到靜坐時的殊勝，讓心能夠平靜、止寂的功夫，靜坐場所非重點，行走間、沐浴時亦是可以觀鼻息（行禪），一顆紛亂不安的心，就算在神桌底下也是很難進入真正入定的狀況。

靜坐，是讓心沉靜下來，好好地聆聽心的聲音。那與森林、廟宇、大海或是所處的環境都無關，聆聽心中最深處的聲音，只有在你靜心時才能找到。它有屬於它的語言。不要讓未達靜心的人的經驗，影響了你找尋它的蹤跡。

註1：十四不善心，痴、無慚、無愧、掉舉、貪、邪見、慢、瞋、嫉、慳、惡作、昏沈、睡眠、疑。

註2：如對動中禪有興趣，可參閱《內觀動中禪》一書（大千出版社）。或搜尋http://www.bauswj.org/baus/newsletter/2002/nl77_walkingmeditation.html亦有相關的資料可參考。

註3：

一、住阿蘭若：過著獨居生活，不與大眾僧侶過著團修生活，以其能從中永絕攀緣心，全心專注於內觀與修心中。

二、常行乞食：不接受專人供養，不論他人所給予的食物為何，皆不能升起分別心。空缽而回便飢不得食，依然不能起憎恨心。

三、次第乞食：乞食對象不分貧富貴賤，一律平等視之，以平等心看待每一個善心人所給予的食物。亦不能因個人喜好貪圖食物。

四、一食：在古代印度修行者皆是住在外郊，離市區有一大段距離，為了三餐往返托缽須耗不少時間，一日一食讓修行者將心力放在修行上。

五、節量食：為了須把乞食分為三份，一份給予貧困飢餓者，一份分給郊間禽獸鳥雀，最後自食一份。知足而食是求得內心平靜，節制飲食是使胃腸不因過飽產生不適。

六、過中不飲漿：過午不食，包含了果汁與飲料亦同。漿是指果與糖水飲料，過分飲用太甜飲料會令人潛藏在內心的慾望蠢蠢欲動，也會刺激大腦產生興奮感。

七、弊衲衣：撿拾他人所穿過的舊衣，洗條後穿著，不貪圖華麗的衣服。

八、但三衣：不穿著三衣之外多餘的衣服，三衣是指佛陀所制訂下九條、七條、五條

的袈裟。少慾知足，為外表而購買太多的衣服只會滋長外相貪念。

九、塚間坐：一種坐在墳場修行方式，透過此方式瞭解生死無常及厭離生死，以求得內心的平靜，觀看到屍體、墳場時，引發內心對於世間的出離心。

十、樹下坐及露地坐：生活處處充滿了禪機與修心，不要求華麗、莊嚴的道場，在寬闊的大自然底下，或是樹下席地而坐，亦是一種修行方式。以此杜絕人們因著重於道場外表，而忽略了實修的重要性。

十二、但坐不臥：過度地睡眠令人產生沈迷，頭陀修行以苦練心志之修行法，故以坐姿不入睡補充體力。

四、靈動感提供的訊息

她一坐下，便感受到一陣的氣場，說不上來，依據這股溫和的氣場所帶給我的感受，應該與她本身對於宗教方面的接觸有關。我請個案先寫下名字其中一個字。

她不解為何塔羅牌占卜需要用到名字？這僅是我個人的占卜習慣。塔羅牌占卜不太需要問卜者的任何基本資料，生辰八字大多運用在解讀命盤、星盤之時，塔羅牌是透過占卜來解讀個案意識內的原型架構，藉此預測未來發生的可能性。而我會習慣有個案的一些資料，例如：生辰、名字、住址，或是名字當中的其中一個字，甚至少到只要住址其中的路段也可以，以方便我在洗牌過程中有一個「觀想依據」。假使對方皆不方便留下，最簡單的方法就是將對方的「臉」記入我的腦海中，在洗牌時當成觀想的對象亦可。除此之外，還有一個不為人知的原因，就是我希望能在短時間內，藉由這些資料擷取到關於對方的更多訊息，例如：面相、字跡、聲音、名字等，留下的訊息越多，對我日後解牌較有幫助。

「妳們家有人吃素或拜佛嗎？」洗牌時一陣靈動感，直覺是對方的氣場影響到我了。

她回答：「沒有耶。」我繼續問：「那有人供奉佛堂，或者妳本身有持咒嗎？」她說：「我最近每天都有做早晚課的習慣，那算是嗎？」我說：「當然算啊，妳從何時開始做早晚課？」「從去年十月開始。」難怪她一進來就帶著一種訊息，我感到與她有緣的高等靈，想透過我傳遞某種訊息給她，那種感覺非常強烈，強烈帶給我靈動感。

我向她解釋：「一般家中有拜佛，或本身有茹素和持咒者，都會帶給我靈動感。」

她好奇問：「來找你的問卜者都會這樣嗎？」我回答：「不一定，像《阿伯也占卜》文章裡提到的那位問卜者，他一坐在我面前時，我也產生那種感覺，後來一問才得知他家本有在拜關聖帝君。」她進一步問道：「只要是好的能量場你都會產生靈動感嗎？如果是不好的能量場呢？」

我回答：「不管問卜者身上的能量場是正或負，或多或少都會帶給我靈動感，但必須再進一步討論才能得知詳情。」

她更好奇了：「每一位有在持咒的人，也都會帶給你靈動感嗎？」我說：「不一定，不少在廟裡唸經的阿婆，我便感受不到她們帶給我們的靈動感，這也是視情況而定，如果只是將『修行』掛在嘴邊，並未真正進入實修階段，唸經持咒亦未進入狀況，本身的能量場就很難被改變，此時我便不太能感受到對方的氣場，但如果是很誠心地在持咒，我的感受會比較多。」

善用人生的低潮期

她對這方面的議題似乎很感興趣，但我擔心這樣聊下去，將耽誤到她的時間，於是請她進行洗牌，並唸自己的名字以及默唸她所要瞭解的新一年的運勢走向。接者，我請她抽出十二張代表十二個月份的牌。

雖然是占卜新一年的運勢走向，但從牌與牌之間的共通性以及關連性，依舊可以解讀當事者的內心世界。塔羅牌占卜是一個很神奇的讀心工具，不論占卜的項目為何，只要能窺探出牌與牌背後的核心架構，大多也能解讀出項目之外的更多信息。

我告訴她具有獨立的個性，很多事情已經做好決定，便很難改變想法。我習慣性先講對方的個性，再開始解牌；這是一種我個人的習慣性占卜方式，我會先講對方能夠應證的事，再講未來的事情，這樣才有幫助，如果先講一些無法印證的事，或時間上太過遙遠的事，對方聽起來將覺得較不踏實。

我接著說：「妳外表給人感覺蠻柔弱的，但內心剛好相反，妳在事業上富有強烈進取心。」

她問：「如何得知富有強烈的事業心與進取心？」

我問她：「工作、感情、家人，哪一項對妳而言是最重要？」我太有把握她會選前者，主因來自於塔羅牌的牌面出現太多關注在事業上面的徵兆。

她不假思索回答：「工作。」

在使用新的一年運勢牌上時，我總是先講整年度的整體運勢以及該注意之處，再細講每個月的狀況，從她的牌陣中看出只有三月與七月遇到工作低潮，其它月份運勢都很不錯。我告訴她整結來說，如果今年用心衝刺，將會在事業上有所大突破，甚至會帶動後續幾年工作運勢。占卜的用意不單單是預測未來，假使好好地運用提前預測大運走向以及低潮期，在大運時期好好地做一番努力，在低潮期時學習「一動不如一靜」的處事態度，順應本身運勢走向以避免過多的精力浪費。

她問我是否能在三月換工作？？我看到三月她會有不少的收入，但奇怪的是，頗豐的收入背後卻隱藏著不快樂畫面。

一般而言，一個人潛在個性和觀念，從整年度的運勢上大致可看出；她事業心很重，但在金錢方面卻沒什麼企圖心，有可能工作上帶給她的成就，勝過金錢和物質生活，從以上可以推論：「若以牌意來看，我不建議妳三月跳槽，妳個性還算活潑，但遇到陌生的環境和人事時，心中會築起一道高牆，等妳與大家混熟了以後，才會流露出外向的一面，因此我不建議妳三月跳槽，三月剛好是妳的低潮期，如又到新環境，妳一定會不快樂。」

她積極詢問：「三月一定會遇到低潮嗎？無法避免嗎？三月之後跳槽就比較好嗎？」

我回答：「人生所遇到的低潮與困境，都是在投胎時便可以註定好，只是要以何種心態來看待，卻是今世所要修習的功課，低潮無法避免，但心境卻可以改變。」低潮期是自己為了幫助此生的成長所自我決定，不論低潮期為何，每一個人都要學習大無畏的精神來面對它。

「假設三月是妳的低潮，為什麼還要讓自己在三月特別忙碌？如果一直想要換工作，但至少可以挑選其他較不忙碌的月份吧？」人生絕不是直線式，不可更改的，我們可以選擇不同的前進方式與速度。

她說：「三月非常有可能如你所說的那樣，因為另一家公司的老闆以高薪聘請我，幾乎是我目前薪水的三倍，工作性質是半業務半行政。但他希望我三月能到職，該怎麼辦呢？」難怪三月出現收入頗豐卻不甚快樂的牌面。

我說：「如果妳是人才，主管絕不會不願多等妳一個月，而且，如果妳延後到職的理由，是希望目前任職的這家公司能找到合適的人選，等妳做完完善的交接後再離職，我相信任何一家公司都非常願意等妳的。」她問：「那這家公司是不是很值得我跳槽？」

我搖搖頭：「這牌陣是看全年度的運勢，看不到細部。」

同時我提醒它，塔羅牌占卜是讓我們提前預知，目前心境在遇到未來時所產生的心態，但並不表示不能改變，如果是負面的情境，心態改變後，就算未來沒有太大的調整，至少能降低遭遇到瓶頸時的不愉快心情。

訊息的啟示

我接著幫她分析全部的年度運勢；七月份的畫面是一個失去信心與能量的牌，我提醒她，她有可能是感到疲倦，或對某件事產生無力感，不想再面對任何事。

接著再替她占卜跳槽後的發展性；我看到她不僅能自信地發揮，日後發展也很好，雖然「錢景」不算好，但至少非常符合她的個性。

她的事業運非常好，我一直提醒她，今年的運勢很適合衝刺事業，希望她好好把握。我之所以這樣提醒她，是因為一直感覺到她似乎蒙上一層撥不去的陰影，被低潮情緒所困住，所產生的不快樂的磁場。我說：「我不敢說妳以前是個非常有活力的女生，但至少相當向上與積極，但如此的積極似乎已經離妳現在有點遙遠。」她表示，其實她已經好多了，如果是在去年來找我，這種感覺或許更明顯，後來她針對感情問題占卜，我才知道，她的傷口來於自感情。

我說：「請記住，除非妳願意，否則全天下沒有任何人可以傷害得了妳。也許肉體上的傷害無法避免，但心靈上的修復卻能由妳掌控。」我強調這句話，主因在於，她是個幸福的女孩，但卻始終將不愉快的過去攬在身上。最後，我送她一句話：「父母把妳生得那麼漂亮，一定不願看見妳如此不愉快，那妳就**更不該讓不愉快的過去來傷害妳。**」

她離開後，我和小朋（豐原素食生活館女老闆）談及關於她在占卜時所帶給我的靈動感反應，我瞭解是仙佛希望透過我，轉達她一些信息的靈動感，小朋告訴我：「如果是祂們要給她的訊息，你就應要告訴她，畢竟祂們是想幫助她。」我也覺得很有道理，有一度我不甚喜歡再為人接收信息，但並不反應仙佛欲透過我將信息轉達給任何一個人，如果是與祂們有緣的人，為什麼不將訊息傳遞出來呢？

隔日，我透過email告訴她關於仙佛所要傳達的訊息內容——

「您一定會好奇，為什麼我能從牌面得知妳的過去？

妳的能量場帶給我的靈動感，其實是一種訊息。雖然當時我未將訊息告訴妳，但後來想想，如果是祂們傳達訊息給妳，我則有義務轉達，畢竟妳並未請我接訊息，訊息不是很長，希望對妳是有幫助的，這訊息裡面有一點與我所講的是相反的；我建議妳先去尋找更多可充實的課程，找回妳的心，但祂們建議妳先認識自己。

『妳被過去不愉快的情感經驗所困，全身包覆著負面情緒氣場，妳看不到自己的未來與希望。我希望妳學會內觀，才能更瞭解自己，而不是一昧地尋求外力與學習；所謂的內觀，**就好像一顆高麗菜，妳必須靠自己學會將外面已經腐爛的菜葉，一層一層剝除掉，找到妳最原始的菜心，而不是先外求學習的東西，那只會讓妳更不瞭解自己，唯有剝除已受傷與壞掉的菜葉，再充實新知，對妳才有幫助。**妳是一個有佛緣的女孩子，尤其與觀世音菩薩非常有緣，如果心靜不下來時，可多持誦與觀世音派別相關的經文與咒文，它將帶給妳內心平靜。」

事後，我很感謝她，祂們的信息讓我瞭解一個人如欲要學習靈性成長，就好像「**一顆高麗菜，妳必須靠自己學會將外面已經腐爛的菜葉，一層一層剝除掉**」如此簡明的比喻令我印象深刻。

靈性成長運作法則—修行，從健康處理情緒開始

陰影的產生除了過去世所沉積於今世的負面人生觀外，在今世所造成的陰影則大多來自於：**忽略了處理當下情緒及感受**。我們對於事情間接、直接的反應產生了感受與情緒，在每日重覆的生活中所衍生出的感受與情緒，又再度地影響我們對於新舊事物的反應，錯

綜複雜每次所累積的情緒與感受，交織成錯綜複雜難以理清的陰影，一個未能在生活中時時刻刻學習「內觀」，察覺情緒以及捨下感受的人，便容易生活在負面陰影之下而不自知。

陰影存在於每一個人身上，它與職業、身分、地位毫無關係。每一個人都有不想坦然接受的內在陰影，你是，他是，我也是。貢高、我慢、傲氣、忌妒……，隨著年紀增長，我們開始懂得運用「聰明」的假相理性包裝它。但，發臭的東西絕不會外在包裝精美度而改變本質。阿姜查舉了一個故事：「我的新弟子最大的問題是，對一切事物都有想法與意見——關於自己、關於修行、關於佛陀的教導。很多來到這兒，在社會上有很高的地位，有富有的商人，或大學畢業的老師或政府官員。他們的心充滿了對事物的意見。他們太聰明了，以致不聽別人的話。就好像杯子裡的水，**如果杯子裝滿了骯髒、發臭的水，那是沒有用的，唯有將舊的水倒掉之後，杯子才會有用。你必須空掉有意見的心，那麼你才能明瞭。**」

在探索過靈修的路上我發現，「精進於靈修（或可稱之為修行），並非執取於某一件事情的發生，而是要學習持續性以叮囑自己，以平靜心看待心境。看著它發生、思考它、接受它，進而改變它。靈修並不如外境所想像如此的複雜難懂，它整合了生活層面，進一步則融合人性心理學與宗教神學。」任何的教派、宗教組織，都應是教導人們如何去覺知內在的情緒，以及如何以健康的方式處理它。

「靈修的修行」是一件非常奇妙的修行方式，課程中，許多積壓許久的情緒皆會坦蕩蕩地呈現在自己眼前。在我教導的「靈動．覺醒旅程」中，一位女學員站在一旁角落不斷暗自抿泣，我告訴她：修習靈修的過程中，種種情緒反應都是傾倒最深層的陰影。不要去壓仰它，就讓它自然而然地發生吧。

或許聽到我那一席話，她放開了心，過了一會兒她躺在地上不斷地哭泣。中場休息，她久久無法從情緒中拔出，對此我沒有多給予其它的建議，僅提醒她：**去思考當下情緒的反應為何？靈修本存在真真假假、假假真真，覺知每一次情緒反應，反思情緒為何而來便是真，放任它不管則是假。**

不要帶著有一絲絲神通、通靈的慾求來看待靈修，有此心便很難精進，直覺力僅僅是走在修習靈修路上的附加價值，絕非它最核心價值。不正確的期待便是造成未來靈修路上的阻礙。靈修是平衡身心靈平衡的靈性學習。身—粗鈍體、心—精微體、靈—靈體。彼此

牽制又彼此成長，看透任何一體就能牽動其它兩體。

現在是資訊爆炸年代，過多的靈性名詞加重大腦運作，卻讓我們忽略靈性成長應是向心探求。靈修是讓大腦休息心識打開的修行方式，身歷其境、反思、由內思考，是一連串的靈性學習的開始。積於如此，我習慣「留白式教學」……對於課程中發生的種種過程，在學員未察覺之前，我會選擇不做過多的說明。

隔幾日，她來信分享當天的心得……

兩堂課下來，很訝異～自己那些「情緒／動作」，和我當初設想「呆若木雞」全然不同，與其胡思亂想，不如去「認真」經歷體驗～雖然不確定自己的狂哭是為哪樁？但那種宣洩，確實是平常的我不會做的事。你提到，「在意」某件事情——的確，很多事情我確實是在意的，因過於在意別人的看法，怕出錯怕失敗怕被笑，乾脆就逃避／忘記／假裝不存在是我一直以來處理的方式，而也因此流失了很多很多次的從錯誤中學習的機會，而讓自己更懊惱更挫敗更不相信自己的負面想法一直輪迴著；最後導致烙印更深更深的擱淺在最深最深最深的意識裡～～其實認真想想我是幸福順遂的，一路上也都有貴人相助，全都自己愛胡思亂想，鑽牛角間個性在繞圈圈，無中生有嚇自己而裹足不前～～～〔爛蘋果〕

受過傷的醫生才會療傷

我們的內心世界是外界難以想像，一個正信、良善的占卜師、命理師、通靈人、乩童、神職人員，在天性中便潛藏著憂鬱的情感，容易多愁善感，他除了必須處理本身負面情緒外，尚要學習不受個案以及外界環境所影響。外界對占卜師、命理師、通靈人、乩童、神職人員皆存有一種神祕不可測的看法，在主觀意識中會認為這群人與一般人應該有所不同，因為他們的職業、生活與宗教、聖靈、仙佛如此地接近，在道德倫理與心理應該略勝一般人甚多。殊不知，**一個不懂情緒清理的神職人員對於一個人（信徒、弟子等）的人格與心念的負面傷害，更甚於單純宗教信仰的人。**

在榮格自傳中提出一個觀點：「**受過傷的醫生才會療傷**」意指是，一位真正具有醫德與醫術兼具的醫生，必須要先徹底地瞭解自己才有可能成為一位良好的醫生。他指出：心理治療師不但必須瞭解病人，還必須瞭解自己。因此，精神分析師接受分析就是「絕對必要的條件」，也就是所謂的訓練分析（training analysis），亦即病人的治療始於醫生，只有當醫生懂得如何處置自己和自己的問題之後，才有可能去教導病人如法炮製。在訓練分析中，醫生必須學會認識自己的精神，並認真地對待。要是做不到這一點，病人就無法學

習，就會遺失自己的部分精神，就跟醫生失去他並沒有學會去理解屬於自己的部分精神一樣。

夢境是宣洩情緒、處理情緒、平靜身心靈的重要出口

情感的產生，來自於我們對於生活中種種事件的反應，它不會隨著時間流逝而消失，只是有時我們常會忽略了它的存在，夜深人靜以及睡夢中時，它便悄悄地再度爬起來。記得在2011年的清明連休假期，我與友人一起到宜蘭三清宮靜修三日，純粹地靜心、靜坐以及放下事俗的一切。午睡時，我看見瑤池金母出現在夢境中，在這件事之前，我僅見過一次祂的容貌，卻從未夢見過祂。我與祂在夢中相見，心中卻很清楚我在做夢。

當祂出現時，心中莫名地感到一陣心酸，我不斷地向祂哭喊著想隨祂一同回去。

祂問我想回去了嗎？我點了點頭。真的累了……祂問我大約何時想回去，我沒有多想，向祂表示想在人世間最後的時間。祂笑笑沒有多說什麼。

我不斷地向祂哭訴著心中的無力感，半夢半醒中～我發覺現實中的我流下了眼淚，我擦拭著淚水，問一旁友人是否有聽見我的哭聲，她表示我哭聲甚大當然有聽見。我向她

道歉後又躺下去睡。瑤池金母再度出現在夢中，這時祂送我一句話：要我學習忍耐，**忍是指透徹一切事物，捨則是放下一切事物**。最後祂示現一個大水缸，缸內有一隻龐大的銀色魚，另有四五隻小魚悠遊在銀色大魚旁。瑤池金母要我向大魚學習，祂說：**當一個人沈穩時，便如同潛藏水中的大魚一般。大魚懂得不動如山與一動不如一靜的道理**。勉勵我如果懂得向大魚學習，便不容易受外境的感覺。清醒後，我問在一旁看書的友人，是否有聽過我在哭泣的聲音，她說沒有。方才睡夢中清楚地知道我大聲地向瑤池金母哭訴後，有醒過來與她對談，她怎說沒有？事後想起這場夢，夢中我看見瑤池金母前來時，我心中積壓已久的情緒得到以宣洩。清晰地覺察到生活中我忽略掉健康處理情緒的重要性。夢中瑤池金母是否真實存在，並不是如此地重要，所要專注的：夢宣洩了我負面情緒。

宣洩（catharsis）一詞源自希臘文Katharsis，有著淨化心靈與處理、清潔情緒之意。在宗教上的宣洩則有深層的靈性釋放及重生之意。榮格在《尋求靈魂的現代人》一書中提到：**「如果我不能投射出一個陰影來，我怎麼可能是實體的呢？倘若我要成為完整的，我就必須要有黑暗的一面；只要我意識到了我的陰影，我也就記住了我是一個人，同其他人一樣。」**這句話點明出看見、清理並撫平自己內在陰影的重要性。

活在當下的概念來自於教導我們珍惜當下，以及學習放下過去的不愉快情緒。人類潛意識中蘊藏著規律運行的法則，當大腦不斷地運轉時便是吸引各式各樣情緒的到來，反之心靜、平息甚至睡夢時，潛意識便會將過多與負面的情緒排出，一入一出便是符合大地運轉的自然法則。修心包含著健康處理情緒，健康處理情緒，就好像讓情緒在生命中正常及自在流動。尋找適合自己的情感宣洩管道，書籍、電影、聊天、音樂、爬山、運動、散步等，看似一般的休閒活動，其實也是另一種修心的方式。

◎塔羅牌的生命輪迴—物件，提高直覺力的產生

占卜過程中，為了讓直覺力有更凸顯的表現，有時我會向個案索取個人物品，諸如手機、鑰匙、髮夾、手飾、筆記本……，只要是個人性的物品，皆有助於提升我在占卜時的直覺力。直覺力並不等同於預知力，預知力來自於預測未來財運的發展、健康走向、情感發展等等，直覺力感受個案的潛意識、情感及心靈，將直覺力融入於塔羅牌圖象中，促使占卜中流入天外飛來一筆的意外信息。

個人身上的物件，隱藏著個人的能量信息場，如此解釋讓人感到不可思議與神祕，似乎每一個人都必須要有通靈能力才能解讀他人的信息場。想像以下的觀念：每一個人對於物品一定有專屬的喜好，例如：顏色、大小、材質……。這些個人喜好的物質，則是個人內在能量投射至外境的結果。內在能量承載著情感、記憶、經驗、喜好等，我們所選擇的物品自然而然便連接著內在能量。

個人的喜好、品味便是潛在能量的投射，熱情、積極、樂觀的人，在外型上會選用亮色系的物品，反之沈悶、憂鬱的人，則會選擇灰色、單色或低彩度。外在的物品在在地表現出內在的情感面。而能量場更是直接反應出個人的內在情緒。

是否曾經進到某人的房間裡，一踏進房間那一刻便深深感受到某一種氣場存在，有時是不安、恐懼、歡喜、愉悅，甚至可以感受到房間主人身上氣場，主要的原因是特殊的香

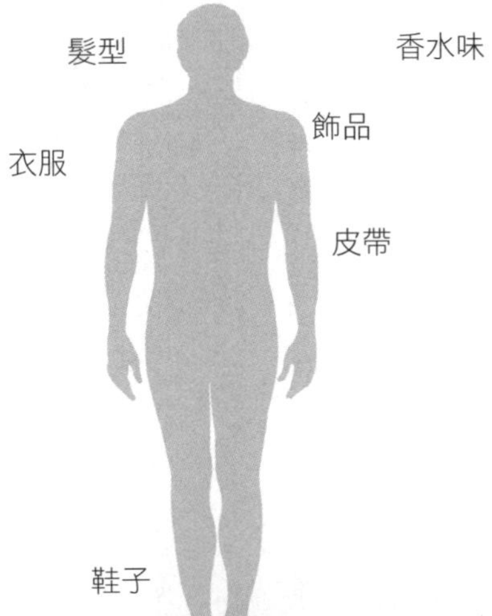

水味、衣服味、書籍、房間用色，或者是房間的擺設等，仔細去分析，大到房間的家具到最小物品，在在都是個人能量放大化的結果。

引用《慧眼視心靈》中的一段話：人類能量場包含了每個人的能量，也反映出所有人的能量。能量場環繞著我們，並攜帶著我們內外在及正負面經驗所創造出的情感能量。這種情感能量影響了我們體內的生理組織。如此一來，你的傳記（也就是構成你一生的經驗）也就成為你的生理活動史。

瞭解到能量與物品之間的關係，也就不難以理解透過個人隱私物品解讀個人情感以及記憶之間的相互關係。

以物品解讀個人內在情感，可以透過後天不斷地學習與持續性的鍛鍊而來。它是一種可以被開啟的技巧，但是，不要忘記：常處於情緒平和與寧靜的情況下，解讀的能力才會越趨明顯。換言之，在生活中遇到事情時能以平靜心看待，久而久之，大腦頻率也會越平和，才能精準地接收到外界傳達進來的信息波。信息波的出現有時是文字、畫面、色彩或是一種覺知，直覺力表現在人的身上因人而異，頭皮發麻、雞皮疙瘩、打嗝、眉心處痠、麻、熱、脹等，因應不同的狀況而產生不同的反應。以我本身為例，我並不具有天眼通的人，視覺方面的信息較弱，覺知方面反而較一般人敏銳。我可以明顯地感受他人的情緒、想法等。直覺是根據不同個案的情況自然發生，它有助於以更細膩的角度從塔羅牌中窺探個案不為人知的情感，跳脫基本牌面連接到個案內心世界。

提升直覺力，在平時多加鍛鍊放鬆、專注以及平靜是有必要性：

1、**多聆聽平和的音樂**，例如：大自然音樂、冥想音樂等等，音樂是最直接影響情緒的好方法，養成以平和的大自然音樂取代搖滾音樂，如此有助於培養靜心，亦能在為人占卜時快速地進入平靜狀況。

2、**切斷眼識、耳識、鼻識、舌識對外境的觸角**，多多練習觸覺流入心靈的感受，筆在手上的感覺是什麼？冷熱飲在手上的感覺又是什麼？閉上眼觸摸漫畫書、小說、勵志小說，感受不同的書籍對於心靈的影響是什麼？？

3、**留心你的呼吸，讓呼吸頻率與腹部做最緊密的連結**，一呼一吸之間都要留意腹部，吸氣時腹部要微微地脹大，吐氣時則要內縮，散步時要留心呼吸、開車時要留心呼

吸、洗澡時要留心呼吸，留心並非指把注意力放在呼吸上，而是提醒自己不要忘記呼吸。反覆、持續性地留心，久而久之，呼吸與腹部便緊貼不放。留心呼吸的另一個好處是「鎖住煩亂的心不外跑」，同時也能達到放鬆的效果。

4、**感受心中的覺知**。怒憤是什麼感覺？快樂是什麼感覺？開心又是什麼感覺？忌妒又是什麼感覺？慈悲、同理心、愛與悲傷又是什麼感覺？當情緒升起時，多多讓它停留久一點，去覺知它、觀察它、觸摸它。不要讓情緒控制了自己，學習「情緒停留」，心便有機會覺知它。覺知不是專注，覺知是指很清楚地瞭解它。覺知度越高，心便能更清楚地掌握從意識中閃過細微的信息場。保持覺知度越高境界越久，超直覺力便能揭開更多大腦意識所無法到達的境界。

5、**鍛鍊更寬廣的冥想能力**。心煩亂時就閉上眼睛，想像各式各樣可以讓心平靜下來的景象，顏色、場景、人物、回憶……。如果你沒有辦法「想像」，可以去看講述往生後在靈界情況的一部老電影《美夢成真（What Dreams May Come）》，由羅賓威廉斯與安娜

貝拉史歐拉主演，講述男女主角在陰陽兩界的心靈交流。為了沖淡太過嚴肅的話題，片中美麗繽紛天堂、淒涼幽靜地獄的場景，大量地採用希臘羅馬神話故事以及西方文學中對於兩者之間的描述。搭配上動人的音樂及故事，增添觀眾的想像空間。

此外，平日可以**深度內在心靈溝通**，讓心平靜下來，好好思索今日發生的每一件事情的學習，嘗試問自己：

在這件事情中我學習到什麼？

如果對這件事不是講出這句話，而是以不同的思考角度講出另外一句話，又會是什麼樣的結果？

我喜歡目前的生活模式嗎？跳脫現在環境，以十年後的我再回頭看現在，我是不是真的還是很喜歡現在生活？？

也可以想像自己變成某人的生活模式，例如，當我感到心煩時，我會想像在海邊生活的人，每天與海、魚、太陽為伴的日子；想像知名演講者的工作，分享精闢的生活心得；想像各領域的人生活的快樂。想像我與愛因斯坦在討論相對論時的情景又是什麼？

時間與空間是固定無法改變，但透過無限寬廣的想像便能跳脫時間的侷限，回到過去與穿梭未來，訓練一顆不受時空約束的心靈，創造心靈中無限的可能性，便擁有了連結宇宙能量的能力。

Q14：不可不知的祕密—該不該相信直覺力？不同的乩童、通靈人有時給予落差很大的建議，我們該以何種標準看待？

以思辨態度看待直覺力

直覺力的來源有許多種原因，不能以單一論點來看待，有時是對於事件潛意識的聯想（或稱之為精神反應），聯想是人的基本能力，也是想像力的前哨站，有了聯想才會產生想像力。思緒的混亂所產生的聯想，也會令人解讀為直覺力，例如在行走時一心想著不愉快的事情，抬頭一看已是紅燈，紅色常給人直接聯想是不平順，此時心就會將不愉快事件與紅色連結，多疑之人也就會錯以為這是所謂的直覺力。直覺力產生時，應是先以平靜心去思考**直覺力來臨前的情緒**，是激動、不安、憤怒、懷疑、貪求、極度開心、快樂……等，不平靜的情緒牽引而來信息大多是大腦基本的聯想。探究直覺力真偽亦不能以「直覺後發生的機率」評估，人的心並不是一台機器，每日固定式的生產，受到外境的影響，「心」隨時在變，無常的心左右了意象也阻礙了與宇宙接軌的信息。有一句話是這麼說的：「大多數不正確、無邏輯、虛假、錯誤、不合理、有瑕疵的思考，源於心靈的懶惰」（擷取自《是邏輯還是鬼扯》，商周出版），這句話點醒我們，未能在生活中時時觀察自己的心，又如何能相信天外飛來一筆的直覺？！是否應相信直覺力？要回頭檢視來源「心」，當我們能夠一而再、再而三地摸索直覺力來臨前的心念，便能夠分辨清楚是直覺力的信息或是對於一件事的聯想力。

暫且不去論通靈辨事人所通的外靈為何，影響給予建議的關鍵，絕大多數來自於心念的問題！信息的傳遞一定會經過「心」，一個人對一件事的主客觀看法，會儲存於大腦中，當信息來時便會因當事者對於一件事時即定看法，而左右了信息的內容。也就是說，

讓「心」產生雜質有一大部分來自於大腦，不停運轉的大腦會降低信息的完整性，「心」的原理放眼天下皆相同，你我是如此，甚至套用在乩童與通靈人身上亦是如此。人們在生活中遭遇到瓶頸希望透過他們傳遞靈界信息時，請不忽略了一個觀念：不要太神格化他們。不要忘了，他們和我們都一樣都是人，對於每一個通靈人（包含我）所說的內容都應是保持冷靜、觀察的態度，把他們所講的每一句話當成另一種的參考，**過度的狂熱會迷失理性上對於事件的判斷**。人生是建立在選擇上，「選擇」不在於對與錯，而是挑戰本身所克服不了的問題，並勇敢承擔選擇後的結果，如此的心態才能在每一次的選擇中逐步地讓靈性成長。

想一想，真正跳脫輪迴、了斷因果循環的仙佛，會從無數劫遠之地專程來告訴我們如何選擇未來之路的芝麻小事嗎？在我個人觀念中，真正至聖仙佛們會藉每一次機會點醒人們如何在事件瓶頸中切斷一切的不善心，扭轉心性以斷絕未來再升起的業力。佛陀在世時，祂也不是每日在回答每一個人生活瑣事，反而是不斷地教導弟子、信徒們如何在事中觀察到自己的心，當心念升起時去推測心念產生行為後的因果。如何的反思、思辨才能一次又一次了斷不必要的煩惱。

2
Two of Pentacles

King of Swords

第四章

解脫・斷輪迴

「如果你還未能洞徹人世間的一切，遑論以管窺探浩瀚無垠的靈界。」

人世間每一件人、事、物的因緣都有著業力所牽引，這也是所謂的因果論，業力有善緣與惡緣，但心念卻能創造及改變業力，對於這方面我仍是一個在學習路上的學子，無法以非常深入的觀點，透徹每一個人來到人世間的因緣，但我卻深信宇宙萬物之間必存在著一股無形，卻能牽一髮而動全身的能量將萬物連結在一起。正如科學家牛頓言：在每一個動作發生時，就會有一個相應的力量或反作用力發生。

要說因果論是一個組織細膩到無可破解的系統，倒不如說它是一個因無為而有為的能量，絕非靠單一位因果故事就能解釋全盤的因果論。這位朋友已來找過我兩次，雖然初期可以以塔羅牌方式來解決他的「心結」，但站在學習角度，我也想瞭解祂們會如何看待他這個問題。

在一次通靈諮商中，瑤池金母給了一段關於人與靈關係的訊息，這段訊息中透露人們應該學習尊重人世間所有靈體的存在價值：「在人世間的生活修中你必須瞭解『靈』的重要性，你千萬不要認為人是可以改變世間及未來的一切，人所能做是必須留意當下意念，也就是信心、勇氣，當他發出這樣的意念之後，就會開始影響、牽動了宇宙的磁場及與他

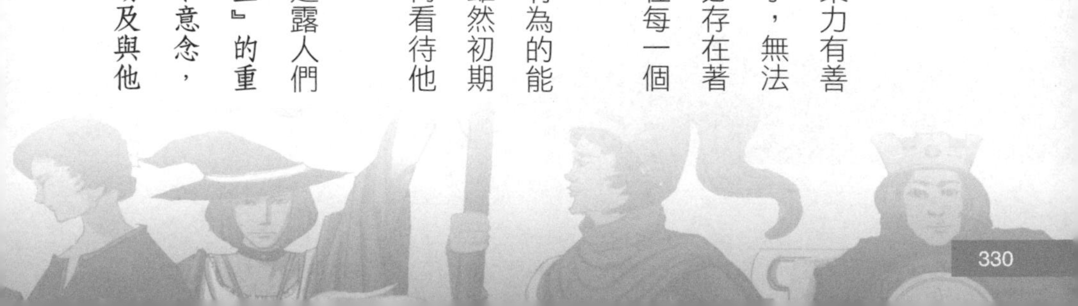

有緣的靈體，這靈體包含了已投胎及未投胎的靈體，所以人們千萬不要有以『自我為中心』如此小我的想法，將人類放大至一個偉大不可一世，我們必須去尊重這宇宙之間的所有具有靈性物體及仍在靈界中的靈體。」

這句話在當時令我印象非常深刻，這段訊息裡所指的靈體，包含我們人世間的萬物以及眾生，我記得在近幾年興起研究的「心想事成」的宇宙進行法則，祂們曾告訴我，「過**於崇尚於心想事成將變得自我與不可一世，人們會乎略了應對人世間萬物的尊重，一件事情的成功是必須靠人與人之間的努力才有可能達成，絕非僅靠一人之力就能創造未來，結善緣、言善語、思善念以及尊重，都是非常重要的觀念。」**

諮商個案對訊息提出了質疑點：「修行不應全是通靈或神明附身，如果是這樣，這樣的修行我並不想要，我從來不想通靈，甚至像你這樣的通靈方式，我都不會想要，對我而言，修行並不是以通靈為目的。」

我向他解釋道：「訊息並非要求人類修行以通靈為目的，更無法要求你必須通靈。對於通靈這件事，**除非你願意要不然沒有人可以傷害你**。這肉體是你父母生育給你，任何人都沒有剝奪的權利，修行也是，你有權去選擇你要的修行方式，所以剛那段訊息並非要你

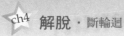

去通靈，而是你要尊重及瞭解『靈』的意義，那段訊息也是講明了一件事，宇宙物萬之間都有其無形能量存在。

「不管人看待有情眾生，踏在靈性成長的旅途上，必先入謙虛大門。」

「未來是由內心能量所創造，它的先決條件來自於：坦誠地面對自己。每個人都具有說服他人的能力，在這世上，我們也不斷地說服他人來相信自己的觀點，但千萬記得，不要連自己都欺騙了。」

對於瑤池金母所言：「人們千萬不要有以『自我為中心』如此小我的想法，將人類放大至一個偉大不可一世，我們必須去尊重這宇宙之間的所有具有靈性物體及仍在靈界中的靈體。」我有所不解，我進一步向祂詢問時，祂告訴我：「人們有時會以為人是這世界上偉大的物種，你再偉大也僅是活在這個地球上，你如果想要跳脫輪迴、晉升到另一個層次的成長，是必須要靠今世所遇到每一位有緣人的，絕非僅有你一人，所以千萬不要放大『心想事成』這個說法，這個說法並非是要放大自我。

不要忘了，心想事成如果沒有其它能力的幫助，又如何能心想事成，還有一點，心想事成這個說法，並非適合目前在這地球上的人們。

因為領悟不同才會一同來到這人世間學習成長，『心想事成』的觀念亦非每一個人都懂，也並非每一個人都能貫徹於生活當中，這地球上本就存在著程度不同的靈體，也就是因為有領悟力不同的靈體，我們才能互相成長與學習，也才會學習尊重。如果別人不懂，也許是領悟力在此時沒有我們好，但也必須透過我們的教導，透過教導我們也才能進一步成長，而別人也因為有我們的教導，同樣有得到學習的機會。」

在「靈界．斷輪迴」篇中，你將從靈的角度來反思人的問題，也會從發現在人世間的問題，反推回業力、因果與靈的奧妙。

一、強迫症，另一個看不到的世界

這對姐妹第一次來找我，主要是問工作方面的問題，她們兩人帶著一種很靜很靜的磁場。似乎任何一個問題或想法，即可帶給她們無限的思考空間，尤其是妹妹，她的第一個問題是從事哪方面的行業較適合她，我看到的畫面是作業員或者無需太動腦的勞力工作，但我楞了一下，這答案從我嘴巴講出口後，我才驚覺太直接了，尤其對於一個年輕的女生而言，誰願意聽到適合自己的工作是作業員，但從妹妹的表情看來，她對這答案並非感到意外，也可說沒太大反應。

「好空！！」這是我對她的感覺，我似乎與她對不上頻率，平常占卜時，我總是很快調整自己的頻率與對方接軌，這時我就能結合牌面意思與個案問題，但有時頻率一直搭不上，講出來的內容就會顯得很空洞，只是照牌面解釋，而無法提供太多深入且精闢的重要訊息。

妹妹表示她明年有計畫要出家，全家人也已同意，連出家的寺廟都找好了，只因她目前有「強迫症」，家人不放心她單獨離家，希望她的強迫症改善之後才出家。我問她為什麼想出家，她回答：「了脫生死。」又是一個空洞的說法，這個說法在我腦袋迴轉，我反問她：「何謂了脫生死？」她回以跳脫輪迴之類的答案。這問題牽涉層面太廣，我當時選擇不再繼續討論。

接著，她問明年是否有出家的機會，這問題對我而言，屬於倒推法的問句，意即先設定一個目標後，在一段時間內努力達到預定的目標，也就是先投射一個希望在未來。我看到牌面顯示，她明年出家的機會頗大，但反過來說，姑且不論明年是否可以順利出家，站在我的立場，我則是以此鼓勵她在這時間內，徹底治療強迫症，不管後半段人生是否在佛門度過，畢竟強迫症會影響一個人的生活作息。當天占卜結束後，我一直在思考，如何幫助她解決強迫症的問題，比如推薦她找心理醫師或者一本書，甚至也想找之前來問卜的那位女法師跟她聊聊。

隔週，我得知她們姐妹再次預約占卜，原本只是姐姐想問明年高普考哪一類較適合她和上榜機率較高，她們預約一小時，因她們遲到半小時，後來預約的問卜者已來，所以我建議她們，如果已問完問題，那麼就不用再多花半小時，或者可以上樓休息一下，思考一下剛才占卜的內容，如有問題再問。她們在這位問卜者離去後，姐姐請我上樓，表示妹妹有事想再跟我討論。

妹妹告訴我，她常在半夜產生莫名的恐懼感，尤其晚上時，也常感覺到房間似乎有其他人存在，她想問這是何種因素造成的。上次，我用塔羅牌測試了她的七個脈輪的能量，這次我選擇用另一種牌陣，看看她的身心靈狀況以及何種因素造成這種現象。

身體是一輛車

攤開牌面，從身、心、靈來看是沒什麼大問題，而在造成問題因素部分卻是一張代表自信的牌。我告訴她：「從牌面上來看妳目前的身心靈是沒什麼大問題，而會造成如此應是心理問題，當一個人生活過於安逸、未來沒有任何目標時，常會造成一種恐懼。」如果一個人生活在競爭性的工作與生活之中，他則必須常常學習與接觸許多新事物，久而久之會增加自信，自信的人自然較不會產生恐懼感，而黑暗本就容易引出人性最深層的那一面，許多的病症或者心理疾病將因此顯現，我說：「妳的生活雖然安逸，但其實內心對於未來及自我認知，卻充滿恐懼感，也可以說妳不確定人生的下一個目標，到了暗夜，尤其當妳熟睡，腦波呈現平靜的能量時，深藏內心的不安將浮現。」妹妹點點頭不再講話。

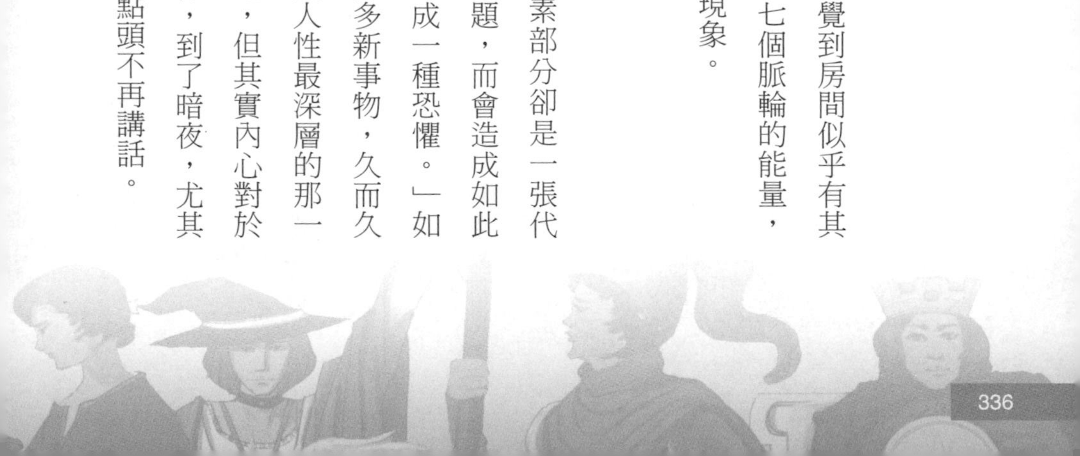

至於晚上在房間常感覺到黑影存在，我一時也不知如何探測這個問題，一般而言，沒有任何書籍教導如何以塔羅牌解釋此問題，我突然想到可以使用靈擺方詢問，我跟店老闆小朋借了一支能量探測錘，它是一個銅製的錘擺，一邊是鐵鍊一邊是銅製環狀的管子。

我首先靜下心來，祈請太陽之神、大地之母及宇宙高靈降臨，想知道她的房間內是否有靈擾，結果能量探測錘以非常快的幅度順時鐘旋轉，我告訴她們，我們所處的這個環境叫三度空間，而靈界則是一個四度空間，它不在上也不在下，與我們這個三度空間重疊著，所以就算有其它靈界朋友存在也是正常的，只要心存正念，還有身心靈狀況健康，那就好，如果感到不舒服，可再想辦法處理，不用過於緊張。

妹妹想再詢問關於強迫症問題，該如何處理，我摸著牌思考了一下，這個問題真的非常棘手，我一時之間也不知要如何回答她，我可以選擇放棄不答，但也可以選擇去面對它，我心想，如果放棄了，不就放棄了一個大好的學習機會嗎？

我很坦白地告訴妹妹，這個問題我想嘗試以通靈方式回答，我無法確定此問題能否給她一個滿意的答覆，畢竟強迫症涉及太多專業醫學名詞及相關層面，但我會盡力接訊息。

幸好她們姐妹倆之前曾閱讀我部落格上的文章，對於我的通靈體質有所瞭解，所以我不用解釋太多。

我閉上眼開始接訊息，很快地訊息就進來了，很明顯可感覺到那訊息的能量，我拿起紙筆開始畫圖。

「假如妳是一個點」我手上的原子筆不斷地畫一個「・」，一直塗黑一直塗黑：「而妳的身體就像一部車，也可以說是一個框框，框住妳這個點。」

「如果妳連妳這個點是什麼都不知道，妳如何讓這部車開往想去的方向？

我可以做的是告訴妳如何往大方向前進，但無法告訴妳如何駕駛那部車，妳所要做的是認清自己，當妳學會內觀及審視自己時，妳才能很明確地去除心中的恐懼感，才知道這部車（身體）要如何駕駛。」妹妹沒什麼反應，我問她知道我在講什麼嗎？她點點頭。我提醒她如果有任何不懂或講太快之處，一定要提出來，不要前來詢求解答而回去之後問題卻更多。

「妳的靈來自觀世音菩薩那一脈。」我又開始畫圖了，中間是個大圓圈，旁邊有許多小圓圈，而其中一個小圓圈代表祂，我在畫的同時卻有另一個感覺，原來據說到神明那邊修行就是這種畫面，祂們不具人形，只是一團充滿高能量的氣場，而依附在旁邊的小氣場是一個一個與祂們有緣或者需再次提升靈性的能量，這是我的直覺，我也不知道是否正確，只是在畫圖時同步得來的感覺。

訊息講的非常含蓄，我只能大概的形容：「所以，妳今生會排斥與異性有肌膚之親，排斥並非厭惡，只是不喜歡。有些女生可以接受與男生勾肩搭背，或者是像朋友那樣玩，但你卻不喜歡那種感覺，那是因為妳是從觀音那脈過來的靈，所以在靈性上本近似觀音的修持，還有一部分是因妳的先天靈已被喚醒了。」

我暫停繼續接訊息，反問妹妹是否如此，妹妹說那種狀況較像姐姐，因為姐姐對男生較排斥，我思考了一下，又再問她一次，妹妹似乎有口難言，接著才緩緩表示，自從小時候曾被親戚不愉快地騷擾後，她的確開始對男生有防備心，她非常擔心小時候那種狀況又會再次發生。

我問她相信此生所遇到的一切，都是在投胎前就決定好的功課嗎？那不是贖罪也不是報應，而是一種靈性成長的選擇，妹妹點頭表示非常相信，她始終也在努力學習寬恕及放下過去的一切。

內心的聲音

因為時間有限，我不打算針對這議題繼續討論，我又開始講述訊息的內容：「誠如剛才提到的，妳就像是在一部車內的人，完全不瞭解自己，如果不瞭解自己如何能渴求認識那部車（也就是妳的身體），妳目前的狀況就好像靈與體分開，思考與神識常常處在一種虛空的狀況，妳甚至不瞭解妳的肉體，如果妳並不瞭解妳的肉體，妳根本不可能認識未來的路，那是相對的道理，想要開車前往心中想去的目的地，除了要清楚方向及自己之外，同樣也要瞭解車子的性能，妳已二十五歲了，但卻不清楚妳身體的狀況。」我稍微停了一下，問她目前為止聽得懂我的話嗎？她反問我：「你是在講我內心的聲音嗎？」

「內心聲音？」我不太懂她的意思，請她再解釋一次。她說：「你剛所講的內容，其實我都知道，只是不知如何表達那種感受。但它們卻像一種存在於我心裡的感覺，透過你講出來，使我更明白那種意思，我知道你在講什麼，因為那就是我心中的感受，你好像在解讀我心中的聲音，讓我更明白自己的內在。」

嗯，這方面倒是從來沒有人問過，剛好她提到，我就此做個解釋：「每個人都有一個精神體的存在，而訊息來源並非直接透過我們的腦袋，而是透過這個精神體，只要我們

這個肉體能與精神體修持到一種良好溝通狀態，那麼接收訊息時，就較不會有偏差。至於訊息來源大致可分為兩種：一種是從宇宙的能量場而來；另一種則是透過問事者身上的精神體而來。所以在接收訊息時，常會接到對方精神體的意思，所講出來的內容就會非常私密，甚至是只有對方本身才知道的事，或者是在非常久遠的過去所發生的事，此時都會被講出來。也許事情發生時當事者選擇遺忘，但並不表示傷痛就從此平復，它還是存在潛意識，當在問事時問事者的精神體就會將這段重要的訊息透過通靈者本身講出來，這種狀況就會如妳剛所言那樣，似乎講中了心中那種無法形容的感覺。」

妹妹點點頭，我問她還可以再繼續講下去嗎？還是要等下次再問，我不知她吸收的狀況如何，我不希望講了一大堆，結果對方有聽沒有懂，還好妹妹表示一切都在狀況內，所以希望我繼續講。

「再繞回剛才那個話題，妳的身體就像一部車，但這個世界並非二元世界，它其實是一體兩面的，當妳學習認識自己卻找不到方向時，最好的方法就是從別人身上看清自己，如果不這麼做，我們何必來到這個世間？這世間的一切人、事、物，就好像鏡子，不斷地反射出我們的內心世界。**如果妳從別人身上看到一項缺點，那其實就是妳的內心世界，最**

無法接受自己的部分；別人的存在意義來自於認識自己，與別人的互動其實就是與自己互動，這是一個非常重要的觀念。」我在剛才那個框與圓點的對面，再畫上另一個一模一樣的東西。

「妳的問題是因為妳太專注於自己本身，而忽略了身邊一切的人事物，一切都是講求中庸及平等，一個太專注於外在世界而忽略內心聲音的人，對於人生及未來是將感到茫然；反之，這個人同樣也會遇到相同的狀況，例如目前發生在妳身上的問題。」我腦袋變的好空好空，但繼續告訴她：「妳目前要學習的是將注意力放在外在的世界，多關心身邊的朋友、家人及社會的一切，用心去感受與體驗，運用本身的能量，試著與對方接軌，站在別人的立場去思考對方的問題，將原本在自己身上的注意力，轉移至外面的世界，並反觀自己。試看看，說不定妳將得到不同的感受及想法。」

妹妹問我如何接收訊息，她從我的部落格得知我是一位靈修者，她同時也在剛才的訊息之中，獲得許多答案，所以她希望在出家之前，能跟我學習這種修持的方法，也希望我能幫她啟靈，也許靈修上可幫助她更多。我向她解釋，靈修是一種生活態度，並不一定要與宗教相關，但它一定要與社會現實面、家人、朋友及態度畫上等號，如果與我學習靈修，我就必須負起責任，常常關心她的生活、注意她的思考邏輯及想法。答應她就是一種承諾，日後幫她啟靈後還要教導更多，比如天文、天經，及學習翻譯靈語，那都是一種責任，我必須承認以上我做不來，我笑笑跟她說，市面上有一堆在教導靈修的道壇、團體，如真有興趣，可試著去接觸，我婉拒了她與我學習靈修。

我告訴妹妹，先不要想太遙遠的事，目前最重要的事是解決身體的問題，不管日後能否如願出家，強迫症已造成困擾，就要想辦法改善它，不是嗎？

靈性成長運作法則——不論轉世原因與過世生為何　今世實修勝過過去

找我問事的許多個案中，這個個案的問題對我而言頗具挑戰性，完全跳脫生活層面的討論，以一場從靈性與心性角度切入生活層面。東西方的靈修內容廣泛，但假使一切漫天地討論因果、鬼神之說，忽略應該從這一切回歸內在的省思，「靈修」兩字最終流於空談。**藉由一切外在形式淨化內在習性，勝於抱著「好求心」多問多聞，或是機械式的唸經、打坐以及其它形式的宗教儀軌。**一位個案在宗教方面擁有極深的家世背景以及學歷，本身所從事是企業管理顧問及宗教研究所講師工作，其家族在道教領域的淵源涉獵更為深入。他的父親往生多年，在世時，父親擁有極深的道教修養，據他表示，他父親在世時道家地位頗具盛名，大致於五術命理等範疇。他父親往生多年，從未入他夢中，僅只一次夢見他父親穿著古袍前來，夢中對他言：吾乃玄天上帝。在世時，他父親曾對眾多弟子云，他是漢朝一位道家奇人王重陽轉世。

我告訴他：「夢中的父親為玄天上帝所幻化，因你今世個性較為主觀與理性，假使一尊你從未見過的神尊前來，以你的個性將斥為無稽之談，更遑論去探其真偽，但如以令尊容顏前來，你必然追究真象為何？但，此事件中，你模糊思索的焦點，把重心放在令尊是否為玄天上帝轉世，而忽略了祂與你今世、累世的因緣。」這位神祇借他父親的容顏點化他，希望能讓他瞭解今世與祂之間的因緣，也能由此讓他去深思祂在道教所代表的精神與心法，但他卻失焦將注意力放在父親是否為神祇？我提醒他，**假使今世有緣的仙佛前來點入我們，便會在生命當中藉由許多的觸機顯現，只是我們忽略罷了，一般盲從的人反將專注力放在外面，乞求他人告訴我們答案是什麼。**

至於他父親與王重陽的關係。祂們如此說道：「不能說是轉世，在靈界中的某一世中，令尊曾與他有過一段極深的因緣，亦同修於同一仙佛，要說是轉世，倒不如說是元神曾傳承他術法方面的心法。」

「令尊在今世，確實帶有宏揚道教精神的功課前來，但是，畢竟一切以今世作為為**主『事在人為』**，就算帶有如此的功課，今世因受到紅塵俗事的影響，以及累世積習的心性左右，多少干涉到元神所承襲的功課，假使**本身未在實修上下苦心，少了定力與修養，依舊無法繼續完成轉世時所立下的心願。**」此句話意思是，**假使本身無法跳脫紅塵俗事干擾，以一顆平靜心來處理今世的一切，就算是帶有天命也將淪為空談罷了，許多人問我，是否帶有天命？而帶天命一定要辦事嗎？我個人想法是：將人世間的一切圓滿後，再談帶天命也還不遲吧！**

我看過元神極高之人，但每件事情有利亦有弊。元神靈特殊之人，往往有一個特質：「**特別容易心想事成，只要動念就容易成真**」。看似好事其實也非好事，想一想，只要心想就事成，但如果心中產生邪念，是否更容易誤入歧途。故修行應抱持如履薄冰的心態，處處都要小心、留意身、口、意，才不會發生誤己又傷害他人之事。更要懂得謙虛才能納百川之道理，千萬不要因此產生我慢心以及貢高。實修不在於用大腦看多少書，或者詢問多少問題，用盡大腦實難達到實修核心，更非唸誦多少部經典、打坐多久，更不是滿口鬼神、因果、祖先、業力，反過來，應是抱持一顆虛謙的心，每日時時刻刻觀察自己的心性。有一句話是這麼說：**淨化自己的習氣比「多聞」或機械式的「做功課」有用得多。**

在《靈性科學入門》一書中提及：氣質、個性、傾向習氣的改變則很慢，例如，激動的孩子脾氣改變很慢。氣質、個性與傾向，通常會終其一生、堅持不變。想法與體驗則改變很快，與氣質、個性、傾向完全相反。人們轉世時承接了每一世所累積的氣質、個性與習氣，雖如書中所言，它的成長相較於想法、體驗來得緩慢。如此也點明出扭轉心性的困難度，以及把握每一世實修，注入良善的特性至氣質、個性與習氣裡，不論是今世或下一世才有機會是不斷地成長。

行走在人生旅途中，勿一昧地追求神通或是仙佛因緣，應該將專注力放在生活的當下，才能覺察在修行路上「心是否偏頗」，一個懂得掌握心性的人，才是一個走在靈性旅途的實修者。瞭解有緣仙佛又如何？所探尋的心是好奇？崇敬？還是我慢？我相信自己最清楚。

今世許多仙佛顯現因緣，是因累世所習修而來，但如果今世不去做，仙佛豈能奈我們如何？能夠看透人性及人生，而學習如何將修行心運用在生活當中，這才是一個真正的宗教修行者。

我最常被問的問題是「我有緣的仙佛是誰？我有帶天命嗎？」我個人的觀念是，捫心自問，是否真正地努力過好每一天？對於仙佛是否真正抱持過虔誠心？不要一昧地渴望祂們今世的被澤蒙庥。就算身邊真有仙佛護身，那又如何？難道，一生就會一帆風順嗎？我在許多靈修學員身上瞭解他們轉世原因，今世或多或少承襲轉世時的心性，但是……知道又能如何！轉世為人仍必須回歸最現實的生活，面對每日發生在生命當中的每一件事、每一個人……解決這些的最終心法來自於「看透並放下」，少了一個平靜心又如何面對紅塵俗事的每一件事。知道轉世原因、瞭解有緣仙佛、看見祂們，不願將重心放在生活當中，仙佛又能奈我們如何？不是嗎？

◎塔羅牌的生命輪迴—運用祈禱文，輔助靜心

如同本篇故事一開始所言，我當時是選擇以身心靈牌陣（排列方式詳見寬恕是創造未

來的開始）來回答個案的問題，身心靈陣牌可運用的範圍非常廣泛，一般有以下幾種運用的方式——

一、預測當天的身心靈狀況。

二、測出當事人當下的身心靈狀況（如本個案）。

三、測出感情上兩人之間身心靈目前能量。

四、分析某件事對當事人的身心靈影響。

至於占卜師如何將牌陣套用在個案的問題，則依占卜師內心的假設而定，比如我都會選擇在唸祈禱文或是洗牌時，默念個案的問題，這也是為什麼有人會說，除了占卜師本身之外，任何人都不適合去解析占卜師所排出的牌陣，因為一般人很難得知，每一張牌於占卜師內心所假設的問題為何。

關於「祈禱文」，占卜師在占卜前除了會默念個案的問題外，有些占卜師會在這之前再加上一段祈禱文，所謂的祈禱文，就是讓當下磁場與本身能量沉靜下來的一段話，我本身最常唸的兩段祈禱文則是——

一、奏請南方之蛇、西方美洲豹、北方的老鷹、東方蜂鳥降臨，在此設結界不受外靈干擾，並奏請宇宙高靈降臨給予訊息。

二、奏請藥師佛（本身信仰之神祇）降臨，在此設結界不受外靈干擾，協助我接收訊息，以回答ＸＸＸ的問題。

在《印加靈魂復元療法》一書中，作者阿貝托．維洛多博士（Alberto Villoldo, Ph.D.）提到，美洲原住民治療者因與動物世界做了連結，所以常以一種動物之名，尋求與動物做能量上的結連，並希望藉由它們的特質而展現能量，最常被運用就是蛇、豹、老鷹、蜂鳥等，除了因治療者希望擁有它們的能量外，在治療者開啟神聖空間時，也會召喚這四種聖獸，因為牠們代表了宇宙生命的四大原則。

一、蛇：象徵智慧、性和自然的治癒力，同時蛇也是一種多產生殖的象徵，而在自然界中，多產多與女性能量相關的創造原則，也代表了體內每一細胞分裂、繁殖等意思。

二、美洲豹：牠是亞馬遜雨林之王，同時也代表了轉化的力量，因為在亞馬遜雨林食物鍊中牠屬最上層，所以牠藉除去弱勢的動物，以促進新生，所以牠教導我們，危機代表了轉機，死亡同是再生的召喚，在亞馬遜雨林中，要生存就必須持續的努力與更新，所以牠代表了一種改變的力量。

三、老鷹：因牠飛翔於天際，所以代表了先見之明、澄澈與一種無遠無際的遠見之意，在南美洲的治癒師認為，老鷹的能量能協助人類洞察一切事物與生命的整體情勢，不致於陷入一種迷失與盲點，這樣的能量甚至還能讓人類以站在當下，回顧過去及遠眺未來，指引人生之路。

四、蜂鳥：最令人感到不可思議的就是這種微小之生物，南美洲的治癒師認為，牠的存在為人類顯現了進化與成長的旅程，每一年這種小動物，會從巴西橫跨加勒比海，一路遷徙至加拿大，這樣驚人的毅力讓人不可置信。而我們所要向牠學習則是，重新喚醒內在學習和探索的本能。

治癒師在協助個案治癒身心靈，往往會奏請四種聖獸設下神聖空間，以利於在治癒過程中，能順利地穿越空間與時間，反觀我利用這四種聖獸來設結界是相同之意，所謂塔羅牌的占卜，便是一種穿越時間與空間的儀式，靜心與冥想是不可或缺的過程。

至於占卜師的祈禱文如何設計，或者是否需有此儀式過程，端看占卜師的習慣而定。

Q15：不可不知的祕密—台灣各宗各派的宗教如此多，何種才是合適的修行法門？

在尋覓修行法門時，先冷靜想一想，我們是希望從宗教教義去觀察到自己尚不圓滿的心性，藉由宗教的力量扭轉我們一切的不善心，嘗試找出造成內心不平靜的念頭，或者是希望藉宗教來掩飾不圓滿心？

阿姜查禪師曾說過：假使你口袋中放著一個會發臭的東西，不管你走到哪裡，那個會發臭的東西總是發出陣陣噁心又難聞的味道。人心亦是如此，如果我們無法時時觀照自己的心，修習再多的修行法、聆聽再多的上師教誨、閱讀再多的書籍，無法看透自己的心性的人，就如同帶著那個會發臭的東西從事「修心」，修行路上最終還是會受到臭味所影響，無法平靜心地看透人世間的一切。

引述一段《阿姜查的禪修世界—戒》其中的一句話：佛陀說尋找你的皈依處，意思是尋找你的真心。佛陀教導我們，在自己內心尋找的皈依處—「當自皈依」，還有誰能成為你的皈依處呢？你可能想依賴其它的事物，但他們是不可靠；只有當你真正在心裡找到皈

依時，才能真正依賴其它的事物。

不應本末倒置乞求從它處得到內心的平靜，真正的皈依不在於人、物或是一個教派，應是先尋求內心的止寂，再透過其它的事物來反省自己的內心。如此才是真正算是修行者。什麼宗教最好？一個能讓我們更瞭解自己，一個能讓我們快樂而且自在的宗教，或許就是最好的宗教。

網路上流傳一篇西藏達賴喇嘛與巴西宗教自由的改革者以及神學家Leonardo Boff 精彩的宗教對談：

「在這個圓桌討論的會議上，我（Leonardo）和達賴喇嘛都有參與，在休息時，我帶有敵意及興趣的問了他一個問題：『尊者，什麼宗教最好？』我認為他會說：『是藏傳佛教或者東方的宗教比基督教還要歷史悠久。』

達賴喇嘛停下來對我微笑的看著我的眼睛回答說：『如果一個宗教讓你更接近上帝，讓你成為一個更好的人，那就是最好的宗教。』

這令我非常驚訝，因為我的問題其實是含有敵意的。這麼一個有智慧的回答令我覺得不好意思，於是我接著問：『什麼會讓我更好？』

他回答：『只要是讓你更有慈悲心，更有覺察心（more sensible），更有平等心（more detached），更有愛心，更有人性，更有責任感，更有道德感，能對你有如此影響的宗教，就是最好的宗教。』

我沉默了一會，就算到今天我回想起來，仍然非常驚訝他充滿智慧及令人無法反駁的回答：『朋友，我對於你的宗教或者你有無宗教信仰不感興趣，對我來說你在你的朋友面前或是家人，及工作，社會及世界上的所作所為才是最重要的。

『記住，這個宇宙是我們的思想及行為的投射，因果定律不是只有物理學才有，那也是一種人際關係，如果我以善心來行動，我就會得到善報，如果我以惡心來行動，我就會得到惡報，我們的祖先告訴我們的是真正的真理，你總會對他人有所渴望，快樂不是註定的事，而是一種選擇。

關照你的思想因為他會變成語言；關照你的語言因為他會變成行為；關照你的行為因為它會變成習慣；關照你的習慣因為他會形成你的個性；關照你的個性因為它會成為你的命運；而你的命運就是你的人生，沒有任何一個宗教高於這個真理了。』」

宗教不應拿來辯論！

宗教是另一種層次的生活價值觀，它協助我們釐清另一種看待事物的角度，學習如實地觀察心與境之間的差別。我不太會將與內心溝通的儀軌看成某一宗教專屬品，我喜歡悠遊在各宗教中選擇受用或接受的觀念，比如祈禱。

當我在夜深人靜時，祈禱就如同與自己對話進行一場心靈的對話，是一種成長也是一種內審，我不會顧忌這是基督教或天主教的儀式，直觀是隨著每一個人生活及家庭背景而有所不同，常在網路上看到許多人為了彼此不同的宗教爭論（就算同宗教也會有意見不同的狀態）。

看看因宗教議題而爭戰多年的中東國家，他們為了彼此的宗教理念而殘殺了多少人，幾百年過去了，卻仍然緊抱著本身的宗教觀不斷地與對方抗爭。在生活中加入了宗教思想，應該是滋潤、洗滌被紅塵俗世所蒙蔽的心，卻被有心人士拿來當成政治鬥爭的利器，或許也是古代智者所始料未及吧。

每一個人的宗教觀，皆建立在本身主客觀的立場，**宗教就像一朵花，不會因人們對於它的評價而影響它本身存在的價值**，花不會叫我們去喜歡它，是因為花的某一種特質牽引

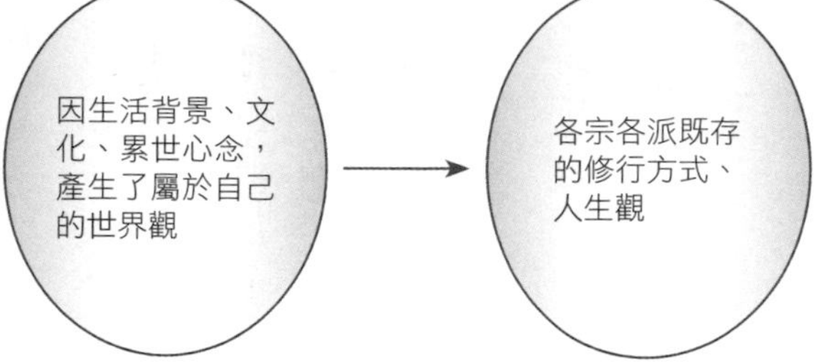

了人內心中與它相符的特質，所以，我們才會去喜歡它。宗教觀亦是如此，與其說是宗教吸引信徒，倒不如說是人們觀念中符合了宗教某種特質，才能與它結緣。我們抱持著本身的宗教觀，宛如是堅守著既定的觀念，當他人與我們觀念相左時，其實有時不一定是宗教與宗教之間的衝突，是我們霸凌了自己的心念，無法跳脫本身看法包容他人的宗教觀。宗教本身就是充滿矛盾與無常理，最終原因出自於每一個人在宗教裡的感受各不相同。

與其說是宗教吸引信徒，倒不如說是人們觀念中符合了宗教某種特質，才能與它結緣。

對於與我宗教、靈修觀相左之人，發現彼此都是帶著彼此的深固的宗教想法在「辯論」時（而非討論），我便會中止談話，便告訴對方：相信你所相信。我所抱持的想法是，彼此帶著彼此的宗教觀在對談，也就難以在短時間內扭轉彼此看法。為何要浪費時間去爭吵一件不會有結果的宗教信仰。我非常相信，只要我們不帶著批判的心去看待別人的宗教觀，總有一天，「開放心」會逐漸地踏上自覺帶領我們往靈性之路成長。

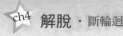

二、轉世的定律

她是一位氣質不凡的媽媽，閱讀我的部落格文章已將近三、四個月了，從之前的新浪到現在的雅虎部落格，而且必讀每一篇文章（目前已累積上百篇），真是一位忠實讀者，我不得不承認，我未曾如此完整閱讀其他部落格的每一篇文章，對於她的耐心與毅力，我佩服不已。

未來在哪裡

我和她的話題在占卜過程中不斷被開啟，據她表示，與我聊天時，像是熟識多年的朋友。因為她是最後一位問卜者，而店內又沒有其它客人，我可以很放心聽她講話，從家庭、想法，到閱讀我文章的心得……。其實我很喜歡和人聊天，只要當天沒有其它客人或事情。

她想占卜的問題非常簡單，但不是很明確，她說：「我不知我的未來在哪裡。」她對於未來沒有方向與確定感，雖然家庭非常美滿，但心中始終有種對未來莫名的恐懼感困擾著她。我反問她，她學插花是否是因為生活枯燥（她學習插花已經三年了），所以才找一樣新事物，讓生活產生不同的感受，她否認。

當下我不知如何回答她的問題，這個問題非常空洞，就好像在問「人生的定義是什麼」，牽涉的層面太過廣泛，我一時之間找不到切入點，去深究這個問題。

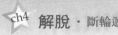

「塔羅牌是一種占卜，也是一種心靈的探索，但目標必須非常明確，因為妳的問題太過廣泛，我只能盡我所能去分析，但如果過程中，有任何不懂或與現實落差太大，請隨時告訴我。」

一般而言，我通常不會向問卜者解釋太多牌面與意義，一來是因為沒有學過塔羅牌的人，初看牌面會感到混亂，不知要從何看起，所以為了不誤導別人，我都盡量以口語傳遞訊息，而不請他們看牌面；再者，每個人看牌所產生的感覺不同，沒學過塔羅牌的朋友，可能會產生許多誤解（例如：惡魔牌不代表是壞的，但牌面卻會給人不舒服的感覺），反而無法接受我所說的話。

她給我的第一印象，是蠻有想法與主見的，似乎無需給她任何答案，僅提供她一個方向與觀念，她自然能將這些轉化成自己的語言。所以在解牌前，我特別問她，是否要抄下我所講的內容，我相信告訴她塔羅牌牌面上的意義，她回去後，只要將心沉澱下來，再好好反芻占卜過程，再以自己的觀點去思考牌義，我相信這收穫一定勝過我所講的。我非常相信，靠自己思考後的所得，才是真正屬於自己的東西；我也相信，任何人都無法給我們答案，不管是未來或者在修行上，自己所觀察到的才是屬於自己的。（所謂觀察非僅只有「看」。）

我告訴她，接下來解牌的流程：第一張是切牌，所謂的切牌是指主觀意識中所代表的牌，也就是思考問題的角度，較以自我為中心；第二張是原因牌，也就是造成她對未來產生不確定與無方向感的原因，同時也是現況，代表了這個問題造成的影響；最後一張牌則是解決問題最好的建議方法。

針對每個問題所使用的牌陣不盡相同，以我個人為例，如果當天記性還不錯，那我就可記得書上所教過的牌陣；如果一時想不起來，在占卜過程中，我將開始思考如何設計最適合解決問題的牌陣。

扮演好自己的角色

「從牌面上來看，以前與現在，妳的內心改變很大。妳是一個很幸福的人，以前遇到問題時，妳常以先做再說為原則，妳覺得很多事想太多沒有用，等遇到問題時，自然有解決的方案。也很幸運地，每每遇到問題時，自然而然就有人出現，幫妳解決瓶頸，面對問題時，妳就像個天真的小女孩。」解牌時，我會先以一張牌當引子，詢問對方，我的解釋是否與現實相同，如果答案是肯定的，桌面上的塔羅牌，就會像一齣短片，開始在我的腦海播映，我僅需負責轉述短片內容即可，有時靈感一來，根本不用花費太多腦力解牌；當然也有例外，有時牌就只是一張很普通的牌，我無法將牌面灌入我腦海，串成畫面，再轉成一部短片。

她所抽中的前兩張牌都是金幣，這代表了價值、心靈與金錢。「雖然妳的家庭表面看起來很和諧，但每個人之間似乎無法溝通，尤其是與長輩之間的問題比較明顯。」她告訴我，她常夾在老公與公婆之間，因公婆與老公常溝通不良，她時常得出面，違背心意去處理這些事，例如她總認為要怎麼做比較好，但礙於種種因素，她不得不屈就另一半的決定。

我接著講述現況：「對於現況，妳掌握得非常好，家中的經濟狀況不錯，但其實還有一條康莊大道正等著妳。妳可以選擇維持現況，也可以選擇在心靈上與人生的成長。」看她非常認真地記錄占卜過程，我等她寫完之後，才又開始講述如何解決問題的方案：「妳看看這張牌，一個雙眼被矇住、雙手被綁住的女生，站在四周插滿劍的泥沙地上，雖然從畫面上來看，她似乎無路可去，但仔細看，其實她的雙腳是很自由的，這代表，這一切都是她困住了自己，沒有外力與人為因素讓她不自由；要解決這個問題的，唯有從『心』做起。」（註：當時所抽出為小祕儀的寶劍8。）

她點點頭，我接著說：「解決方案是要告訴妳，唯有靠妳自己才能解決這個問題，妳可以拿掉矇住雙眼的布、扯掉綁住雙手的布，妳同樣可以走出這片泥沙地中，再注意看，這插滿寶劍的圈圈，只在妳左右，但卻沒有困住前後，這代表妳內心的渴望即將到來，只要妳願意。」她的眼眶開始泛紅，不知是我講中她的內心深處，還是勾起她的某些回憶。

我與她分享一篇貼在部落格的文章〈維持婚姻要先學會減法〉，故事中的媽媽所做的一切都是為了家人；她與這位媽媽的不同之處，在於那位媽媽付出的卻沒有得到相同的回報，而她有一個美滿的家庭，兩者相同之處都是失去了自我。許多人此生很努力去扮演好

多方面的角色，包括媽媽、老婆、女兒、媳婦，只是希望維持家庭的和諧，卻忘了，如何扮演好自己此生的角色。

她哭了，她告訴我，她知道問題出在哪裡了，原來她不想去面對自己的問題，她深深自責，如果往生後，她如何面對此生的種種，她所做一切都是為了家庭、老公、女兒、公婆，但她卻沒有勇氣去做好自己。

人生最美的事，是我們擁有最大的決定權，我問她相信輪迴嗎？她肯定回答。我又繼續問她，相信此生的種種都是在投胎前所規劃好的藍圖嗎？她無語。「我們所選擇的一切，都是希望從中獲取成長，從一件事、一個人、一種關係，去看透我們扮演的角色，但絕不是為了某人某事，而違背自我、失去自我。妳會自責，是因為現實與內心產生抵抗的現象，妳明知要如何做才是最好的、才非違背心意，但因為妳希望扮演好所有角色，而矇蔽內心的自己。」

我告訴她，宇宙轉世的定律在於：輪迴絕非為了過去世而贖罪，而是透過每次輪迴更認識自己。而在人生旅途中，我們可以欺騙全天下的人，但往生後，往往無法面對的卻是自己。在輪迴過程中，沒有所謂的高靈與審判者在我們往生後評斷我們的一生，而是由我們來審視自己的一生，是否因某種因素，而遺漏了投胎前安排好的學習課程。如有缺失，得在下次投胎前，再好好安排學習的機會，既然妳已發現了目前的缺失，就要好好思考如何改善自我的態度，才不會在下次投胎時，發現還需再次重修相同的課程。

我說：「一個愛自己的人，才能真正做好自己與愛別人，所謂的愛自己絕非吃得好、穿得好，諸如此類的物質層面，而是照顧好此生以及好好利用我們難得的肉身。」

先愛自己

後來，她與我分享占卜當天筆記，以下是我徵詢她的同意後，節錄與大家分享的心得，感謝她讓我有再次成長的機會：

占卜後，我在座位上沉澱了一下，突然才明白牌面中的某些意義——金幣。我一直想問我老公一個問題：「你愛我究竟是愛我這個人？還是愛我的價值？」我便一直以「價值性」來評斷和定義自己。

我始終努力在維持自己的價值性——做一個好妻子、好媳婦、好媽媽、好女兒。所有的角色皆由他人定義和要求，我一直費盡心力去達成那個標的（即使得違背心意），以提

高自己存在的價值，因而害怕，未來，當這些角色消失時，其價值性也會消失，而我這個人的價值性是否也會隨著消失？因而我對未來總感到徬徨。難怪，會出現金錢符號所代表的價值性，也把您弄迷糊了。

我發現，我從未肯定自己存在的價值。做自己！做真誠的自己！是我目前的體認，也是課題！

這個星期，我嘗試收回散漫的心，雖習性仍在，但我不想再走回頭路了！雖有未知的門在前面等待，但我仍需鼓起勇氣，敲敲門、打開門、跨進門。

只有先愛自己（不要把它想成自私的行為），也只有先愛自己，也才能消彌心中的不公平性，也只有先愛自己，也才能真正慈悲的對待他人。

人生在世，有些路是單獨走出來的，但在人生之路上，並不孤獨，仍有眾神、眾人、萬物的護持著。不要有罪惡感，有眾神的愛，才能再度為人，要相信自己是個幸福的人，並不是罪人。

當事情做錯了，就錯了，記取教訓，不要重蹈覆轍，也不要再回頭品味！

靈性成長運作法則—從小我升級到大我　能量源源不絕地產出

在人生道路上重於學習與體悟，學習能夠提升心性成熟、穩重的事物，體悟，細心地觀察發生在生命中的每一刻、每一件事以及每一個人。發生在每一個人身上的事物絕沒有巧合，背後均隱藏著我們所想像不到的道理。保持學習與體悟的態度，最終引領我們獲得超凡的思維，看待世俗中看似平凡與常理之事。懂得學習之人必保有一顆謙虛之心，唯有謙虛才能不斷地以看見本身所不足之處。瞭解反思的重要性，才能體悟到不用二分法批判的角度看待事件，有了學習與體悟之心，就像拿起筆的一端，自然而然必拿起另一端，悟性也就自然地發生在當下，只是時間性的問題罷了。

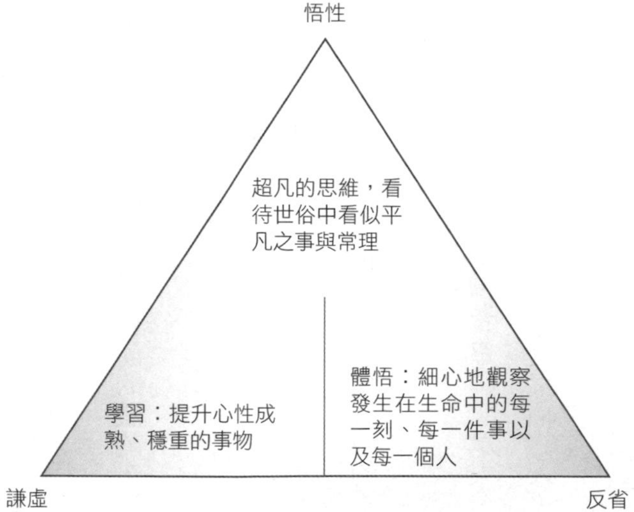
悟性
超凡的思維，看待世俗中看似平凡之事與常理
學習：提升心性成熟、穩重的事物
體悟：細心地觀察發生在生命中的每一刻、每一件事以及每一個人
謙虛
反省

懂得此道理之人，必然懂得在生活扮演角色的本分，本分並非無然地付出，而是把自己當成一顆自轉恆星，懂得該如何滋生養份與能量讓自己不斷地努力茁壯、成長，親情、愛情、友情就好像恆星旁的行星，行星繞著恆星不斷地轉動，因運轉規律讓兩者之間不會產生碰撞，能夠取得共生關係卻與不受影響。

無限的付出，來自於不以它人為生存的重心，才能擁有永不枯竭的能量給予更多值得幫助之人。但一般人往往會假藉「某種關係」肯定本身的存在價值。我記得曾經過一個個案，他即將取得生死學碩士學歷卻對未來的職場充滿不確定性，他不清楚碩士畢業後該從事何種工作，他當初繼續升學的緣故是因曾經聽過一場禮儀師工作者的演講，在他的潛意識中認知這份工作非常適合他，即將畢業的他之所以沒有選擇投入禮儀師的工作，來自於近年來所接近的道理令他產生非常大的安全感，在道場中法師與師兄姐非常信任他，甚至意識到在道場中他的重要性，法師、師兄姐依賴他，這層關係是他在現實生活中難以獲得，禮儀師不固定的工作時間，導致他必須割捨週六日至道場服務的時間。他的「自我價值」與「道場」、「法師、師兄姐」緊密地綁在一起，無意識中，他已經陷落自設的假相中，我提醒他，宗教與道場的存在意義，應是來自於我們從中獲得無上的智慧，以解決人世間煩瑣之事，在生活中遇到瓶頸時，它是我們最好的心靈補給站。絕非綁死我們向外尋找人生真諦與目標的枷鎖。忘記本分盲目地投入。潛意識中他懼怕職場複雜的人際關係，而人總是希望被外境所肯定，他在道場中能夠獲得這份肯定。有一天，道場或信仰的宗教發生與他期待有所落差時，內心必然對原本單純的宗教失去信心。說到底，是我們當初誤解宗教意義，過分地依賴它，把它當成心靈避風港，卻忘了應該在宗教中體悟獨立思考及自我價值。

「犧牲」在許多女性朋友身上可以看見，尤其在婚姻中這部分更加明顯，女性在傳統觀念中，便是扮演著無限付出的角色，為了圓滿的婚姻，須犧牲原本的工作投入家庭中，待小孩出世後，女性朋友的時間不斷被小孩所剝奪，每日就像是一場又一場永無止盡的連續劇，「繞著小孩跑」的生活綁住了她靜下來思索未來的時間，除了要照顧小朋友，如果是三代同堂的家庭，生活更是圍繞在公婆、老公與小孩之間，一日中能夠喘息的時間也只有洗澡與睡覺那一刻。一眨眼，小孩長大了，原本受到依賴的角色頓時失去了重心，此時想要重拾職場卻已失去了競爭力，家庭、工作均難再尋覓到自我肯定時，內心中便會未來產生失落感。心中隨著時間流逝便會越趨於不安，非得到徹底掙脫認清內在陰影為止。

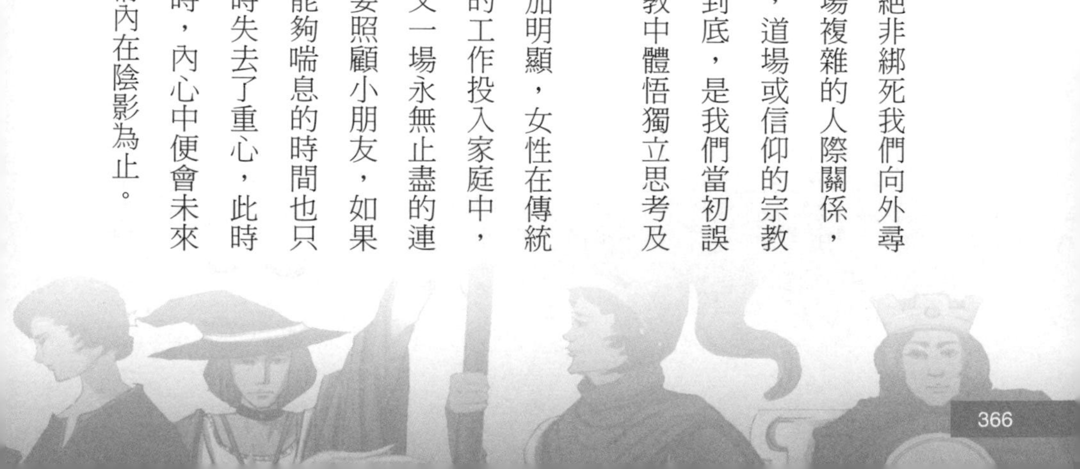

誠如本篇個案所言：我一直想問我老公一個問題：「你愛我究竟是愛我這個人？還是愛我的價值？」我便一直以「價值性」來評斷和定義自己。我始終努力在維持自己的價值性——做一個好妻子、好媳婦、好媽媽、好女兒。所有的角色皆由他人定義和要求，我一直費盡心力去達成那個標的（即使得違背心意），以提高自己存在的價值，因而害怕，未來，當這些角色消失時，其價值性也會消失，而我這個人的價值性是否也會隨著消失？因而我對未來總感到徬徨。難怪，會出現金錢符號所代表的價值性，也把您弄迷糊了。我發現，我從未肯定自己存在的價值。做自己！做真誠的自己！是我目前的體認，也是課題！

付出應要建立在「認清自我」，而非為了令人感到快樂而犧牲掉自我價值，如此的付出便有一絲絲自我傷害成分。在生活中不斷地找出空檔時間，在為家庭、婚姻、感情、家人付出的同時，也別忘了讓自己有學習成長的空間，努力尋求平衡的心靈，才能有源源不絕的精力為更多人服務。

◎塔羅牌的生命輪迴—輪迴不在於贖罪，而是透過每次輪迴更認識自己

「輪迴不在於贖罪，而是透過每次輪迴更認識自己。」；「我們可以欺騙全天下的人，但往生後，往往無法面對的卻是自己。」

在多年的諮商中，曾有人告訴我，不論閱讀我部落格（心靈散散步　街腳遇宇色）的文章或與我面對面聊天，都能學到許多新的事物與想法，但我必須說，我的觀念與想法是不斷改變的，每天我的腦袋都會湧現新想法，這些外力的刺激有時是一本書、一件事、一部電影、一曲歌、書中的一段話。也許在當時，它們並沒在我腦袋中發生任何化學變化，但因為接觸了它們，它們就會儲存在我的記憶庫中，等待被啟用。人類的大腦每秒有4000億位元（bit）接收訊息的速度，但真正被整理的只有小小的2000位元（bit）而已，這表示其實大腦袋忙於運轉眼睛、皮膚、腦袋等接觸的事物，但真正僅有2000位元被思考。

雖然我的想法與對任何事的看法，隨時可能被顛覆，但有兩個觀念，是我此生對「成長定律」不變的態度——

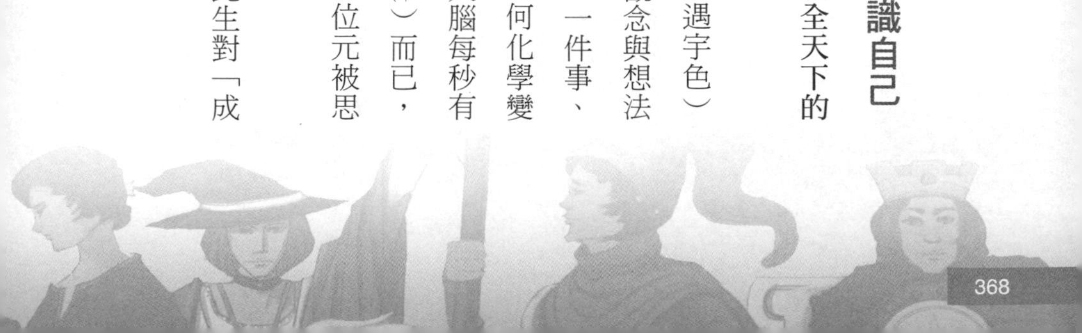

1、每位問卜者，都會帶給我全新的學習契機；

2、分享是一種學習，吝於分享的人將無法成長。

如果問我，什麼是我為人占卜最大的樂趣，我會回答：「它的樂趣在於，塔羅牌可以很準確占卜出當事人所問的每件事，卻永遠無法預測下一個問卜者，將會問什麼問題。」

我接觸過的問卜者，約可分為三類：一是從網路上看到我的文章而來的，約佔六成；二是豐原素食生活館的客人，約佔三成；第三種則是以前曾找我占卜的問卜者，所介紹的，約佔一成。

如果是第一種的問卜者，大多與我討論心靈層次的問題（也不盡然如此）；而後兩種問卜者，則通常與我討論現實生活方面的問題，例如：前途、感情、財運等。以我的立場而言，後種問卜者的問題較容易回答，因為問題非常明確，我只要先解釋清楚過去、現在的狀況，只要方向對了，未來就很容易預測，這也是我常對問卜者解釋的觀念；請參見下表——

第一個圓圈代表過去，第二個三角型則是現在，而最後一個星星就是未來。

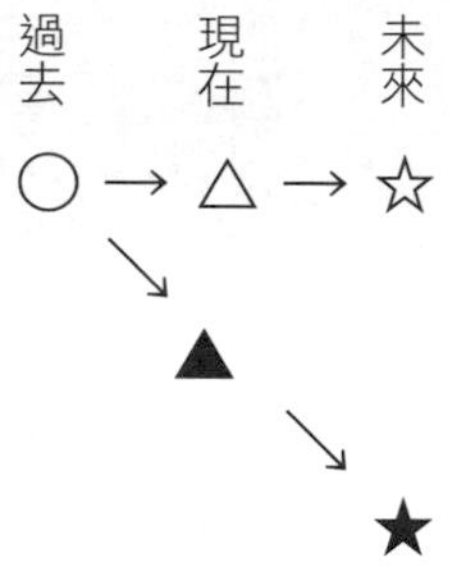

只要我對問題的過去和現況（○、△）所講的準確度有八成，不偏離整個問題主軸太多，那代表未來的☆，發生率就有六至七成了。當然，主要的前提必須賴於1、整體的環境；2、當事人心態；3、事情本質（戀愛對象、投資標的等）不被改變的情況下，才有如此高的發生率。但如果以上三者，其中一項被改變了（深色▲、★部分），那麼發生率將偏低。

讀者應該會產生一個疑問：「這是否表示全天下的事都有可能被改變？」如果是站在東方宗教立場，則比較偏向宿命論與緣分之說，例如感情，因為上輩子等等屬「因」的緣分，才導至今生「果」的到來（也就是因果率）；如果是西方早期傳統的宗教論，則屬於無輪迴的觀念。但自從新時代思想（賽斯、生命的奇蹟等）崛起後，人們再也不相信所謂的宿命論，而是將東西方的觀念做了融合，相信輪迴、緣分，但也更相信以上種種都是以

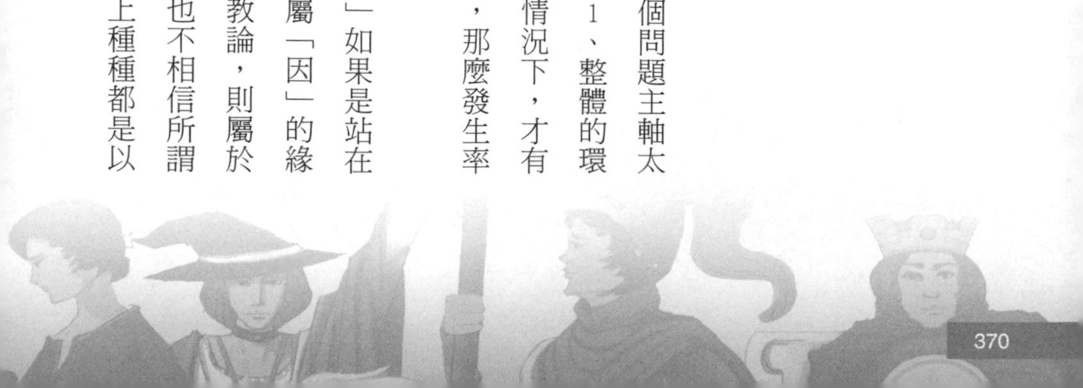

善為出發點，雖然人生藍圖架構在投胎前，我們已為自己寫好了方程式，但此生所發生的一切，我們還是握有相當大的程式修改權，這此生短短數十年的過程中，沒有偉大不可侵略的高靈（上帝、耶穌、閻羅王、佛祖）替我們打分數，也沒有像耶穌一樣背負十字架的負面人生態度（人生是來贖罪的），而是以更積極、正向、自我負責的態度，面對人世間的一切。

Q16：不可不知的祕密—算命後有辦法改變未來嗎？

影響未來的主因非常多，暫且不去論每一個人承接多少祖先的業力，光是「心性」及「觀念」佔據了促成未來發生率的最大部分。心性是出世時所擁有的特獨性情，觀念是指「心」接觸到外界的感受升起的看法、態度。造成前者的原因有許多種，轉世元神、累世修習所培養成的個性、家族遺傳等，後者則較容易受到社會、道德、家庭、教育……等成

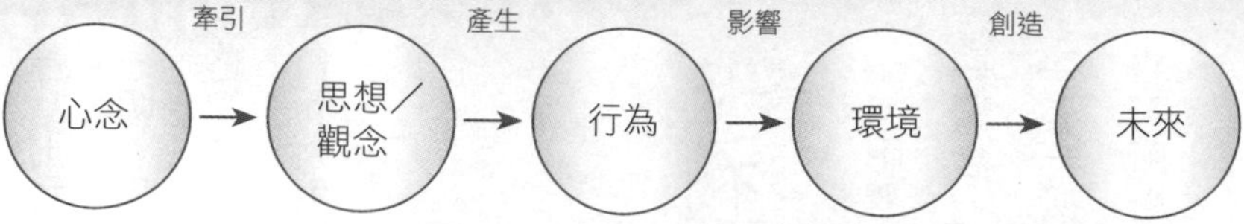

長背景改變。

以上簡略的圖示可以大概明瞭，「起心動念」至創造未來的途徑，我不是深入研究佛學的人，如有興趣的朋友，可以參閱阿毗達摩經或是相關的論述。

古人說：未來掌握在自己的手上。換一個說法是「**未來掌握在一念之間**。」說來容易做起難。包覆在「心念」上有十四種不善心（痴、無慚、無愧、掉舉、貪、邪見、慢、瞋、嫉、慳、惡作、昏沈、睡眠、疑）拉扯著我們努力創造未來的積極態度。光是一個掉舉就令我們克服不了它，掉舉意思是指左右飄移的心念，一會兒過去的不愉快、未處理完的事情、煩心的家務事等雜念湧起，一會兒又平息了，將掉舉延伸至生活中則可以看做是不持續性的精進，每一個人都想創造更美好的未來，總是有許多因素拉扯著我們。

在我想法中，八字、紫微、占卜等，是指一個人出世時在未受到改變情況之下，最原始的心性所創造未來的可能性，以及在這趟人生旅程中可能遭遇到的事件，比如破財、犯小人、夫妻不睦等等，它只能預測發生的可能性，卻無法準確地預言發生的嚴重性。以破財來說，一個人天性較衝動，在投資理財上

屬於大膽積極型，當人生走到破財流年或流月，就有可能發生一樁嚴重性的漏財，可能是投資失利，也有可能是因太相信朋友而損失了一筆錢，反之，同樣的人在年輕時懂得修心養性，決定事情前總是反覆分析前因後果，一樣走到了破財期，因前期地小心謹慎處理財務，也就大大地降低漏財發生率。但是，該發生的事件依舊會發生，「念轉」轉動業力的結果，讓事件的嚴重性由大變小，卻很難從小變無。念轉是決定生命中所要選擇的經驗，僅能改變未來的一小部分，創造未來最大的能量則來自於在日常生活中，精進種下的善心，善心包含了**慈悲、智慧以及福田**，這三帖可以稱之為修心良方。

慈悲由內心升起，感同身受生活周遭每一個人的苦難。也讓我們把握每一天可以發善心的機會。

智慧來自於對於事件發生時，當下的反省及省思，是以一顆「開放的覺知」面對生命的每一刻。

耕種福田的養份來自於出入世的佈施，佈施可分為財佈施、法佈施、無畏佈施三大類（註1）。當時佛陀流傳時的佈施並不侷限於有利益於宗教，泛指一切可廣益於眾生之佈施，一句話深具意義的鼓勵話，也能算是種植福田的佈施。

善心、善行的果報　宛如蝴蝶效應

助人的心如同蝴蝶效應（註2），當下的發心，以人類如微星般的智慧，永遠無法預測，當下的一份善心會在哪裡發酵！

一句話幫助一個人，或許這個人因為我們一句話改變了一生。

一本書幫助一個人，也許這個人閱讀書中的一句話扭轉了人生觀。

不要小看助人的未來效應以及回饋至本身的能量，只要懂得每天要去尋找可以幫助人的機會，在我的人生觀中，這就是「生活修」。我有機會常提醒靈修或塔羅牌的學員，不要過度地沉溺在靈修、宗教世界中，記得要常常抬起頭。看看外面的世界，有哪些事情可以幫助我們成長的機會，永遠沉溺在宗教與靈修世界，會忘了，其實，世間的一切應是以人為出發點。愛因斯坦講過一句話：今天宗教領域同科學領域之間的衝突的主要來源在於人格化了的上帝這個概念。這裡的上帝所指是仙佛、神明之意。

想一想，我們走在這世間，是否忘了追求宗教力量而忽略了心的作用了。

算命的工具千百種，真能準確地預測未來的結果，大部分的人也只能等待而已，想一想，我們一生當中在網路上以及親自登門算命的次數有多少？數來數去，對於命運的過程

或許略有出入，但結果似乎卻是大同小異。假使一個人能夠克服心念改變未來，便能靠正念的態度來面對人生低潮期，何需仰賴命理角度來支撐生活動心？算命的角度是以出世落土時的命盤、八字，預測、建言、建議未來發生的可能性，一個人在年輕時不斷地透過宗教力量或是意志力扭轉出生時的性格，新創造的未來已不是舊有的命格。

曾有人問過我，找過我算命後改變未來的機率有多少，我沒有做過事後調查，但從回籠找我算命的人身上我看到，約佔90％的人就像在白老鼠不斷重覆奔跑在輪子裡頭，看起來好像跑了很遠很遠……其實，都還是在原站打轉罷了。未能反省自己的人，看似不斷地努力地改變未來，其實，我們哪裡也沒有去。

註1：三種佈施：

一、財佈施：又可分為外財與內財。身外之物統稱為叫外財，泛指金錢、不動產、衣服、珠寶等。內財指以身體力行幫助他人之善行。

二、法佈施：可分為世間法與出世間法兩種，以寬廣的心，不害怕他人勝於自己，教導他人學習正當的專長、嗜好、興趣等，皆可稱為法佈施，例如教唱、閱讀、唸經等等，願以本身擅長之事教導他人之行為，皆可稱為法佈施。

三、無畏佈施：協助、引導、開導他們遠離恐懼不安的心境，皆可稱之為無畏佈施。

註2：蝴蝶效應來源於美國氣象學家勞侖次60年代初的發現。在《混沌學傳奇》與《碎形論——奇異性探索》等書中皆有這樣的描述：「1961年冬季的一天，勞侖次（E‧Lorenz）在皇家麥克比型電腦上進行關於天氣預報的計算。為了考察一個很長的序列，他走了一條捷徑，沒有令電腦從頭運行，而是從中途開始。他把上次的輸出直接打入做為計算的初值，但由於一時不慎，他無意間省略了小數點後六位的零頭，然後他穿過大廳下樓，去喝咖啡。一小時後，他回來時發生了出乎意料的事，他發現天氣變化同上一次的模式迅速偏離，在短時間內，相似性完全消失了。進一步的計算表明，輸入的細微差異可能很快成為輸出的巨大差別。這種現象被稱為對初始條件的敏感依賴性。在氣象預報中，稱為『蝴蝶效應』。……」「勞侖次最初使用的是海鷗效應。」「勞侖次1979年12月29日在華盛頓的美國科學促進會的演講：『可預言性：一隻蝴蝶在巴西搧動翅膀會在德克薩斯引起龍捲風嗎？』」（擷錄自維基百科）

三、愛自己才能給別人更多

不論你為自己選擇什麼，都要給予別人。……

如果你選擇快樂，那讓別人也快樂。……

如果你選擇豐饒，那讓別人也豐饒。……

如果你選擇生活中有更多的愛，那讓別人生活中也有更多的愛。

要真心真意的這樣做——不是因為你尋求個人的獲得，而是因為你真的要別人獲得——於是你所給出去的一切，都會來到你身上。

——《與神對話Ⅲ》

這則引言，將清楚揭示以下這則占卜故事。

一點七分，離兩點的占卜還早，我望著路上的行人發呆，只要來得及，我都會早點到店裡坐坐，當小朋告訴我今天占卜預約額滿時，我想著今天預約的問卜者，將帶來什麼問題。

這時，一對母子走進門來，直接點餐然後上樓，上次占卜時我曾看過他們，似乎是這裡的常客，小朋告訴我：「她就是今天預約的第一位客人。」我沒有多想什麼。

一點五十分，我上樓為她占卜，她第一個問題是想問今年的運勢。很妙的牌，她所抽中代表十二個月的牌，都不是最好的牌，卻象徵她的現況與心態，反而是一張非常好的牌，這就是心態與事實出現落差的現象，有幾種情況會造成這種牌的出現：一、因為過去不好，所以希望在今年有個好表現；二、對自己的表現非常不滿意，希望今年的表現不同以往（但不涉及過去的好壞）；三、太過天真，對於未來充滿幻想。如果就她給我的第一眼印象，後兩者的可能性較大。

以上三種狀況只是依切牌而判斷，但占卜是一個以人為主的過程，所以在占卜時，我將再觀察個案所帶給我的直覺，從她的氣色、表情、穿著、表達能力等去推測。

塔羅牌對我而言，只是一種媒介，一種能在短時間內瞭解對方心態的工具，有時一種塔羅牌牌陣所顯示的，不僅針對一個問題，如果能靜心觀看，其實它還能夠呈現一個人的個性與潛意識等全部畫面，我將那解讀為「印記」。所謂的印記是指「一種存在人身上的能量場，一種無法短時間內消磁的磁場」，例如問卜者如曾歷經多次的感情傷害，這種印記就很難在短時間內，轉變成對感情充滿希望與正面看法的能量場，就算是遇到一段不錯的戀情，但因這種印記的存在，仍會影響他對這段感情心存負面的評價。再說，如果問卜者所抽的牌，意含著積極、努力與不斷上進，但如果現實牌卻是瓶頸與困境，那我可以大膽解讀，他的潛在意識仍是如此的個性；相反地，雖然他目前遇到困難，但他的潛在基因卻可面對困境，在解牌時，我就會以鼓勵的性質去解讀未來。

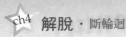

未來在自己手中

像今天前來占的這位媽媽，充滿了負面能量的印記，那是一種對未來不抱希望的感覺，以及，我似乎感覺到，如果我講得太深，她將無法理解，這很難解釋清楚，但這無關年紀與學歷，而是一種沒有認真體會生活的態度，所顯現出的磁場。我曾為不少上了年紀的伯伯、阿姨占卜，雖然年紀懸殊，但並不影響我與他們之間的溝通，而這位媽媽的磁場，卻像是「沒有在流動，彷彿死水的能量場」。

我看了一下手錶，為下一位客人占卜之前，還有充分的時間，於是決定想和這位媽媽好好聊聊：「妳有空要出去走走，不要讓自己悶在家中，妳身上都充滿了負能量，一種沒有元氣的能量場。」她回答：「嗯，我知道啊。」我說：「再這樣下去，將影響妳的身體健康喔，妳要想辦法改善生活和對未來的態度。」她說：「我身體真的出問題了，我的經期不正常，已經四個月沒有來了，我最近才剛去看診。」

我繼續說：「妳睡眠品質不太好，就算睡很久，也常常睡不飽。」她回答：「對啊，我常常早上才就寢，半夜時常醒了又睡、睡了又醒。」我鼓勵她設法改善睡眠的時間和狀況，就算早上想睡，也要讓自己做事，因為人一旦鬆懈，想睡是很正常的，只要活動，自然就不會產生睡意。我無法替她改變什麼，這是心態與生活態度的問題；就好像醫生只能給你藥方，至於養生與生活之道，倒頭來還是要靠自己。

愛孩子，就要讓孩子需要我們

我望著牌面，總覺得還想多告訴她一些事，我轉頭看到她兒子，不知為何，他兒子很吸引我注意，十一歲的他非常帥氣，似乎蘊藏了待開發的能量，我很難形容那種感覺，感覺如果好好栽培，應有不錯的前途，但如果放任他，則將得到極端的結果。不少問卜者都會帶小朋友前來，但很少像這位小朋友如此吸引我的目光。

「你兒子很聰明，但不太容易扶養，要花費更多精力，而且他會管妳喔，如果妳不懂得運用智慧，我看他管妳的程度，會多於妳管他。」望著他兒子，許多話不用經過大腦，就不斷講出來。

她說：「對啊，他現在已經會管我了，還常和我討論事情，連老師都說他很聰明，但在功課上就是不用功，你知道嗎，小時候更難帶，常被我打，長大之後就好一點了。」我看著他兒子，聽她講述與兒子的互動，但我沒有很認真聽她講話，我很想多聊她兒子的事。

「妳要讓自己快樂一點，多成長與學習，如果有一天妳無法讓你兒子需要妳，他長大後，有可能不管妳。不想讓未來的悲劇發生，就要改變現在的妳；愛孩子不要溺愛，而是讓孩子需要我們。」講著講著，我有點出神，但嘴巴還是繼續講著沒有思考過的話。這種感覺與接訊息是不一樣的，我曾請教過高靈，祂們告訴我：「以前你將訊息與當下當成兩件事，現在已漸漸能將訊息與當下融合，所以有時會搞不清是訊息給你的內容，還是自己想出來的。」她沈默不語，似乎我講了一件讓她難過的事。

我問她是因為愛而生下兒子，如果是愛的結果，那就要去珍惜他。他卻告訴我，會生下這個兒子是因為不懂避孕的結果，連生老二時也是如此，老大的生父在她懷孕兩個月後就和她離婚了，而她和她兒子的生父僅認識三個月。我不禁搖搖頭，為什麼她將婚姻和生產當成兒戲，那麼隨便，為什麼要這樣賤踏自己的身體與人生。我常說：「除非我們願意，不然沒有人可以傷害我們，每個人真的都要為自己的人生負責。」

「他們兄妹還小時，有時我突然從夢中醒來看到他們，我還會嚇一跳，無法適應身邊多了兩個小孩，那種感覺好陌生。」我很慶幸這位媽媽沒有犯下第二個錯誤，將這兩個小孩拿掉。當一個人不知道自己在做什麼時，才會對做完後的事情不帶任何感情；比如錢，如果錢不是辛苦賺來的，就不會懂得珍惜，比如水，如果不知失去水的可怕，就不會懂水的重要性，就不會去珍惜水。相同的道理，小孩並非她所愛，所以生下他們之後，自然對小孩沒有任何感情。因為她第一個問題是工作，想問工作的發展性，但她卻告訴我，其實她本身有很多工作機會，但每每應徵成功，卻又不想去做，理由只是因為感到無聊，就不想去工作了。

我問：「妳是不是覺得工作沒有目的，只是去賺一份收入而已。」她肯定地答覆我。

我希望她去找一份工作，我望著牌面告訴她，如果不懂得珍惜生活的目標和家人，那活在

世上就沒有意義了，因為沒有任何一個人是需要我們的，妳還年輕，不要一直以為可以一輩子過這種生活，妳的生活態度和人生觀可以一成不變，但無法奢求別人跟我們一樣不進步，當小孩長大時，自然而然我們的不進步就等於退步了，如果又不踏入社會、融入社會，那接下來被淘汰的就是我們；沒有人會淘汰我們，只有我們選擇自己放棄自己。

她聽我一席話哭了出來，越哭越大聲：「我從不曾在別人面前哭，但我就是控制不了。」我站起來去櫃檯拿衛生紙給她，不拿還好，一拿到衛生紙她哭得更慘。我靜靜坐在面對，沒有任何反應，只是還在想要怎麼和她說話，而她那帥氣的兒子也是靜靜的坐在後桌，繼續閱讀。

「我不是真的想哭，只是感應到你旁邊靈的能量，才會情不自禁一直哭。」看來衛生紙似乎不夠用，因為她越哭越大聲，她說：「我第一次看到你，就發現你身旁站了一個高靈，我就知道你應該會通靈，因為你一直被那個靈保護著，今天你講的很多事，不僅講到我的心坎，還有一部分是因為你旁邊靈的能量太祥和了，觸動我的內心，所以我才哭得那麼慘。」

她突然說這些話，嚇了我一跳，我知道她是這家店的常客，因為小朋介紹才找我占卜，一般看過我部落格文章的問卜者，才知道我有這種體質，但她倒是第一個看到我的守護靈的問卜者。老實講，我對這方面，真的沒有什麼太特別的感覺，我不像其它通靈者可以看到、聞到或聽到，其實我完全沒有這方面的特殊感應，我有的只是一種直覺、一種很順口說出來的直覺而已。

「你是不是會通靈？」她開門見山問我。我笑笑聳肩，不知如何回答。她也笑說，我一定有通靈的能力，因為她覺得我的眼睛與一般人不太一樣，應該可以看到無形界的東西。這已是無數位問卜者，討論我的眼睛，平時我都戴藍色鏡片的眼鏡，一般人很少看我拿下眼鏡的時候，大多是在占卜時，我才會戴上隱形眼鏡，以前我只知我的眼睛是淺咖啡，自從小朋說我的眼珠很特殊之後，才慢慢發覺有人對我眼睛感到興趣。我回答她，我看不到；這是事實無需隱瞞，我也許可以編出一套故事來騙她，或者讓她誤以為我可以看到許多無形界的東西，但我說不出口。

「你知道你的前世嗎？」我說：「我……不知道。」她繼續說：「外國人，而且是好幾世的外國人。我一看到你的臉，就覺得你長得像外國人。」我回答：「會嗎？我的臉孔很中國耶。」她倒是第一個說我的臉孔像外國人，但她一講到我前世是外國人時，我馬上聯想到上次做的那個夢；夢中我身為歐美古代的國王或貴族，因為本身施政過於殘酷，引起國民反抗，最後雖因戰死，還被要求鞭屍才肯罷休。

「是國王嗎？」「是伯爵！」我和她幾乎異口同聲回答。她認為我應是伯爵：「我看到的是一個金頭俊帥的外國人臉孔啊。」很奇妙，我對前世其實沒有太大的好奇心，也許以前有，但現在已沒有心思去探討過去已發生的事，而且我總認為，我前世應與和尚、居士、女生、戲子、中國等脫離不了關係，但未曾想過自己是外國人，其實就算是外國人也不為奇吧，地球都幾億年的光景了，我就算投胎幾百回也不為過，當外國人的機率也不算小吧。

她告訴我，她有敏感體質，以前常好心幫人刮痧或做身體按摩，她一回到家卻感到非常不舒服，她認為是吸收了別人身上的負面能量，才導致身體不適。這種說法相當合情合理，人的身體就像一個大磁場，壞的磁場自然會跑到好的磁場，如果這個好磁場不能將負面磁場排去，久而久之就會累積負面磁場在身上了。這也是為什麼許多理療師、按摩師、推拿師，多少都懂氣功，因為從事幾個行業，必須具有保護自我的基本觀念。

我們後來聊了她過去的種種，我看到她背負著太多人對她負面的評價與指責；因為外型的緣故，她常被人用惡毒的話攻擊，雖然表面上她笑笑不在意，但其實已深深重傷她了，我問她會想報復這些曾經中傷她的人嗎，她搖搖頭，我說：「那就原諒他們，不要讓別人的無知造成我們的傷害，我們都是人生父母養的，想一想，妳父母生妳是讓人恥笑的嗎？妳父母忍心看別人傷害妳嗎？」她的眼眶又紅了。「我相信不是，如果不是，那就不要讓別人的傷害留在我們身上，那對自己是不公平的，因為那是別人的錯誤，為什麼要我們來承受。」我問她愛不愛兒子，她點點頭告訴我，為了這兒子，她什麼都肯做，我輕拍她肩膀：「相信我一句話——愛自己就是不要讓任何人傷害我們；要讓自己的能量更飽滿，愛自己才能更有能力去愛我們的孩子與未來，所謂的愛自己絕不是吃好、穿好、用好的，而是懂得好好利用這個難得的人身，去做有意義的事。」

最後，我送給她一句話：幫自己許一個新年新心願，找一份工作，再找回以前那份樂觀、快樂的心，並與兒子一同成長。

靈性成長運作法則—自問自答：我是誰？從「我」看見更多的可能性

阿姜查禪師言：

有了寧靜的心，便可以去觀察這禪定的對象——身體，我們將會看到整個身體是由四種「元素」所組成的，那是地、水、火、風。無論是分解成地、水、火、風，或是組成「人類」，一切都是無常、苦、空、無我。我們的身體是不穩定的，不斷地在改變和變化中，我們的心也是一樣，經常地在改變之中，它不是「我」或是實體，它不是真的「我們」，心，是不穩定的。

如果我們沒有智慧，相信了我們的這顆心，它將會不斷地欺騙我們，而我們便會在苦樂之間不時的打轉了。

一旦「心」看清楚了這點，它會去除對自我的執著，「我」是漂亮的、「我」是善的、「我」是惡的、「我」在痛苦、「我」擁有、「我」這個或「我」那個，

當你沉思默想，而瞭解到無常、苦、無我時，你將不再去執著有一個「自我」。

認識到這點的「心」，將會生起nibbida——厭離和倦怠，它將會把一切事物看成無常、苦和無我。而後，心會「停止」，心成了「法」！貪、瞋、癡將一點一點的逐漸減少和降低，最後剩下「心」——純淨的心。

這就叫做「修習禪定」。

第一次開始深思「我」存在的意義，發生在二十歲初頭啟靈那一天（詳見《我在人間與靈界對話》一書），啟靈後身體會有一度出現無法自控，意識卻處於清醒狀態，在那一刻，我不禁地思索：從小到大，我們一直以為我們與「身體」是一體，它就是我，而我就是它，行、住、坐、臥間，肉體的存有與意識之間便是緊緊結合在一起，而肉體也非常理所當然被我們意念所操控，一舉一動就是存在我們的意識間，但在此時，「它」與我有種很微妙的距離感，身體不屬於我，在意識中我似乎存在另一個空間中，但肉體卻是屬於另一種三度空間中，明明就是相連相依的「我」。在啟靈後，又感覺我與靈識是兩個獨立的個體，那種巧妙的關係似乎又有一條細細的線牽連著，如真要說是什麼，我想，應該是「意念」，只要我一回神，體內那股能量便會即刻傳來消息，原本晃動的肉體也隨即停止，肉體與意識一放鬆，試著將元神意識由肉體剝離出來，那股能量便又從體內再次湧

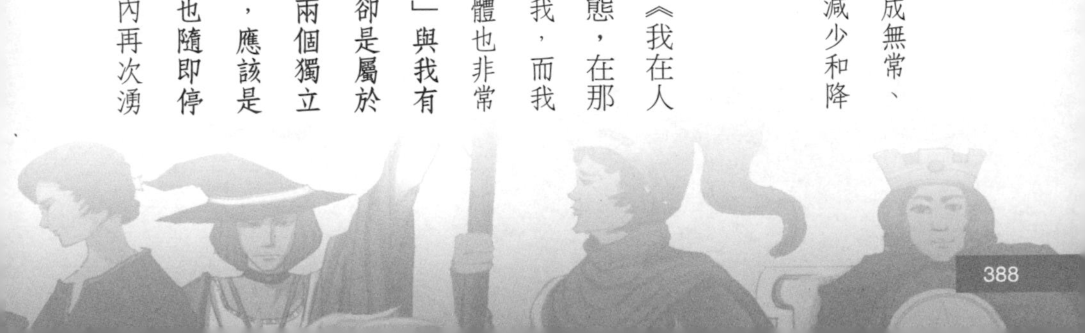

現。在這邊，我將如此的感覺稱之為它。雖然那股能量由我體內湧起，卻無法將它與有意識的我做任何的連結，它是氣嗎？還是靈？那時我無法找不出任何適當的形容詞來看待這樣的情況。

當一股更大智慧須等待你去開啟時，必須先出現一個契點，以引導你向人生不同的思維邁進。

啟靈時，徹徹底底地打破固有對於「我」的看法，我是什麼？是指身體嗎？在意別人對自己的看法，是在意「我」哪一個部分？

不斷地透過自問自答反省「我」，會發現，一切所在意的事件皆因「心念」而起，心念在哪？引用《當下覺醒》書中一段話：你認為你的思想從哪裡生起？如果你說：「從我的腦袋。」就請你試著找出思想的正確位置，它們究竟從哪裡出現？你的思想有多大？是什麼顏色、形狀和密度？他們似乎那麼真實，但你能以任何程度的正確性指出它們或描述它們嗎？當你試圖描述思想時，你的思想發生什麼情形？

看透「我」不存在的本質，自然而然就會不去執著發生在生命中的一切無常。

遇到不愉快、緊張、執著時，我常會提醒自己：我在意什麼？抽絲剝繭到最後會發現，有時執著只一個心念問題，再細細觀察，假使心都不存在，自然便不會執著一切事物。要能瞭解此道理並不困難，難在於當事件引起不悅時，能夠從心中徹底放下，此時才是真正考驗「實修」的功力。在我個人經驗中，追根究底最終無法獲得一個滿意的答案，它就像是一樁無頭公案，「我」是什麼？最終並不是要一個結果，而是在這過程中，我們是否真正地看清楚「**在事件中應該保持的本分是什麼？在內心世界中真正在意又是什麼？**」

自問練習

夜深人靜時，撥出一小段時間，十分鐘、二十分鐘皆可以，找一個可以獨處的空間，浴室、房間、書房，手機、電腦、音樂統統關掉，關掉一切會打擾沈思的事物。身體完完全全地放輕鬆，此時把一樁造成心中不悅的事件，從頭至尾在心中好好思考一遍，不加諸任何的判斷與情緒。

問自己

「**事件中，我所扮演的角色是什麼？**」此時會發現，我們一直用某一種固定模式在對

待不同的事件。顯然地，我們已經被一種身分侷限住思考模式。

「『我』不再保持既有的態度，我不再是我，而是一個旁觀者，我又會如何看待這件事？」進一步的思考，會再發現，當初的不愉快起因來自於我們投入過多情感在裡面，而忽略應該學習抽離情感，以理性的態度處理事件本身。

「以『我』舊有的態度處理此事，此事最終的結果會是如何？」藉此培養一顆「因果觀」。因果觀意指，思索當下事件延續發展下去後，最終的結果是什麼。比如，每天不抽出時間運動，一個月後、兩個月後、三個月後、一年後會是如何？情感中有了觀念上的落差，一年後情況會改善嗎？兩年後又會如何？假設結了婚後，彼此都不願去做調整，最終情況又會是如何？？

「如果最終結果並非我所滿意，我又該轉換何種態度來面對它？」轉念來自於認清事實，認清自己在當下所處的態度及本分，便能跳脫舊有觀念。

自問「我」的禪修法，最終是要讓我們學習如何將「覺察回歸於自身」，覺察回歸自身會看透問題本身，最終便不再緊綁住問題不放，而情緒會在抽絲剝繭過程中徹底地瓦解。

◎塔羅牌的生命輪迴—月曆牌陣使用法

在本篇故事中，我使用的牌陣為「月曆牌陣」，月曆牌陣共使用十三張牌，最後一張牌為「建議牌」，而前面依序代表從1月至12月的運勢牌，因個案占卜時間為一月初，所以第一張牌即代表一月，如果占卜時間已過了一月，則從當月份算起。

月曆牌陣使用的範圍非常廣泛，除可占卜每個月的運勢外，像是每個月工作的運勢分析、每個月的桃花運勢、每個月的財運和運勢等，皆可運用「月曆牌陣」占卜，在運用此牌陣前，有幾個注意事項——

一、將問題的範圍縮小：舉例來說，如果個案本身無特別想問的問題時，就可將此牌陣假設為每月運勢，但這樣僅能看出概況而已，無法針對每一張牌看出生活中的全部問題，例如感情、工作、家人、健康等；如果個案有特別想問的事，這個陣牌就必須依個案的問題做假設，有預設問題的範圍牌陣，往往會比籠統的運勢牌陣，準確度更高。

二、可依狀況改變牌數：月曆牌陣可做為一年當中每個月的運勢，但如果是初學者，

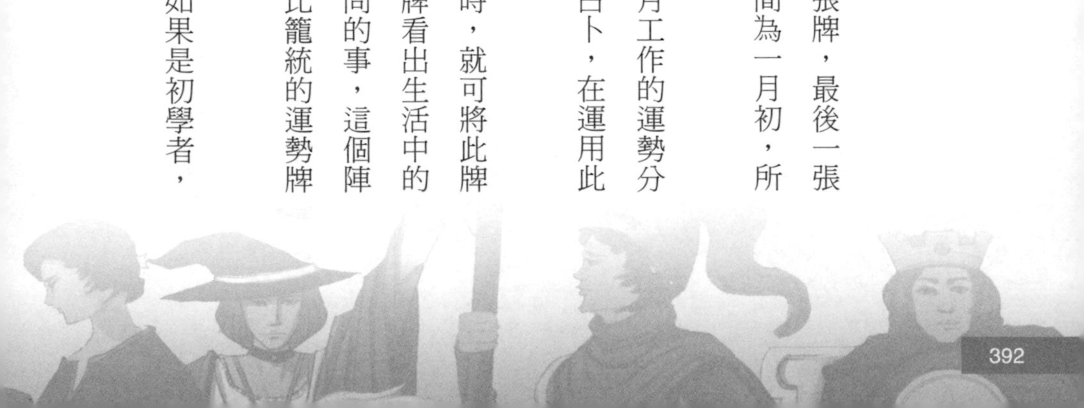

則無法在短時間內分析每一張牌義或在占卜時間上有顧慮時，則可以每季為一個單位，占卜一年的運勢，這時只需要五張牌即可，除了最後一張牌仍為建議牌，前四張牌則代表了每三月為一個運勢的牌。如果占卜時間是在二月，那第一張牌則代表了二、三、四月的牌意，以此類推。

三、先切牌，再從大方向解牌：解析月曆牌陣時，先掌握一個原則，須先從切牌那一張先解牌後，再分析整體的牌意，接著再漸漸縮小成每個月的牌意，這樣的解牌流程，將有助於瞭解個案本身對問題的主觀看法。

Q17：不可不知的祕密—影響通靈人對於一件事情的看法，主因來自於所通的神嗎？

從密契經驗　看待通靈的角度

本書的推薦序徐老師是南部某研究所講師，主要教授心理、宗教及哲學，在閱讀完我的第一本著作《我在人間與靈界對話》後，我們有更多機會討論這方面領域的事情。

他告訴我一件關於融合了宗教與心理的密契經驗實際案例：

她是一位教職人員，在職場多年後，對於教職工作產生極度的厭倦，她心中埋怨著求學階段被家長要求下的升學壓力，讀好學校、拿高成績等的不愉快經驗。已經身為人師的今日，過往的不愉快全部捲上心頭，浮上了抬面。她厭倦了教職身分，身旁從事心理輔導的朋友、同事，採用各式各樣的心理溝通理論，總是無法協助她再度站上職場舞台。

她與朋友去到國外散心時，路過一間從未見過的教堂，她駐足在教堂前，一位牧師從教堂走了出來，當她看到牧師時，重重壓在她心頭的陰暗，化成了淚水如同海浪般一湧而出，狂洩不止，她徹底地哭號著，綑綁住她心靈的結此時鬆綁了。神奇的是，事後她竟不藥而癒重返了教職工作。

我問他，以心理學而言，這是何種現象？

他告訴我，以西方心理學角度可稱之為密契經驗！（註1）

他進一步解釋密契經驗並非人人皆有，須在特別的時機點才會出現。我進一步向他詢問，何種人？何種心態？何種身分的人才會出現所謂的密契經驗？他告訴我，並非人人都有機會經驗所謂的密契經驗。

我相信以心理學角度是如此，但卻依舊無法滿足我：

1、如果並非人人皆有，那何種人才會有？此種人又具備何種心性？

2、密契經驗如果以宗教角度來看，又是何種現象？

3、心理產生行為又延續至事件，密契經驗是事件，所以，背後牽涉是心理，何種心理的人才會產生如此的事件？

在研究所講師向我解釋的同時，我將以上的疑問向無極老母請示，不同的事情我會請益不同的仙佛，而無極老母是我最常請益關於靈修、神祕學的對象。無極老母以祂的角度來解釋此現象：「受到極大負面情緒壓力，處於生命低潮期時，當一股莫名的信仰及宗教力量注入心靈那一剎那，內在自我便會與大宇宙產生連結，這便是所謂的密契經驗。故你會發現，所有有密契經驗的人都有兩個共同點：

1、人生最低潮期。

2、一定有宗教力量或信仰力的產生引導他們走出低潮期。

這個前題是，心情的低潮期不能產生絲毫『否認自我存在的價值』，太過則會產生陷入極度負面情緒中拔不出來，而不及則無法接觸到『密契』的點。」

無極老母們的解釋等於統括了心理學角度四大原則：

不可言說（ineffability）——「個人感受」僅有當下的心能體會。

知悟性（noetic quality）——感受當下有許多領悟性。

頃現性（transiency）——即刻、馬上。

被動性（passivity）——非主動、要求、執著所能體會。

靈修人透過元神轉換，能夠接收信息者稱之為靈乩，靈乩與乩童、陰陽眼的通靈人最大不同，來自於接收信息的同時，能夠以「心」感同身受祂們所要表達的意思。當祂們將這段信息傳遞過來時，我當下能感受到「密契經驗」的感受，祂們給我不是聲音也不是畫面，而是感受，那種感覺就像溜溜球用力向下甩後（低潮期），再使出一點力便能使它快速地反彈（宗教力），而「自我否認」的態度就像一條快斷繩子綁住溜溜球，甩出後，溜溜球便被拋的遠遠。（我已盡力去形容那種感覺了）這是很難用言語與文字表達出來的信息過程。我將信息內容轉述給講師，他差點站起來鼓掌叫好，因為祂們的答案完完全全出乎他的意料之外，他表示，以他研究專業心理、宗教學的角度，是第一次聽到仙佛以如此淺白易懂的說法，解釋深奧的心理專有名詞。

他的反應著實嚇了我一大跳，我不清楚他如此震驚的原因為何？

我問他，為何聽到我這段信息反應如此大？他直呼太不思議，以他從事宗教、心理研究多年，在他的認知中的仙佛皆以因果、業力、鬼神等論點來回答人事間的問題，今日第一次聽到原來仙佛能提供心理學如此精闢的看法，他感到非常不可思議。

通靈人後天的研究、專長、觀念　影響信息深淺廣狹

後天的我在人性、宗教與心理學充滿興趣，平常涉獵甚多相關書籍，當我對於書中所提的心理、精神個案不解時，便會向祂們請益這方面的議題。在靈修上，也會向祂們請教關於靈修學員轉世的原因、今世要修習的心靈功課等等，因以上種種因素，使得我在人性的信息方面也較一般人有所不同，講穿了，並非我在靈修上程度高低，而是後天的興趣影響了信息深淺。

一般人的認知當中，通靈人、乩童所接收到的信息深淺度、準確度，來自於所通的外靈層級高低，印象中，關聖帝君、媽祖、觀世音菩薩……等，似乎比土地公、王爺層級高一點，瑤池金母、九天玄女、三清道祖又比前者高一點，導至許多人在尋求通靈問事時，會先看是哪一尊仙佛降世再決定是否問事。先以乩童來說，乩童與仙佛的聯結，決定於本身在累世與祂們之間的宿世因緣，也就是說，必須有因緣仙佛才會尋找適合的乩身。而同一種仙佛又有不同的層級，比如觀世音、媽祖、王爺又有許多種不同的程度，此時，就必須考量到乩身本身的後天修為，也就是說，乩身開始從事為神明服務時，仍然持持不怠地精進修行，不僅是在宗教上，在生活上亦是嚴謹看待本身的言行舉止，不斷地鞭策實修與

後天修為，讓學習的觸角延伸至各各領域中，隨著後天心性逐漸成熟，原本辦事的外靈也會因乩身的成長而有所改變，故，不要陷入人言或文字來相信乩身所通的靈格高格，比如乩身自稱是觀世音、媽祖、準提佛母降世，細心觀察乩身（通靈人也算）的言行舉止是否符合道理倫理，後天（乩身）在生活中或辦事時，所言的內容是否引導信徒以不同觀點看待、處理事情，最簡單的判斷方式，三句不離嬰靈、因果業力、祖先靈、相欠債、鬼神之說，不論大小事一律以燒紙蓮花、燒金紙來處理，以一種做法套用全部的神職人員，大概便可以判斷後天修為及觀念仍然侷限在狹隘的觀念中。並非指以上種種不存在或迷信，而是指，以上之事均有它相對性存在的關係，但牽涉到人的問題，更不能忽略掉心理因素，無形的能量是存在，但少了心理的支撐，無形能量如何存在？？應該視個案情況給予適合的建議及做法，有些處理的方式是「理論」，但絕非當成「通論」套用在每一個人身上。

一個通靈人、神職人員不能僅以一套邏輯來答覆所有的個案問題，如此便會掉陷自設的迷失當中。人總是有盲點，通靈人、神職人員更應是要求本身學習跳脫人性、宗教及命理工具來看待個案的問題。人世間的問題絕大部分來自於人心，就算是因業力所牽引，一個深具正念的通靈人、神職人員、乩童也應該是鼓勵當事者修正心念改變未來。

在我個人想法中，通靈問事與心理諮商在某部分意義是相同。榮格（C. G. Jung）在他的自傳中說過一段話：一個醫生必須熟悉所謂的「方法」（methods）。但他必須警惕，謹防掉進特定、一成不變的方法中。

靈乩、通靈人與乩身的狀況大同小異，祂們所給予的信息來自於後天靈對於某一領域的研究，也就是說，靈乩、通靈人在宗教上有深入的研究，所接收到的信息也會因本身而影響，這是一般外界所不瞭解的事情。後天帶先天，後天心性成熟影響先天。（如對此議題有興趣的朋友，可參閱我第一本著作《我在人間與靈界對話》。）

註1：密契經驗：密契狀態是對於推論的理智所無法探測之深刻真理的洞悟。它們是洞見、啟示，雖然無法言傳，但充滿意義與重要性，通常對於未來還帶著一種奇特的權威感。

現在我才知道真正的祈禱是什麼；就是從獨我的孤寂到回歸與萬有合一的意識，跪下時猶如死者，起身時已如不朽之人。陸地、天空與海洋共鳴，彷彿圍繞著世界的大協奏曲。這就像所有以往的偉人在我周圍合唱。

——瑪畢達・莫森布（Malwida von Meysenbug）

密契經驗四大特性：不可言說（ineffability）、知悟性（noetic quality）、頃現性（transiency）、被動性（passivity）。

密契經驗：可經由預備性的刻意操作激發，集中注意力，做特定的身體動作，其他密契主義手冊所規定的方式，該意識來臨，密契主義者覺得自己的意志似乎中止，此特徵與某些特定現象有關：發出預言、自動書寫、靈媒的出神狀態。

四、心靈提升是輪迴的目的

過去我曾以為，一個人愈聰明，他的道德就愈高，不幸地是，我後來發現正好相反，我也發現，許多社會地位較低，沒有受過知識訓練的人，反而有一顆強健、尊貴、神聖、裝滿愛的心，我的期待是讓聰明與道德在一個人身上同時長進，更彰顯上帝原先創造人類的榮耀。

因此，人是一種可以進步的生物。人不像周圍的生物，長期維持在不變的狀態，人是可以持續被改變的，這是人最尊貴的特權，使它與周遭的生物不同，有趣的是，人改變的關鍵在於發現自己的軟弱（weakness）和墮落。軟弱與墮落並不是對人格的侮辱，而是一種成長的認知。當一個人沒有這種認知，就已經被自己的自滿所掩蓋了。

三個靈魂界面

這幾年的占卜經驗裡，我漸漸發現一個理論：「身邊周遭所發生的一切人、事、物，都是自我的能量所牽引而來的。」從我開始研讀《預知生命大蛻變》、《奇蹟課程》、

《告別娑婆》、《我見過的靈界》、《克里昂靈性寓言故事》、《你有能力改變未來》、《賽斯》等一連串系列新時代思想的書籍後，我發現，問卜者前來占卜的問題，早期以財運、事業、感情佔多數，近年來慢慢轉變為以今生功課、前世今生等議題居多。

在占卜前世今生、今生學習功課、因果等類的問題，很難運用後人對塔羅牌所釋意出的牌意，我習慣將書籍上的塔羅牌解析和牌意通通丟在一邊，而是將思緒及牌與牌之間的關係，以完全不受限於時空的方式解釋出來，我閉上眼，開始觀想對方的形體，在心中默念一遍慣用的祈請文後，再將問題於心中複頌一遍，接著開始洗牌與抽牌。

「我想知道今世的學習任務是什麼？」這位問卜者一開口，就問了一個看似簡單卻又難以三言兩語解釋清楚的問題。

將牌面一攤開後，對方與我連同哇了一聲！！因為以第一眼來看，牌面所呈現的牌意較為負面，我一時之間無法將牌面與這位朋友的問題串連在一起，我再度仔細看了一遍牌意：「每一個人的靈來處不同，所以來到人世間後對世間一切的生活將有不同的體驗，就如同一本書，書的內容都相同的，但因讀者的生活背景不同，自然就會有不同的解讀，你的今生學習功課我必須再追溯到靈源處講起，以簡單的說法來做比喻，如果靈界的分法只有三種分法（我在紙上畫了上中下的圓圈）：

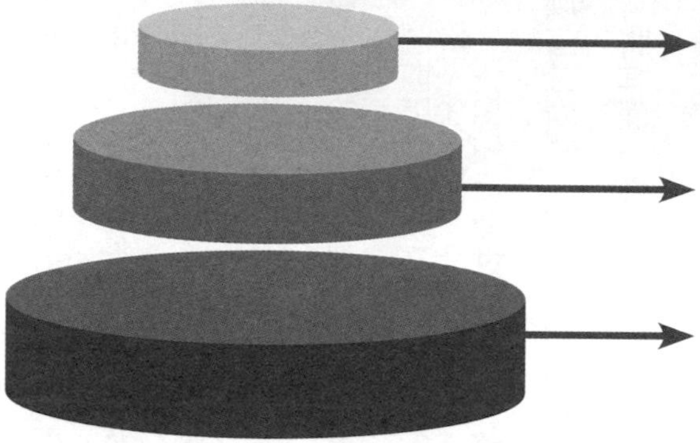

「最上面的那一層，一般人稱之為天堂或者天界，中間那一層就是我們現在位居的界，也可以說是娑婆世界，而最下面那一層有人稱是地獄界，但就我認知則是稱為地下靈界，雖然每一層看似為獨立個體，但其實每一層又可分為許多層次，暫不談其它層次靈界的太多細節，以我們目前現居的人界來說，除了這個地球外，在外太空是否有和我們相同的生命體，誰又能得知？再反過來說，這個所謂的地球村，雖然每個人都是位居在同一個星球上，但每個大板塊又好似是另一個世界，每一個人所學、體悟及先天的悟性不同，又形成了不同思想的生活空間，所以就算同為這個娑婆世界，但其實又隱含了多少的世界。

隨時擦拭心鏡

「靈脈奧祕、袤廣不可測，超乎一般人所能想像的範圍，光是天界便有無極殿、太極殿、玉皇殿……等等，而尚有靈脈出處為幽界冥。

「你的靈脈並非來自於天界，而是從另一個地方來（我將代表下面的圓圈仔細地圈了起來），靈脈出處以及主神與今世人品與道德關連並不大。誠如我方才所言，在每一界所修習靈體自有各自的修行方式，一切端看本身的精進與悟性而有所不同。不能單以靈脈出處去判斷一個人今世的修為。在你所處的靈脈出處來說，以同界眾生中你的精進心頗高，悟性卻尚有不足之處，再次轉世來到這人世間，會對玄祕之事感到興趣，你會發覺到在今世從小便具有此特質。

「奇妙的是，雖對玄祕、修行、宗教之事充滿好奇，你卻無法獨自一人參悟出許多的道理，常常一個人越想越頭痛，最直接的比喻，你能懂得每件理論背後所隱含的意義，如果將理論彼此之將串聯起來時，你會覺得前後矛盾，似乎少了一個串聯的媒介，也就是少了融會貫通的邏輯。

你非常有心去瞭解，卻因為理論與理論之間的矛盾感無法消弭，心中便會產生莫名的恐懼感，常讓你茫然不知所措。

如要說今生的學習任務，其實每個人在感情、親情、人際關係等方面都有，再學習的學分，只是比重不同罷了，但如果站在心靈的角度來看今生任務這個議題，你所要學習是藉由『結緣』這樣的媒介，結交不同領域的朋友，多充實你在心靈上的缺角。

在這邊要給你一個建議，如你要探討今生任務的議題，就必須將濟世渡俗及了脫生死的想法拿掉，那對我們而言太遙遠了，如將拯救世界人這樣的想法放在自己的肩上，只是增加莫名的壓力罷了，先試著以善行去廣交有緣之人，也就是一邊學習你有興趣的課程，比如光的課程、奇蹟課程等等，另一方面就是多行善及佈施，要常去做這些事，因為做了這些事，今生受你恩惠之人，下輩子就有可能成為你的貴人，而也會因為你在這方面所投射出的善意念，自然會吸引與你有緣之人，對你在生活或宗教修行上的幫助很大。」

看他筆不停地抄寫，我暫緩解牌，反問他針對以上內容，是否有其它問題要提出來討論？他想了想表示，對於剛剛提到他今世的想法，是蠻符合的，他常對玄學之事感興趣，但也常卡在一個瓶頸無法走出去。

靈性成長運作法則—元神出處與主神因緣　終歸於生活修

或許有一人輪迴的目地是帶著提升世人心靈成長之責，但不要忘了，就算帶有此責，如果不努力有用嗎？就好像一個人帶有萬金千銀的財運命而來，但每天只是空想未來賺大錢的目標，而沒有做好當下的努力，那永遠也只是目標而已，我相信心想事成，但心想事成的第一步門檻卻是執行力啊，雖對玄學、修行有興趣，但千萬不要將此與渡化世人劃上等號，如未做好當下的事，又如何有未來呢？

再談到今世應如何面對生活上的困境？當一個人保持純淨的心，便能接收到高靈或是外界所給予的訊息，而人們當下身處的環境，說穿了，就是心所創造的產物，當你的心越開闊時，你會發現，你的環境就會越開闊，生命中的無常就好像鏡上的灰塵，當我們不去理會它時，就會漸漸地失去了照明的功能，修行不就像那常常擦拭鏡子的布嗎？

在這世中，或許我們常遇到生命中的阻礙，或許我們無法在這一世中了悟甚深的道理，那又如何，只要保持一顆上進積極的心，對於外在的環境，常能正面思考及面對，時時刻刻內省，常常擦亮心鏡，你所得到的訊息及領悟的層面便會越來越廣寬，這樣才能不斷地接收到高靈在生活中帶給我們的訊息及能量，這看似矛盾，但卻隱藏著迴輪的意義。

其實每個人來到人世間的任務是相互交集著的，有愛情、財運的功課，或許也有像這位求卜者一樣，這世的到來是為了下一世而做準備，不管結果如何，從這個故事也可發現，人是為了成長而來到人世間，如果你的成長始終停滯不前，不僅枉費來到人間一遭，對於靈性成長或許也會變成一種阻礙。

姚仁祿先生在他的創意課程中，曾以設計與創意為例，說明了瞭解自己的重要性：設計，是設法將「現況」靠近「期望」，而創意是拉近兩者之間的能力，**一個不清楚現況而一味追求期望的人，就是一個無知的人。**

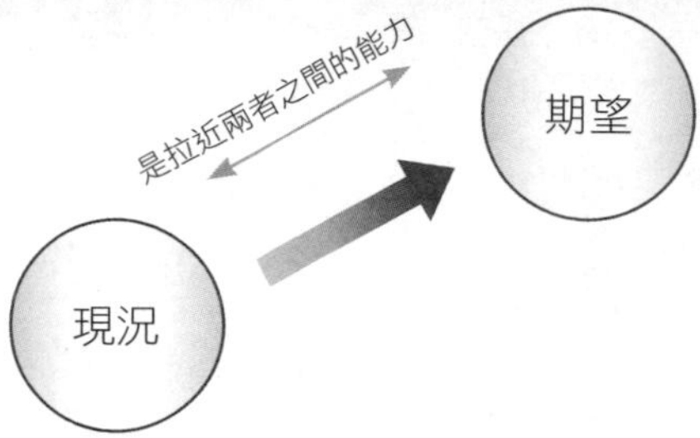

設計，是設法將「現況」靠近「期望」

以姚仁祿先生對於設計與創意精闢的見解，看成生活修與宗教修行，亦然是如此。走在修行路上，尤其是以靈修為修行方式的人，會遇到許多自稱是大師、大法師、乩童、老師輩的通靈人不斷地灌輸我們對於未來的假像期望，例如：稱我們具有帶天命、是某仙佛的大護法、仙佛轉世等等，暫且不論以上是否屬實，假使一個靈修人定性不足，對於本身的能力與內在不甚清楚的人，便很容易受到外境的影響，盲目地追尋他人所預設的假像的期待。

一味地追求別人所寄予的修行目標、假像期待，在未真正瞭解自己的本性之前，最終的結果依舊是一場空。我看過太多太多以靈修為修行法門的靈修人，10年、20年、30年的人，**當修行離心越遠的時候**，便容易產生貢高與我漫心。修行的時間並無法累積心性的成熟度。未學習認清心性的修行，當紅塵俗事襲捲而來時便會把我們打個七暈八素。

每一個人皆適合走靈修嗎？我個人觀點是「60％的成敗在一個人出世時已經註定好，此原因不在於『轉世的靈格高低』，更不是是否帶有先天元神，說來現實，是潛在的心性難以改變。」修行是講求修心，佛陀擁有無上調御丈夫的稱號（註1），祂講經說法49年，最終依舊是要解決弟子心性問題，反觀佛陀眾多弟子中真正能夠成佛有幾位？最高能證得阿羅漢果位已是相當難得，可見實修並非如外境所想如此的膚淺與簡單。

在靈修課程中，我總是必須先大約地瞭解學員的靈脈出處及轉世原因，透過以上兩者便可以瞭解每一個人承襲過

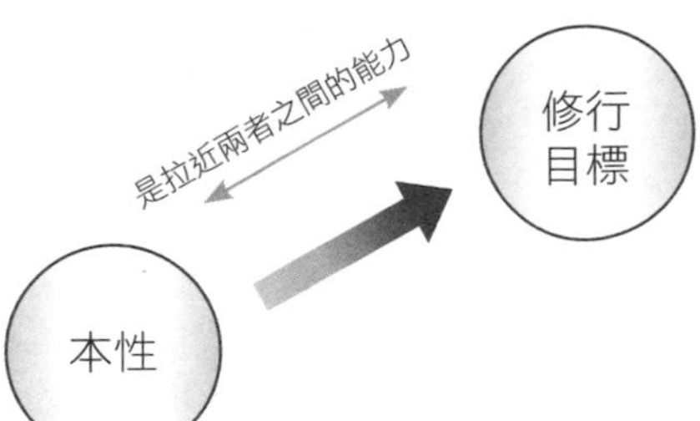

修行法門，是設法將「本性」靠近「修行目標」

往的心性為何？在課程中，尋找適合的時間給予建言、輔導，越去探討它，越覺人性及靈界的複雜，有人來自於玉皇殿卻與七鳳宮有關連，有人靈脈來自於無極殿降世前待過玉皇殿，有人今世的病痛，主因，來自於曾經是幽冥界的眾生，靈脈有太極殿、九鳳殿、九龍殿、玉虛宮、無極殿……等，主神有太上老君、玉面菩薩、準提佛母、地藏王菩薩、關聖帝君、南極仙翁、鳳凰母娘、華山母娘、太陰星君、無極老母……等等，我看過有人元神是仙佛旁的大將，今世靈識甚高，二、三十年過去了，依舊對未來的修行盲然不知所措，我看過有人元神是大鵬鳥的後代，心性難以駕馭而來人世間學習，因過去世的心性，今世有許多心性難以突破的地方，也有看過曾經是掌管聲樂的宮女，今世在這方面的領悟甚高，卻受到情感上的牽制，難以突破靈修瓶頸，也有看過靈識幻化是天池的魚、仙佛手上的如意。

與仙佛關係又可分為直系與旁系，每一個人的元神出處及主神之複雜，超乎我想像之外。有人今世的心性，是承襲過去來到人世間的原因，有人是因為累世不斷地輪迴後，產生了今世的心性，不管是如何，今世最終的目的，依舊是扭轉陋習，瞭解越多，越覺自己渺小，未來之路遙不可及。

我看過一位靈修學生，在轉世前發心要為祂們各自的主神宏心法，反觀今世呢？依舊過不了自己的心性及情感波折，我告訴他：不要當一個自欺欺人的靈修人、辦事人、宏法人，如果連自身的問題都解決不了、突破不了，就算有朝一日讓你站在舞台上，只是增加虛榮心以及困擾罷了。

宏法、濟事不能當成修行的目標，而是實修**順勢而為的結果**，就像學游泳並非人人皆為了當上奧運選手，有一天機緣來了，一個與我們有緣的人不幸溺水，是否要跳水救他一命，就看自己一念之間，救人一定要跳水嗎？救人有許多種方式，直接跳水救人僅是眾多方法其中一種。救人後生起慈悲心，後續是否要再成立救難協會，皆是一念之間。宏法、濟事並非只限於為仙佛辦事，或許通靈能夠幫助人，但幫助人的方法僅限一種嗎？口出善言亦是一種善行亦是一種渡人，一行禪師曾說過一句偈頌：**言語可傳千萬里外，願我的言語，讓彼此產生智慧與愛，願我的言語如寶石般美麗，如花朵般可愛。**

每個月會抽空一～二天上桃園為人問事，借予我場地的學員告訴我，看多了來來去去年輕、老年、男、女的問事人，心中感觸甚深，問題並不會隨著年紀、外表、性別、職業不同而有所改變，心態不調整，問題依舊綁住人心，隨著時間只是沉積更深更難以清除。

我分享多年來看過無數問事人的心得給他們：看到了，知道了，就要放下，同時藉此反省自己，千萬不要貢高自己，我們都很平凡因為我們依舊在紅塵中打滾，不要只是將宗教、仙佛、鬼神、因果掛在嘴上，而忽略了實修才是解決紅塵俗事的不二法門。

走在修行路上，並不在於「**大腦裝載了多少他人所講出來的東西，而是在於我們是否願意坦誠面對自己的心性並改變它**」。佛陀是覺悟者，講經說法多年還是以人性為主，以三無漏、四聖諦、七覺支、八正道輔以人心，任何的修行方法如果偏離了人性與人心，豈不是本末倒置了嗎？萬法歸一，或許修行方式各有不同，但最終的核心相信都是要讓我們學習如何調馭人心。

註1：佛教相信，佛陀具有透徹眾生性格、習性的能力，因而知道什麼修行方式最適合他們。在佛陀四十五年的教化裡，成功教導了許許多多個性、學習能力都不同的眾生，使他們都證得解脫。因此，佛陀被稱為「無上調御丈夫」

——以上資料擷取自維基百科

◎塔羅牌的生命輪迴—所有的成長與學習都須透過互動而來

一些無數年前從這娑婆世界畢業的能量體（靈體），當祂們願意再回來這三度空間，以累世的智慧與經驗服務人們時，就必須透過一些對於「靈」擁有高度敏感度人的手、聲帶等等，將訊息表達出來，才能將祂們的訊息傳遞給人們。比如賽斯、歐林、麥可等，這些高等靈就是透過這些所謂的敏感體質的人，才能將祂們的意念、經驗傳承下來。或者我們常看到在神壇辦事的乩童、一貫道的三才等，都是屬於這些。

既然稱之為高能量的靈體（俗稱高靈），擁有高度的智慧與能量，為什麼還必須再度來到人世間服務呢？？在寫到這裡，憶起多年前在打坐中所得到的一段訊息：「不要以為所有的靈體都非常願意來到人世間服務，那是因為我們必須不斷地學習，而地球是最好的修練場，所有的成長與學習都須透過互動而來；不要以為躲在深山的修道人可以到終老，其實他們最後還是必須走到人群來修練（有可能是今世或者來世），因為唯有不斷地透過人與人的互動和學習，才能不斷修正我們的觀念，如果我們僅在人們睡夢中給予訊息，少了互動，人們是很難瞭解其中的道理，所以我們必須有互動才行。如果我們不斷單方面

灌輸人們觀念與訊息，人們不斷地吸收，當本身舊有觀念被重新洗牌後，到最後將產生爆發的現象，人們不能只有單方面吸收知識與訊息，必須要經過討論與溝通，才能將訊息真正的深達到人心。每個人的生命導師就是你自己，不管是你目前所追崇的導師是有形或無形，他（祂）們皆是你目前生命中的一個過程，他（祂）們的角色只是輔導、輔助，對他（祂）不應抱持是此生『追尋的目標』，不要忘了，你才是這世上的唯一。」

Q18：不可不知的祕密—從「我在人間與靈界對話」延伸探討墮胎及為往生者助念的問題？

《我在人間與靈界對話》是我第一本關於靈修的著作，書共三篇，第一篇人間—靈修男的奇幻旅程，主要是分享我從啟靈後至今的一段心路歷程，故事中如實地分享在靈修路上所見所聞的奇人異事，以及宮壇、道場對於靈修光怪陸離的作風，第二篇靈界—與靈界對話，以一位靈乩的角度探討人們對於靈界最感到好奇的事情：

Q1：往生的親人不是哭哭啼啼變怨鬼，就是等投胎或到十八層地獄？

Q2：如何陪將亡者走最後一段路？

Q3：真的有嬰靈嗎？我們要如何看待它？

Q4：每個人都有守護靈和指導靈？

Q5：神像一定要開光嗎？

Q6：每個人在靈界都有一間反應現世的「房子」（元辰宮）？

Q7：2012世界末日真的會來臨嗎？

第三篇交叉點，以不同的靈修觀念切入修行。

《我在人間與靈界對話》出版後，收到不少讀者的回饋，除了對於《我在人間與靈界對話》有正面的看法外，因書中提到不少跳脫宗教、人性的想法，激起不少讀者對靈學議題的聯想。

以下這封信是一位對佛學頗有深入研究的讀者，她來信與我進一步探討「我在人間與靈界對話」書中對於嬰靈與往生親人的看法。

Dear Osel：

前幾天本來想去看電影《生死接觸》，逛到書局時看到你的新書，所以就把原本要看電影的錢拿來買你的書，電影因此就看不成了。有沒有因此小小感動一下？

我花了幾天的時間讀你的書，很喜歡你每篇故事後面都有一小篇幅對問題的省思與探討；而且你在書中對「修心」這個部分著墨甚多，我覺得對一般愛好靈異、喜歡談神說鬼卻又缺少正知見的讀者，一定有提升心靈層次的正面效果。從另一方面來說，你也讓坊間有關靈學的書籍提升了層次，不再只侷限在靈界、人鬼對話，或個人因果故事的描寫，而

多了修行的深度和哲理的思維。我想一般迷信科學的鐵齒派，不應該再把靈學的研究斥之為怪力亂神了吧！

書中有些地方，我有些疑問想提出來和你討論：

1、你在193頁提到：「能為往生者做的真得很有限」。我完全同意你的說法，因為再大的佛力也擋不住個人的心識業力；《地藏菩薩本願經》中也說：「七分功德之中，六分功德生者自利。」所以亡者只能得到一分功德；而如果主事者心不誠，甚至連一分功德都得不到。但是你這樣一說，一些對於助念、超渡完全沒概念的人，會不會因此以為助念、超渡完全無效？而事實也並非如此：在《地藏菩薩本願經》中陳述了婆羅門女（地藏菩薩的前身）如何超渡她母親的故事，另外《梁皇寶懺》則記載了梁武帝如何救渡郗后的故事，佛經裡頭的故事是提供另一種角度看待生死之事：只要如理如法，生者都可以為亡者盡最後一份心力的。

2、在206—207頁你記錄了「祂們」有關「嬰靈」的回答。佛經中有一本《長壽滅罪經》（註1）講的就是有關墮胎的事，但是裡面講的果報跟「祂們」所說差很多。如果你有興趣也許可以讀看看比較一下，我不曉得為何兩者的說法會差距這麼大？但是我想，因果業報的說法雖然未必能激發出人內心真正的善念，但是因果法則存在就是存在，它絕不是被瞎掰出來恫嚇人不要去作惡的。

終於慢慢敲完我想跟你分享的話了，好累（我的中打實在是龜速）！看完你的書感覺像是去聽了一座經，希望以後還有機會再看到你出新書，加油！

****

妳好：感謝妳對《我在人間與靈界對話》一書的支持，感謝再三，也感謝妳抽空寫下心中疑惑與我討論，關於妳所提問的兩個疑問。

關於第一個問題：

《地藏菩薩本願經》中說：「**七分功德之中，六分功德生者自利。**」所以亡者只能得到一分功德；而如果主事者心不誠，甚至連一分功德都得不到。在《長壽滅罪經》一經中

亦曾提到，「若有眾生死亡之後，在生的眷屬於七日之內或四十九日之內為亡者建造功德廣做善事於七分功德中，亡者只能獲得一分……」這句話已點明，在世親人為往生者花費鉅資所做之儀軌，對於已往生之親人幫助並不大，同時，在《長壽滅罪經》又提及：「若己死亡，其親屬便用其自身之資產廣行佈施濟貧，供養十方這樣建福修德，七分功德亡者全獲。」故此句話亦點明，假使是已往生親人在今世所留下資產所行之功德，功德亦是往生者所得。故《我在人間與靈界對話》P193頁中所提及我向仙佛詢問的內容，與妳所提及經典並無有抵觸。

《我在人間與靈界對話》中所要傳遞的訊息是：「對往生者有幫助之事，來自於幫助現實世界後才有功德，以及每一個人生前所做之一切事情已決定了往生後去處，至於往生之後所做一切的『華麗儀軌』對往生者而言幫助性並不大。」妳所提及的故事婆羅門女及梁武帝之故事，前者婆羅門女的故事為佛經，但後者《梁皇寶懺》並非佛陀當時所流傳下來的故事，故此不予以討論，單以「婆羅門女」為例。此菩薩發以大願救渡往生之母親，此「心願」大過一切事俗儀軌，反觀現今人們，大多僅是流於固定葬禮形式、花錢請職業僧人唱誦經文，此方式與婆羅門女發願救母之事並無法相提並論。

《我在人間與靈界對話》第二篇〈靈界—Q1往生的親人不是哭哭啼啼變怨鬼，就是等投胎或到十八層地獄？〉故事中，我為在世的親人接收往生者信息的故事裡，提到「能為往生者做的真得很有限」，所指並非為往生者所做一切皆無用，**而是藉由故事提醒我們在世時要時時刻刻警惕自心，而不是在往生後讓在世親人、後代子孫花費鉅資流於形式，以為外在的形式有助於超渡接引西方極樂世界。同時藉故事警惕我們每一個人，對於家人的關心以及愛，要懂得及時表達。**假使在世親人以一顆虔誠心學習婆羅門女之精神救渡往生親人，我相信此大願的幫助與流於形式的超渡不能相提並論。

第二個問題：

「佛經中有一本《長壽滅罪經》講的就是有關墮胎的事，但是裡面講的果報跟『祂們』所說差很多。如果你有興趣也許可以讀看看比較一下，我不曉得為何兩者的說法會差距這麼大？」

1、此經文前半段所講為「墮胎之罪業」，是佛陀要我們懂得愛護每一個生命，不能

因本身之愛、慾、執、取而了斷一條生命，但此經文並非點名有嬰靈存在與否的事實。

2、在經文中以一位優婆夷名為「顛倒」之女子為例，她因夫家緣故不能產子故行墮胎之事，佛陀言：「得遇佛陀及清淨僧人，能至誠懇切懺悔以後不再重犯，罪業得消滅，設使命終之後，若得其在生的六親眷屬……」佛陀並未說，墮胎後要花費鉅資超渡嬰靈，也並未說明有嬰靈存在與否，而是要告訴我們「至誠懇切懺悔以後不再重犯」。

嬰靈存在與否？端視我們如何看待。

雖然佛陀並未指明是否有嬰靈之事，但經文中卻說道：「一切眾生實是本來清淨，由於過去一念無明妄動，便有行為造作，有行為造業，便有入胎之識，有入胎之識，便有現生之胚胎，有了胚胎便具備眼耳鼻舌身意等六根，六根就會有六種觸覺，有六種觸覺便有六種感受，有感受便懂得愛，懂得愛之後就會執著……有執著便有所奪取，有奪取就會產生未來世之業因，有了未來之業因，就會領受來世之生，有生就必然會有老死……以上就是十二因緣的順生門。

若是沒有無明妄動，哪裡會有行為作業，**沒有行為作業，哪裡會有入胎之識**，沒有入胎之識，哪裡會有胚胎這個色身，沒有色身就不會有六根存在，沒有六根存在就不會有六

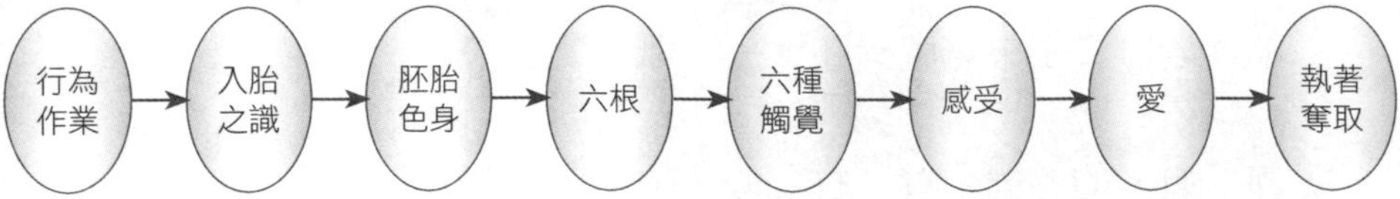

種觸覺，沒有觸覺便沒有感受，沒有感受便沒有愛，沒有愛就不會有執著奪取，沒有執著奪取就不會有未來生之業因，沒有未來生之業因，就不會有未來世之生，沒有生就不會有老死及憂傷悲苦，這就是十二因緣的還滅門。」

嬰靈的說法，就我個人猜測，東方是一個萬物皆靈的種族，石頭、樹木、狗，只要在人世間廣為流傳它的故事，後人便會萌起朝拜之心，以西遊記、封神榜來看，裡頭記載均是人所捏造、杜撰的故事情節，也因後天虔誠心的緣故，讓故事中主角活生生出現在現實生活中。以此去推想，遑論活生生從胎中殘殺掉一條生命。就我個人所看過的例子，凡是墮胎掉的女子在身上會留有印記，此印記的產生是因外力造成人體氣場的裂痕。但我至今還看過往生嬰兒爬在母體身上的案子過。

經文名曰「長壽滅罪經」，卻在後段提及「十二因緣之法」，「一切眾生不能觀察十二因緣之法，是故輪轉於生死苦海中，若有人能觀察十二因緣之法，即是能見實相法，能見實相法者即是見佛……」此段話意指，一個不能時時觀察內心情緒脈動以及心性十二因緣之人，並不能看透人性以及事俗的一切，心境如同沒有舵的船漂流於大海之中，不是嗎？

《我在人間與靈界對話》206—207頁中提及的故事，是要傳遞一個訊息：不要將本身在世俗的一切不順遂推至「嬰靈」，以為花錢超渡嬰靈就能一帆風順，難道沒有墮過胎的女人就一帆風順嗎？（這樣男生真的比較好命，翻雲覆雨後拍拍屁股走人。）人們很容易將諸事不順推給看不到的事物，卻忘了反求諸己之心。一顆以不負責任、不懂反思之人，而將問題丟給看不見的事、物，不僅無法改善當下之環境，亦容易陷入有心之人的講法中。

五、與比丘尼的時空對話

她上網閱讀我在雅虎部落格的文章，已有一段時間了，私底下，她也常以E-mail與線上即時通訊與我聯絡，但僅是初步分享彼此的看法，並未深入針對某個議題進行討論。而今，因為部落格上的其中一篇文章〈轉世，是必修！也是選修〉，吸引她前來找我占卜；她很好奇為何連這種關乎穿越時間的問題，也能藉著占卜而得知？她並且想瞭解自己來到人世間的任務。

約了兩次時間，卻因種種緣故，始終無法如期赴約，直到母親節前夕，終於碰面，展開一場精彩的時空對談。在此感謝她給予我機會，讓我和這位修行、皈依七年的比丘尼，深入探討時間、空間與投胎的意義。

占卜前世、投胎任務、往生者目前的狀況……等，這種穿越時空的問題時，使用什麼牌陣或如何解牌，皆視當天的感覺而定，問卜者不曾事先告知所要占卜的問題。但自從知道這位比丘尼將前來占卜，且已經明確得知她所要占卜的問題，我反而開始忐忑不安。

透視比丘尼的課題

占卜前，我先向這位年輕的比丘尼詳述以下觀點，以幫助她建立初步的概念：占卜穿越時間的問題，很難從現實中找到蛛絲馬跡與對照之處，解牌時，我會盡量將牌意與所看到的，與現實生活結合；我解牌時速度非常快，猶如靈感來的時候，我必須一口氣講完所有的感覺，因此，如果在解牌過程中有任何不懂、不清楚之處，歡迎隨時打斷與詢問，我將再深入回答，畢竟這種時空性的問題，需要多花一些時間互動與溝通。

我將比丘尼的問題，細分為三部分：一、前世未完成的功課；二、此世所帶來的任務；三、現階段的盲點以及需再努力之處。

關於第一部分，我所看到的是勇氣、自信與積極，還有隱性的挑戰；我告訴她：「妳前世未完成的功課，與以上有關，換句換說，在今世有許多的課題，你必須果斷地決定，這種果斷力並非盲目地往前衝，而是選定之後，就要排除一切問題去克服它，進而完成它。」

而第二部分，我看到她與家人的關係，以及取捨與果斷力的功課，這似乎與她的前世有關，前世未修完的功課是勇氣、積極與自信，而這世出現了懂得如何取捨的暗喻，我問她有還俗的可能嗎？她稍微沉默了一下，我進而解釋：「妳今世的功課似乎與親人有關，

有可能是夫妻、兒女、父母等，只要是有血緣關係都包括在內，但我比較想提的家人是夫妻。」她開始與我分享，她自認為此家人關係似乎是指父母而非夫妻，而她之所以出家，是家人的意願。

自從出家後，她與家人的關係產生了微妙變化；家人開始以她為中心，雖然並非導向全以她的觀點為參考意見，但家人的信仰方向與思考，卻逐漸隨著她而改變，家人的關係也更為親密。我問：「這種關係的變化，在一般出家眾之中，是否也有類似的經驗？」她搖搖頭。

我開始與她分享修行冥想、靜坐淺分的兩種方式，一種是外求，一種是內省。靜坐與冥想時，所謂的外求是將自己本身的能量與太陽之神、大地之母聯繫，將能量無限地放大與擴充至全宇宙。另一種較類似內觀法，在靜坐冥想時，將專注力放在內心層面，不斷地往內探求，以瞭解自我。

解釋第三牌時，我所看到是的祂們建議她，試著往內心層面去探知，越瞭解自我，才能真正瞭解一切，甚至瞭解當初來到人世間的獨特意義與價值。許多人花費許多時間去瞭解萬事萬物，也花了不少時間去追尋名師或真理，最後迷失自我的原因，通常是因為無

法瞭解自己，也無法將真理與自我結合。我見過不少人，整天拜神唸佛，整天找尋名師或者更高深的通靈人，希望能獲得更多的道理與智慧，但幾年過去了，相同戲碼不斷重覆上演。

最後，我以接收訊息的方式請益祂們，看看祂們是否有其它想法與比丘尼分享？我感到驚訝的是，傳來的訊息並不強烈，這通常象徵著幾種狀況：一、她的問題在現階段並非是真正重要的問題；二、祂們希望給予她更多的思考空間，而不是更多的訊息。然而，我仍讀到三個重要的訊息：人、男人、她背負了許多外人對她的看法。綜合以上的訊息，我做了分析：「當妳在為別人說法時，尤其面對一大群陌生群眾，妳容易產生退懼心，這將造成妳日後想要渡化眾生的盲點；此外，當陌生的男眾前來詢問一些修行問題時，妳總是感到不安。」其實我不知如何以適當的說法，解釋祂們給的我這段訊息，但我可以體會其中的涵義，幸好她理解了我的解釋。她表示，以她目前的現況，很少有機會接觸男眾，但可以想像情況將如我所言。

我與她分享一個小故事；某次，祂們告訴我：「性別是生存在人世間才有的物質，當跳脫物質層面的時候，不僅性別是不存在的，連黑白、黑暗與白晝等，這種相對性的關係更是不存在的。請記住，當你心中存有男女性別關係時，你所講出來的話就會缺乏中立，因為你已先入為主地產生一種物質的關係，當你跳脫男女的對立關係時，所言才能深入人心，才能以對方的立場去思考對方的問題，而不是以自己的立場去判斷問題。這種訓練一定要在生活中落實，這樣才不會為了做某件事而做。」藉由這個故事，我告訴她，渡人就是視眾生為一，何謂一？男女性別是人世間的產物，但當我們往生後，回到我們應去的靈界，是沒有性別之分，所以要學會不以外在的性別為指標，以免影響彼此靈性的對話。

至於最後一項，她背負許多外人的看法；因為祂們提到，她似乎容易在說法或行事時，認為前輩或師兄所講的佛法比她更優秀。她坦誠，如果有比她資深或優秀的人在場時，她心中即會出現一個聲音：「不如這件事就讓他們負責。」同樣地，當她在說法時，如果有人講，她就選擇不講，除非沒有人在場，她才能自在分享自己的觀點；雖然她認為自己在某方面具有相當的能力，足以解答眾生的疑惑，卻不知為什麼天生就有這種心態。

我思索了一下，認為那是「人與人關係的存在」。每當不知如何切入問題時，我就會開始舉例或講小故事，於是，我又跟比丘尼講一個小故事：「有一次為人通靈問事時，我講得太深入了，很明顯感受到自己與那位問事者在對話，我彷彿坐著旁觀兩人的對話。其

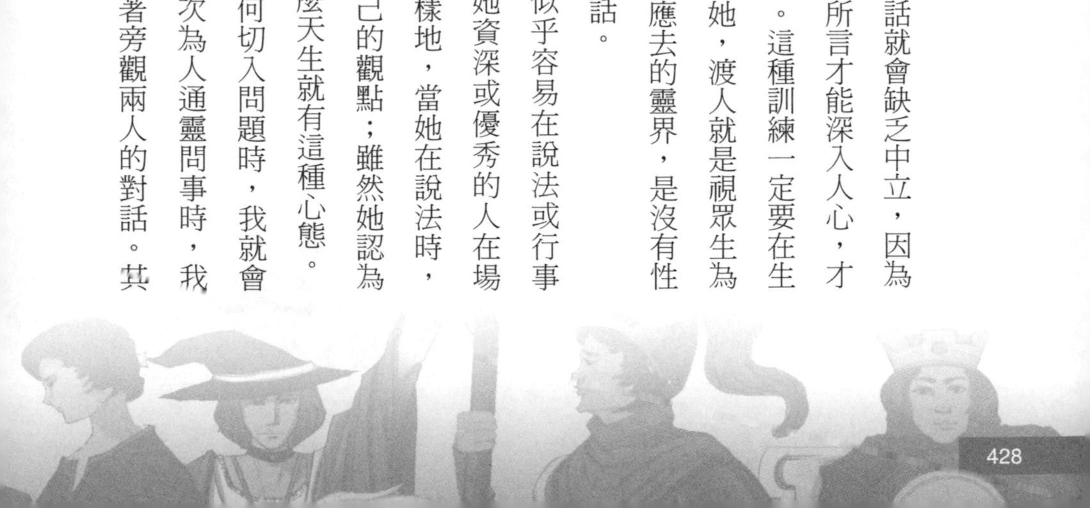

實我並非坐在一旁，當時我腦袋是放空的，嘴巴就不自覺地不斷講話，很多出自我嘴巴的話，都不是我想講的，我只是提供肉身而已。我角色像是旁觀者與學習者。」「事後我才體會到，那種跳脫關係的重要性，問事者的身分、地位、年紀，一開始都會影響我提供訊息的深入程度，有了上次的感受後，我才明白，那些關係與表徵，都不過是世俗的一切而已。當我們不再受到那些關係的牽絆，才能真正表達存在於內心的我們，這樣對問事者才公平。」

我繼續補充：「距離與時間存在是相對關係，當時間不存在時，距離即不存在。」我舉例：「從台北到高雄約要五個小時車程，存在了時間與距離的關係，但當時間不見、距離便不存在了（彷彿小叮噹的任意門）。而靈界也是如此，時間是在這人世間的專利品，靈界是沒有時間觀念，既然沒有時間，那也就沒有空間和距離的存在。同樣地，人與人的關係也是如此，當你出生那一刻起，你與家人的關係就存在了；在你出生的時間之前，你與他們之間在今世尚未有任何關係，當任何一方往生後，他生存在人世間的時間即消失不見，與其他人的關係也就不見了。」我以此提醒比丘尼，關係和資歷是因時間的存在而存在，但自信與智慧是不存在空間性的，智慧和自信都不是某個年齡層才擁有的專利，當我

們自認在某個領域可充分表達自己的能力時，就有責任為任何一位前來求法的眾生說法，不應以自我的資歷或關係（師兄妹、師徒等）自我限制。

最後，我與她分享一個觀點，暗示她，瞭解今生的任務與挖掘修行上的盲點，這兩者之間的重要性：也許祂們所提供的訊息，並無解決她所要詢問的「來到人世間的任務」。但依據我的經驗，有時問卜者的提問，對祂們來說，並非重要的問題，如果提升我們的視野，也許問題只是過程的一部分，而祂們所提供的其他訊息，有時反而是當下最需要克服之處。

靈性筆記

比丘尼在占卜之後，回家寫下心得。我認為其自我體悟的部分，相當有價值，徵詢她的同意後，在此和大家分享。

在離開你那裡之後，似乎只有我才能告訴自己，這到底是怎麼一回事。

你說了很多，真糟糕，我還記得什麼？

我這生來到世間的意義是什麼？繼續著過去未完的課題？你建議我在混亂之中，繼續

向內探索。

睡一覺之後，現在好多了。我想繼續整理昨天跟你談話的內容。我好像是一只棋子，被自己的下意識操弄著，也或許是被自己的業力推移。我的矛盾都無法被人重視，但我似乎被潛意識，逼迫做出我三十歲的生命不曾思考和行動的事。那便是造成我疲累的最大原因。

遇到你之後，看著你的眼睛，跟你坦誠地談話，你的建議似乎對我有很大的參考性。一開始，你說我具有強大的神聖力量，我想這大概是因為身為出家人的緣故吧！

過去生，我帶著未完成的課題來到此世，繼續接受挑戰，但我的課題必須獨自且徹底完成，不能半途而廢。而今生，牌面顯示權杖象徵，代表我是很勇於挑戰的人，但不是顯而外的革命者，而是堅持於內的信念者，並會質疑自己不認同之處。你暗示我還俗結婚的可能，我很想哈哈大笑，我想那張牌應該是指父母和家族，我的出家，對於家族是很重要的事，對於父母是光榮的事，你說別人對我的許多期待，常變成我的障礙，我苦笑著，的確，但我不想傷害他們，所以，我常隱藏自己真正的想法。

我和你談及，關於我的母親從神壇信仰轉為佛教徒，呈現了她是為了帶領我父系家族

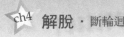

修行而來的事實，你相當尊重我的想法，我十分欣賞。我只能說我很欣賞母親的生命力，她吃苦之後，渾身卻充滿修行的活力與自信，我以身為她孩子而驕傲。

我未曾思考，自己有帶領家族修行的責任，但我發現光是我出家這件事，卻深深地影響整個家族。我始終被注目和被期待著，我的出家人身分，影響了整個家族對於修行和學佛的態度，並且成為了家族之中最重要的人，蒙三寶的威德。但我對自我的要求，卻有些惶恐，因為我還是認為自己是個平凡的人，出家前後，並無改變我的平凡。

針對未來的部分，你提到修行有分外求和內求，內求是往本心探求成長，外求是求於宇宙能量、神祈，我對外求有點驚訝，因為跟我想像的外求不一樣，我以為是求平安就叫做外求，但如果依你所說的，那當時找靈修老師所學的靈學或能量學，大半都是外求了，因為他總說要成為光的管道，要與能量結合，我因此被搞糊塗了，不太能分辨這樣的修行意義，如何與我原本學佛出家的方向做區別。而塔羅的建議是向內求，才能在許多的選擇當中，看到真正的自己。

你說了很中聽的話，你說我其實並不是真的擔心未知，只是因為對未知不瞭解，所以不安。是的，我是從外在開始預言，才有了不安，不在於我不能坦然面對，但我不能接

受不知道歷程的結果預言，離開這個團體軌道，我發現我無法接受這樣的預言，更討厭的是，這個預言像催眠一樣不斷的提醒我，不要我忽視，我是很生氣的面對這個干擾。想知道這裡面未來動向的意義。

過去（牌面顯示：劍）——因出家而面臨的挑戰與學習，對自己和別人可能會造成傷害；現在（牌面顯示：床上有很多劍）——我有許多內在的衝突與鬱悶；未來（牌面顯示：騎士）——期待將落空，現實與理想差距過大，但也可能遇到一位對象，然後還俗結婚；預言——兩年內，將離開目前的環境，因為已學習足夠或想學習更多，是正面的跡象。

唉，這些占卜結果與我所想像的，相當接近，而且訊息多次明確地顯示，我只能暫且放下不安與憤怒，耐心面對可能的變數，繼續在這軌道上學習。

有張牌提到，我這兩年之間的變數很大，我聯想到自己內在的多變，並感到不耐煩，因為內在的多變，總是影響我未來的決定。

占卜過程中，你講了一段天語，交錯著國語。雖然我聽不懂天語，但卻對你的天語有種熟悉感，我的潛意識似乎能懂得天語，而且也完整接收了天語所要傳達的訊息。也許這個想法很荒謬。

你翻譯的訊息很有趣，你說訊息裡沒有針對我的問題回答，但我可以理解，有時提出的問題只是表徵，不一定有確切的答案。印象中，訊息裡有些關鍵意涵：例如「男性」這個關鍵詞。

你說，我的智慧足以面對人際關係，但遇到異性時，表達能力就會出問題。同樣是「男性」，你所詮釋的面向是渡化眾生或還俗結婚，但我總覺得感情已不是最大的課題，但也很難說以後我不會突然迷戀異性，所以，任何事最好不要下太絕對的定論。我不畏懼面對情感關係，但以我至今的生命體驗，我應該不會選擇還俗結婚，除非有特殊因緣，使我必須在婚姻上做犧牲。

我向你坦誠，我對同齡異性的修行者，曾產生欣賞、心動、喜歡的感覺，把自己嚇了一跳。後來，我覺察那是類似靈性層面的共鳴，不過，我知道自己還沒把握去面對兩性關係，如果真遇到這樣的課題，我不會抗拒。這樣的坦誠，讓我產生穩定感，協助我透視內在的另一層面。

我心中產生一種穿透感，曾在冥想時，在「遇見自己」這串字眼的指示下，看到象徵自己的具體男性形象，具有天人美的他，對我說：「妳要留在這裡，我才能學習。」之

後，我有些不悅且不能理解這個狀況，也不願再面對相關課題。但你的訊息不斷提醒我異性課題，能夠理解的外緣不多，我往內在能量去探索，卻收到強烈的呼應。

在車上，我卻看到內在那位天人男性出現了，對他我說很多話，彷彿我這段無以名狀的日子，都是他想打破我維持常態的自衛所做的一切。我開始與他對談，我終於意識到，自己必須要先跟內在的男性能量融合，這甚至是當前的重要課題。

我必須常常想到他，與他溝通，也開始閱讀有關多重人格的小說，雖然我不想面對，但下意識卻也在準備這個課題。心理學把多重人格視為精神病症，很久以前我對多重人格便極有興趣，這有助於我觀察自己內在的不協調，甚至感應出神秘的意義；我認為每個人的內在都存在這樣的能力，可以分裂為各種型態。總之，我要學著融合我內在的分裂，激發潛在的能量。

對於感情，我認為那不是很重要的問題。我認為情感上的迷惘，是出於內在的缺憾與分裂，難以愛自己，於是，希望找個人來愛和被愛，企求圓滿和幸福，只要不面對自己的分裂狀態，就以為那是幸福。我對感情的看法相當嚴苛，其實，我也曾愛過人，也曾深刻體會情傷，那是很苦的，現在看來卻很值得——那是一種不愛自己的真相。

我的其中一個修行課題如果是兩性關係，我想最重要的應是內在層面。在關於我的前世訊息裡，不分男性和女性都在修行，現在，我必須結合這陰陽的能量，圓滿自己的目標。那是什麼？我也不清楚，至少描寫這些事情的當下，我已找到目標，而不再迷惘。

我受不了目前的自己，因為我總是在心靈之途狂飆，因為不想浪費時間，所以在可行的因緣裡，我想要有效率地突破內心的障礙，既然覺知了問題，就向前衝。

另外，我也即將突破對時空間的有限理解，你提過幾次時空間的不存在狀態，我完全可以理解，我的念頭已沒有時空的限制；此世的我，似乎跟某一世的我重疊，甚至被另一世的我影響著。

你說，內在不穩定，便會收到雜質訊息，如果以為那是有用的訊息，緊抓著想解讀，會造成不必要的煩惱。對此，我對訊息的接收，做了篩選，明白何為雜質訊息，我感到心安不少。

我始終認為，每種現象的發生都是最好的安排，都是有意義的存在，即使無意義也代表著一種意義。所以，我將更深一層的認同並感謝那些雜質訊息，我只需要放下它們，停止不安，訊息視為其存在價值。

你這個人，我覺得有趣，印象中，你的眼睛是漂亮的，你的氣質很好，外表比網路上的照片平凡一點，但親切一點。

你是具有誠意的，在我的問題之外，你也表達了不少自己的狀態，那些狀態我也曾遇過；你提到自己寫的文章卻不像自己寫的，我也常有這種感覺；你提對部落格的學習，我也很認同；你提到去除身分，純心靈的交談與感動，我也有很多這樣的經驗，這對於渡化眾生是很大的利器；你還提到對未來的不確定態度，和掌握現在的學習，那也是我可以體會的。

你對佛教界的狀況有些批判，也問及如此的發問是否會犯戒，我當下能回應的不多，後來我想想，你的問題其實都是表面的問題，重點是你到底有無決心成為出家眾去修行，而外在的出家環境，本來就有許多遊戲規則，營造所謂出家的修行氛圍。面對形式上的遊戲規則，我想只要能領略修行況味，其實很容易解套，而不違背遊戲。

你問，出家眾外出看電影或逛街，是否會不方便？其實，修行就是要在不便和不自由的情境之下，修練自己的心。所謂的不便和不自由，是源自欲望或是現實的困頓呢？而戒條或法則，只是在提醒出家眾，降低欲望和知足，並沒有那麼困難。所以，出家對我而

言，是一件很美好的事，但對其他隨心所欲者，的確不太方便。

你問我，占卜過程是否有什麼特別的感覺？其實整個過程都蠻平和的，最特別的是你說天語時，令我大開眼界吧！我也看到你與那些未知的潛能，安然地平衡和融合；而我同樣也有很多未知的潛能，卻因為我總是懷疑、不安和抗拒，累積不少鬱悶，這大概是牌面上那些寶劍的來處吧。三十歲的我，要如何消化積累了生生世世修行的能量呢？我想，只有靠時間，慢慢來吧。

我不認為有其他外在的力量在提點你，我覺得你的狀況跟我是一樣的，那是自己在帶領自己，必須破除時空間感才能體會。有位具有感應能力的法師曾告訴我，每個人內在的真如本性，如果發出作用，是可以無限化身，達到無限的智慧層次，將無明轉成有明。

我認為自己至今所追尋的，一直穿越障礙，從事相看到理相，越來越無礙和自然。我的不足之處，是在理相的表達，變成事相的不自然和困難。你說那只是我經驗不夠而已，我也認為如此。而你從另一個角度提醒我，這些都是因為自我侷限所造成的，例如時間點不妥善或是自信不足。

自信不足的確是很大的問題，而關於時間，因我的周遭大多都是長者，雖然我有許多想

法，但因時機不成熟，旁人看我也不夠成熟，我於是努力隱藏，也隨順自己的笨拙，讓別人不注意到我。但你表示時間是可以打破的，我只要相信自己，並在有能力的狀況讓它呈顯出來，也能打破時間和人所侷限的困頓。我對你的肯定有些震撼，我因此開始改觀了。

當我回顧跟你的交談，才突然發現……許多無法清楚表達的重要問題，卻都經由占卜而找到瞭解答。

靈性成長運作法則—夢的訊息

比丘尼提到這幾年的修行過程中，許多次產生感應，比如有時能看到天使、聽到無形界的聲音，或常在睡夢中，夢到有所警惕或意涵之夢境。這常造成她的困擾，她不知如何去判斷這些訊息帶來的意涵，為了能瞭解訊息的意義，她常陷入沈思。聊到最後，彷彿是靈性的對談，彼此交換經驗與看法，而我和比丘尼，僅是不同的修行身分、性別與生活背景罷了。我和她分享一個經驗：有一次，我做了一個夢，醒來之後仍記憶猶新，我思考許久，卻無法參透其中的意涵，最後選擇向祂們請益。祂們說：「何必花時間去思考它？**它有時只是一種情緒與潛意識，在精神體和肉體處於平靜時，所散發出來的一種負能量而**

已；就如同水，當水平靜之時，最能看透其雜質的存在，有時夢只是由內心散發出去的一種雜訊，為什麼你要緊捉著雜訊不放，那不是重點，更不是你需專研之處。」

我問：「如何判斷那是訊息或是負能量所散發出的雜質？」

祂們說：「只要靜心，你自然有能力去判斷，如果當下無法判斷，就暫放一旁，不要被這種無形的事困擾和牽絆，我們所要看透並非『夢』這個本質（並非產生訊息就要花時間去研究它，抱持隨緣心即可），而是在它到來時，去覺知它的價值，而非『夢』本身，許多人都會將夢視為唯一，似乎認為它僅帶著一種本質與意義而已（意指是夢的產生都是有意義的），卻不知其實夢也是有其分別，我們所要研究是有意義與價值的夢，而非雜質的夢。」

夢境中所發生的一切，追究真諦倒不是去體悟夢境所要傳遞的訊息為何，李欣頻在其著作《推翻李欣頻的創意學．創意↓創造↓創世，不退流行的12層終極創意境界》一書中提到：「當你懂得從夢中取得啟示、採集靈感、進行療癒、溝通和解、同步創作時，你的夜晚真的會比白天還精彩。我自己的例子是，會在清晨半夢半醒之際，把腦中浮現出來的整篇文案寫下來，有時會是下一本書的書名，有時會是整份企劃書。就像作曲家塔爾蒂

妮，在夢中聽到一首曲子，醒來如實謄寫下來，就是一首渾然天成的〈魔鬼變奏曲〉；就像英國被提名二十一次諾貝爾的小說家格雷安．葛林，他在《夢之日記》寫道：『讓潛意識在夜間工作，我會與小說的人物如此認同，開始做他的夢，而不再做自己的夢……我會在夢裡與沙特討論哲學，與索忍尼辛討論藝術。』」夢的創意之旅，絕對比你想像還遠、還有趣。

李欣頻所描述在夢中取得生命養份的例子，同樣發生在我現實生活中，我在早期擔任文案企劃時，文案、筆鋒精準度尚不成熟時，常常為了一篇文案絞盡腦汁，在一次睡夢中，我清晰地看到鐵匠打鐵的過程，一把刀經過鐵匠敲打，不斷地噴射出繽紛炫麗的火花，我醒過來時，馬上將夢中精打淬鍊的意涵融入產品的文案中。

在之前職場中，對於一位新到職的同事感到莫名的不舒服，我與他並無交惡，但在磁場總是不對盤，此件事情深深地困擾著我。那夜我做了一個夢：

時空背景是中古時代的歐美國家，一個國家發生暴動，主因來自於皇帝生性暴戾，以殘酷政權苛毒百姓，皇帝在此次暴動中戰死，暴民要求皇室交出皇帝屍體，以鞭皇帝屍體洩多年積壓怨恨，如皇室不交出皇帝屍體，便將推翻皇室政權。

皇帝親弟——親王是一個留著金色長髮，高大帥氣的皇親國戚，國家在皇兄專制與獨大統治之下，親王反顯得無能懦弱，為了停止這場暴動與本身無力扭轉局面，親王應暴民要求交出皇兄屍首。皇后哀求親王放過皇帝屍體以求全屍安葬，皇后憤怒向親王表示：這時你應站出來代替您哥哥出戰，停息這場戰爭。親王的無能僅能將哥哥屍首交出去，試圖以哥哥的屍首平息這場戰爭。

此時，現實中的我清楚地知道正在夢境當中，我飄浮在中古時代灰暗的城堡樓階上空，以四十五度往下看，此時親王正派人將皇帝棺木運下，我看到隊伍從眼前往樓下走去，親王走在人伍最後方，我僅見親王留有金色長髮的背景，此時皇后急奔下樓奮力地拉住棺材不放，請求親王改變心意，留給丈夫一個全屍。

全程夢境僅大約三秒時間，對於時間上的概念，我是用人世間的時間觀念推算，其它人物的個性描寫、故事內容及事件的來龍去脈，僅是夢中的一個感覺。夢中，我是一個旁觀者，但有一個深刻感覺：我就是那位專制與獨裁的暴君。而無能的親王便是公司那位新來同事。夢中所示是真是假，真是我與他的前世嗎？我事後並沒有去探究，亦未將夢中關係套在今世去解讀，但在清醒後，我對於他莫名的不舒服不知不覺中放下了許多。

某些時候，我對待「夢境」與仙佛給我的「信息」是相同，我細心地體悟夢境與信息傳遞給我極度省思的意涵，而非專注在夢境細微末節上，**在現實人生中實踐夢與信息的意涵，不要活在虛幻不實的夢與信息世界中**。誠如有人問我，該如何去判斷仙佛給予的信息一樣，我的觀點是：**如果對於現實生活中心性上有所改變，同時能因信息內容調整自己的心念，此信息便是對我們有所幫助，假使聽完後，僅貢高自己能夠有接收信息的能力，卻不想將信息內容運用在生活中，就算此信息真是仙佛給予，那也是無濟於事。**

有上課的學員問我，常有往生的親人出現在夢中，是否有任何的意涵，是否要從事與往生親人溝通的代言人工作？？夢的顯現大多來自於與內在陰影有所關連，夢的解析涵蓋了許多種因素─當事者性格、潛意識、過往記憶等等，西方心理學家榮格表示，**夢反映出人格潛意識的運作，夢境也具有一種補償作用**。夢之複雜來自於人類大腦世界的深不可測，以單一角度，見山是山、見水是水的單一角度詮釋夢，似乎有點將夢的作用侷限了。學員夢境中常出現往生親人，以去花費心思去解讀往生親人目前現況，倒不是先去探究學員的內在性格中，是否有脫離感情束縛與欲掙脫生活環境的現象？

在《你是做夢大師》（張老師出版社）一書中提到：瞭解夢的最後一步，是讓夢的意義影響你的生活。如果你只是把夢寫入筆記歸檔，就無法從夢中學到太多東西。請隨時把夢謹記在心。運用清醒時的觀點，把探討夢所獲得的領悟與觀念，拿出來接受考驗，是否能在清醒時運用自如？在你夢中出現的英雌，能與兒子融洽相處，現實上，你與兒子的關係是否更為順適呢？如果你在夢中覺得想與某人斷絕關係，而這只是你過去偏見所引起的，當你在清醒人生時真的要與他割席絕交，這時候你能掌握自己的行為而剴切（切中事理）反省嗎？

在清醒人生檢視對於夢的領悟與詮釋，是很要緊的一件事。如果它們能讓你的生活更美好，那麼用之無妨。請記住，如果夢中的影像讓你想起旁門左道性格，那麼這就是造成你的困擾所在，你最好仔細想想夢中有沒有提出應付之道，這樣才能幫助你接納自己的弱點，或者，如果這種現象出現在別人身上，你也能以更大的同情、更大的諒解，甚至以更大的幽默包容他們。他們也將幫助你克服更多的偏差性格與習慣。

◎塔羅牌的生命輪迴—訊息的當下學習

對於一個直覺力豐沛的占卜師而言，在無意識飛來一筆的訊息在占卜過程中，常扮演

一個重要的角色，但相對的，如果在當下我們無法參透它，占卜師所要選擇的方式就是隨它而去，而不是罣礙在心中，換一個角度想，訊息的來源應是輔助我們在解剖個案及釐清問題的始末，如果當下無法瞭解，那表示我們的悟性還不到時候，既然時候未到，為何要讓這種事來困擾自己？有些事是急不來的，有些事是逼不得的，當學會輕鬆面對它時，才不會讓自己產生壓力。在通靈工作坊（生命潛能出版）一書中有提到：「**信任你的直覺到最終，即使找不出任何理由**」。同時提供了三個運用的重點：

一、盡量客觀—當執著於某種特定的結果，或對於接收到的訊息擁有個人的期望或恐懼時，個人意識層面的想法會橫梗其中，阻礙你接收各種客觀的指引。

二、別強求、過分聆聽，或專注於自我的期望上，會製造出一般心理上的靜電，使你辨認不出任何訊息。

三、專注，來自天堂的聲音總是轉瞬即逝，有時因為來的太快，而全部被遺漏，當錯過一項訊息，你應當做的是放輕鬆，嘗試讓它再度來臨。

註：以上來源擷取自通靈工作坊，第56頁。

Q19：不可不知的祕密—續談墮胎及為往生者助念的問題？

Dear宇色：

也許我有點辭不達意，所以讓你誤會我覺得你在書中的說法有問題。我說過我同意你的說法，我擔心的只是：「一些對於助念、超渡完全沒概念的人，會不會因此以為助念、超渡完全無效？」婆羅門女的確是以發宏願利眾生的方式才超渡了她的母親，而不是花錢了事。助念、超渡會沒有效果，其實是我們自己用錯了心，用錯了方法，錯不在助念、超渡這些事上。

至於第二個嬰靈的問題，可能又是表錯情，會錯意的問題。你覺得我舉出《長壽滅罪經》是要討論嬰靈存不存在的問題，其實你如果回去看我寫的東西，應該發現我想討論的是：「殺胎受不受報？」或者那只是危言聳聽？而且我覺得「嬰靈」真正問題的核心應該是「殺胎受不受報？」這件事，而不是「嬰靈存不存在？」這個問題。如果墮胎可以不受報，一般人根本為所欲為了，你想他們會去care「嬰靈存不存在？」這個問題嗎？會問「嬰靈存不存在？」其實是想知道「如果我墮胎了，會不會怎麼樣？」

雖然你對祂們的詢問是有關「嬰靈存不存在？」的問題，但是祂們在207頁的回答中提到：「我們不會去拿殺掉嬰兒肉體會有嬰靈一事來嚇唬人類，欲勾起人們內心的善念，不一定要用威脅語氣與用詞（譬如善有善報，惡有惡報）。」祂們對墮胎的回答蠻「雲淡風清、輕描淡寫」的，與我在《長壽滅罪經》讀到的差很多，所以我才會提出我的問題與你討論。因為如果殺胎必定受報，那麼這些因果報應的說法就絕對不是拿來「嚇唬人類」用，反而才是真正「將全盤真相告予人類」（P.207）

＊＊＊＊＊＊＊＊＊＊＊＊＊＊＊＊

妳好：

感謝妳抽空再次來信討論，對此書中任何議題，宇色都會非常樂意討論。

書中所討論，是希望人們不要流於儀式而忘了「緬懷」先人之心。書中所舉之例子，也是要告訴人們，把握難得轉世為人的機會，在世時應該時時刻刻警惕修行的重要性。關於第二個議題，書中所分享的是「是否有嬰靈的存在與否」，台灣太多人相信有嬰靈，花費鉅資的同時，卻忘了應該反省自心來消弭過去所犯下的「不重視生命」的行為，嬰靈是否存在與墮胎是否受報，意思是相同——都是勸人要懂得尊重生命（這裡所指是在沒有愛及自私行為之下所產生的墮胎行為），也因為盲目而有受騙的機會。但……人們似乎本末倒置。仍然相信嬰靈——而忘了修心的重要性。不相信受報，而仍可花錢了事。在我個人的想法中，不尊重自己的人，同樣也是學不會尊重他人，包含一切的行為。**學會尊重自己、愛自己，當妳尊重自己時，就等於肯定自己的價值，唯有肯定自己的價值，妳才能真正瞭解自己心中所欠缺的東西，不管是什麼，等妳改變了自己的心態，往更高善的路上走時，妳就會像一塊大磁場一樣，吸引妳所想要的東西，例如：真愛、真心愛妳的人、家庭……**。至於是否受果報，《我在人間與靈界對話》一書中並未深入討論此議題。妳所提到仙佛對嬰靈之事表示「**欲勾起人們內心的善念，不一定要用威脅語氣與用詞**」，此句話意指不會拿嬰靈一事來恐嚇人們，比如，嬰靈會附在母親或身上，造成身體不適、家運不順等現象。但我相信有果報如同因果業力，任何心念、行為最終仍然會回歸到自己身上顯現，那並非嬰靈，而是不尊重自己的行為。至於受報程度我並不清楚，此亦不是《我在人間與靈界對話》一書中關於嬰靈所要討論的角度。

懺悔心面對墮胎　正念看待逆境

中國傳統的基本人性，**往往會將生活中諸事的不順遂，投射到看不見且摸不著的無形世界**，例如風水、地理、祖先、嬰靈、八字犯沖…等，尤其是曾經做過有損道德倫理之事，更容易放大此件事進而套用在自己身上。人的潛意識中具有某程度上的「覺悟」，覺悟兩字如不以佛學角度看待，它的意思是：反省過往過失或是醒悟以往的困惑。故，荀子曾言：「不覺悟，不知苦。」不懂得覺醒之人，並不覺人生是苦。因生活本就滲雜著順逆境，當逆境出現時，我們便感受到苦的到來。

在生活中未能時時刻刻培養一顆智慧，以平靜心看待諸事的人，逆境出現時便容易以各種藉口、理由及邪念（偏頗，不正當）對待反覆無常的人生，尤其是當怨天尤人的負面情緒不斷湧現時，也就是業力（心念產生後的行為）輪迴的開始，而「不安與愧疚」是影響一個人以正面思考看待人生的最大阻力。**斷（阻止）輪迴從何開始？從學習斷邪念開始。**

曾有過墮胎行為的女性朋友，不論是因開放關係下的行為、無意間的流產，或者是在胎兒不健全情況之下所從事的人工流產，當女性朋友遇到身體健康問題以及生活不順利時，在台灣傳統對於「嬰靈」的觀念下，最直接的連想便是嬰靈對於自身負面影響。

尤其是在透過各式各樣宗教力量對於「嬰靈」兩字的包裝，實在很難讓一般人在心性上不受這兩字的影響。假設真有嬰靈的存在，也不能將此觀點套用在每一個女性身上，誠如〈Q17：影響通靈人對於一件事情的看法，主因來自於所通的神嗎？〉的其中一句話：「應該視個案情況給予適合的建議及做法，有些處理的方式是『理論』，但絕非當成『通論』套用在每一個身上。」人的世間是如此變化萬千，遑論是人與靈之間的關係，更難以單論看待發生在人身上的問題。我看過許多人以為解決嬰靈問題便能一帆風順，但事後證明，那只是掩耳盜鈴的做法罷了。生活的不如意是我們看不透事件背後所隱藏的意義，緊抓住逆境的人，反而加強了逆境造成生活的不如意，最終仍舊會被逆境所纏困。

不論墮胎或是意外流產，對於今世無緣的孩子產生一份愧疚感，又不知哪裡有值得信任的人可以處理，你可以進行以下的步驟，或許有助於妳的懺悔：

一、找一個清靜且不會受打擾的地方，電腦房、書房、佛堂、房間皆適宜。

二、準備一張約A5左右大張的黃表紙（空白白紙亦可）。

三、讓心沉靜下來後，觀想一道清涼、舒適的白光包裹住全身。

四、仔細觀想墮胎或流產當時的情況，由心中升起最誠摯地懺悔，懺悔當時所做的行為。

五、在紙上誠懇地寫下對那位無緣小孩的祝福話。EX：
對於你的傷害，我深深地感到愧疚與不安，希望宇宙高靈（或是你所信仰的仙佛），能夠聆聽到我的聲音，依你的業力與福報，引導你到更高層次的靈界修行。如果我們兩人還有緣分為成母子，希望在有生之年有機會能再結此因緣……

六、書寫完畢後，閉上雙眼，心完完全全地沉靜下來。

七、將書寫完後的紙，拿到陽台燒化掉。觀想宇宙高靈引領今世所有不愉快的心結，隨著燒化的火一切消失殆盡。

八、閉眼合掌，感謝宇宙高靈（或是你所信仰的仙佛）的幫忙。任何形式的儀軌均建立在信仰與虔誠心上，由內心真誠地相信它，便能帶給我們最大的幫助。最重要是：一顆虔誠的心念。

註1：對此部經有興趣的朋友，可上「心靈散散步　街角遇宇色」部落格點選《新書訊息》分類搜尋，可觀看到此部經典影片。《長壽滅罪經》中的「陀羅尼咒」，此咒能量，主要是在保護胎中小孩以及改善剛出世身體較不健康的小孩，如有需要的朋友可上網參閱。

六、轉世，是必修還是選修

她給我一種擁有獨特見解與思考邏輯的能量，她帶給我占卜上的收穫，絕對是值得我深思與挑戰。

她今年四十歲，有兩個讀國小的可愛女兒，上個月，一個小生命悄悄地降臨在她的身上，雖然是幸福的降臨，卻打亂了爸媽的生活和步調，她想知道：「這個小生命今生帶著什麼任務和功課，來到人世間。」

新生命帶來的挑戰

我愣了一下子：「這是多麼具有挑戰的學習議題啊。」

涉及穿越過去、現在與未來的時空問題，對我而言是一種挑戰，我必須在一種牌陣和幾張牌之間，貫穿全部的問題並解釋清楚，另外，我為了讓這位媽媽清楚問題的來龍去脈，我徵詢她的同意，將問題換了一種方式處理：除了瞭解小孩來到人世間的任務與功課外，跟這世的爸媽有什麼樣功課要完成。

我首先問她，小孩的爸爸對於新生命有任何想法嗎？她回答：「他非常高興他的到來。」

重新洗牌後，我請她觀想胎兒在腹中的畫面，以左手按住牌面默唸：「孩子，我不知你此生是弟弟或妹妹，我一律稱你為寶貝；寶貝，媽媽非常愛你，媽媽想知道，你即將來到人世間的任務與功課，以及該如何幫助你完成此生的功課。」

「等一下我將依序提到：妳和新生命今生的任務；爸爸和新生命今生的任務；新生命來到人世間的任務。如果我在講牌的過程中，有任何不清楚或與事實不符，歡迎妳隨時打斷或提出建議。」

我將她抽出的牌放在占卜用的黑布上，觀想自己向她肚子裡的新生命說話：「孩子啊，請相信我，請回答我你媽媽的困惑，這都是為了幫助你媽媽和你所做的。」我靜下心來，端視她抽的每一張牌。

「新生命的誕生，所帶給妳的是學習與挑戰，以及全新的生活體驗；也就是說，他將顛覆妳舊有的思想觀念，但這是好現象。這張牌的另一種潛在涵義是勝利；雖然你們會產生口角與衝突，但他選擇妳成為他的母親，是為了彼此能夠以母子的關係成長與學習。

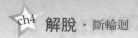

妳的個性較內斂，你通常先思考再表達想法，面對衝突也是如此，所以最適合當他的母親。」從她身上，我感受到的是衝動與勇於表達的性格，雖然現在的她予人沈穩與平靜，但這是她這幾年的改變。後來，經她證實，她以前的個性的確與現在不同。

我笑說：「哇，新生命還的時機還真妙，如果是遇到之前的妳，他可能要過苦日子了。」

她說：「我相信新生命將帶給我新的學習。」

「再來談談新生命的爸爸，雖然他表面看來似乎沒壓力，但他內心非常矛盾，因為他還沒找到平衡點。」

媽媽不禁笑了：「是啊，孩子出世，經濟上總會多一筆支出，他是為了這點在傷腦筋吧。」

「還有啊，每次發生不愉快的事時，他總是能以輕鬆的口吻來和妳商討，所以，你們兩人的結合也是非常奇妙。」

「孩子的教育主導權，大多由妳操控；而這孩子的到來，是要讓這爸爸學習如何下決定。對妳老公而言，這可不是一件容易的事。」

生命的七個印記

至於小孩今生的功課：「相較於妳和孩子今生的功課，妳的角色像是他的精神引導者。妳相信印記嗎？」

媽媽感到疑惑：「我不太清楚耶，可以請你講解什麼是印記嗎？」

我開始解說：「東方的說法是指遺傳，西方的說法則是指能量相吸，一個靈體來到這世界之前，會選擇最適合自己的父母，一定有先天的磁場、態度以及觀念，與對方是相同的，而在印加地區所講就是印記，印記是一種在我們身上外圍的能量磁場，身上的脈輪共有七個，但人在往生之後，前七脈輪會隨著肉體的消失而不見，印記卻會因輪迴而生生世世伴著我們，很巧地是，印記正好也是七個。」她點頭示意。

「如果妳不相信，我可以做個實驗，從代表妳孩子的牌面，分析你老公的個性：他很顧家且勤勞，而且擁有某方面的專業性技能；健康方面，他的腰和下半身似乎有較多的毛病，他應該是久坐辦公室的上班族。」後來她說，老公是工程師，雖然要常坐在辦公室內，但也要常跑外面，而他的腰和下半身確實較容易出問題。

我笑笑表示：「這就是印記，代表了這個孩子傳承了妳老公的個性和工作態度，他享有充裕的物質生活，但內心卻很空虛，關於這部分，妳必須花心思教導他。」她開始將重點抄在筆記本上。

我繼續分析：「除了選擇這一世的父母親，每個來到世間的小孩，還會選擇可以讓他成長和學習的環境，但不要忘了：所有的成長都是經過苦難後的結果，唯有苦難才有美好的靈性成長。孩子與這世的父母，雙方都有必須完成的功課，有可能僅有一方必須完成功課，這牌上來看，很明顯地，功課著重在妳和孩子之間較多。而且這個孩子和妳老公的個性如此相近，如果是夫妻，就要忍讓妳，唯有關係變成母子，妳才會產生更大的包容性，才能改善妳的缺點，進而成長。」

靈性成長運作法則─親子間皆存有共同修習心性的因緣

每一個孩子來到人世間都是最完美的，有些帶著較多的任務，例如要和許多的人結善緣，或者是要學習更多的人生體驗；但有些人的學習較晚起步，也許是本身在累世前，已修得許多學習，所以這一世所要學的相對較少。無論如何，我們要對每一位來到人世間的

寶貝，視為帶給我們今生更多學習的天使，他們非常的偉大，願意來到人間與我們相處，同樣地，我們也非常偉大，要學習用父母的角色來包容他們，並從中去學得更多的真諦。

在《曠野的聲音》一書中，作者與澳洲原住民相處的過程中體悟到關於小孩的靈性成長功課：「我覺得，他們如祈禱——如同我們向上帝禱告——必定是為了沒人疼愛的小孩，而不是為了已經流掉的胎兒。所有選擇前來人世走一遭的靈魂，都應該受到這樣的尊重，如果不能在這一世中經由現在的父母得到，也應該在另一世中獲得。部族長老私下告訴我，某些部落盛行濫交（作者註：當今社會不也是如此！），對誕生的嬰兒漠不關心，實在是人類最落伍的行為。他們這個部落認為，當胎兒開始活動，告知世人它的存在時，靈魂就已經進入它體內。」

一次早晨打開信箱，收到一封陌生的email：

「Hi，記得之前曾和您當面請教過我的婚姻問題，那時候提到如果離婚小孩給夫家會影響他很大，如今我又迫切面臨這樣的局面，我想問的是，如果小孩我帶在身邊呢？這樣離婚會不會對我們都好？」

打開這封e-mail，對於這位來信朋友陌生中又帶著一點熟悉感，是因為信中一句「**離婚小孩給夫家會影響他很大**」，勾起我過往占卜的回憶，但不管我如何去翻讀一本本記憶黑盒子，對於這位媽媽長相和當初問題還是不復記憶，僅依稀記得小孩與離婚這檔事，整件事情來龍去脈卻非常模糊。記憶的盒子好像就是如此，常常在當下看似最重要的事情，但還是經不起時間沖釋而逐漸淡忘……

當下我沒有選擇回覆，隔了幾日，她又補上了另一個問題「這兩天小孩突然發高燒，今天帶去醫院做了檢查卻查不出病因，急著想請您幫我也看看怎麼回事。」小孩發燒問題突然佔據了我整個腦袋，對於離婚一事我反而沒有太大感覺，倒不是離婚之議題我不在意，而是小孩帶給我的感受較為直接與強烈。

當時因忙於其它先預測的線上占卜及教學瑣事，她的來信遲遲沒有時間回覆，但小孩的問題仍不斷地盤旋在我的腦海中。

我為她線上占卜的結果，從牌上來看，可以大約知道，造成小朋友身體不適的主因是出在於「內在意識透過身體尋找更高層次的成長」，而要解決問題的方法則是須有一個穩定、安全的心靈成長。看著牌我思考好久，這樣的問題好空洞，就好像一顆在水上漂浮

的大樹一樣，少了一種穩重的著力點，再以守護靈溝通卡輔以占卜，抽出來的牌意內容仍無法使我信服及接受，是哪一個環節出了問題？還是我沒有問詳細？小朋友發燒查不出病因，如果不是沖剎就是犯關？不然就是被驚嚇到，但牌上並無顯現太多關於無形方面的問題。我向祂們請益，關於小孩健康方面的問題，信息是告知：「**小孩靈性尚不穩定，最好暫時不要常出入大廟或人多之處**。」第一個訊息先閃過，但這段內容仍不足以解釋小朋友莫名發燒的原因。再閉眼才逐漸地明朗化，前面的沉靜好像是在儲存問題的來龍去脈一樣，一股腦地訊息全部浮現了出來。「小朋友是婚前受孕，而他的到來則是促進他們兩人結婚的主因，如果沒有受孕，其實此段婚姻是有可能沒有結果，而小朋友的出現是讓他們兩人有共修的因緣……」婚前受孕是我當時並未知情，為求謹慎，我至信詢問關於小孩之事。她告訴我，確實是在結婚之前就受孕。

正要回覆她信件時，一位具有敏感體質又是走靈修的朋友剛好msn上線，我將此事情分享予她。她告訴我，她覺得這小朋友身體不適與家長不和息息相關，**小朋友的靈識透過肉體反射出對於父母關係的不滿，希望藉由肉體吸引家長關心、照顧，而化解父母之間的衝突。**

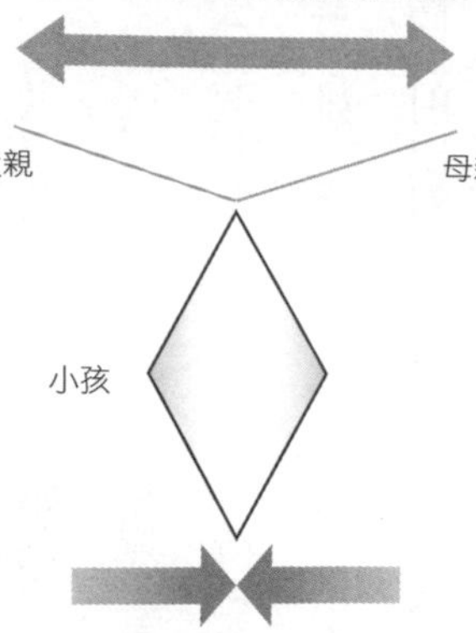
種種因素，導致兩人關係漸行漸遠
父親
母親

因小孩健康問題，促使兩人同心照顧小孩，也因此有機會讓兩人關係有了更多交集

我告訴她，在剛才接訊息時，可以明顯地感受到小朋友元神能量，我將祂們給予的訊息內容告訴她：「小朋友元神的意念投射於肉體，反射出對爸媽婚姻狀況的不滿，換言之，因肉體的狀況引起家長注意，讓夫妻之間暫時不再爭吵，希望家長能因此修復夫妻之間的感情，雖然小朋友雖然才兩歲，但他的靈識已經非常明顯，靈識與後天靈初期並無絕對關係，小朋友目前狀況是屬於內向，但先天靈卻已經非常的聰穎，祂能觀察到家長、家庭之間的情況，而小朋友當時的出世，其實是要促成他們兩人的結合。」祂們將我的雙手拉開，表示夫妻的距離，越離越遠，而中間出現一顆沈重的鐵錘，鐵錘沈重地的壓力促使兩邊的手聚集在一起（分手的導火線來自於丈夫外遇）。

「原本應是沒有交集的兩人，因重錘的出現（小朋友），將兩人關係完全地緊密在一起，如果當時小朋友沒有出現，這兩個人其實是不太會結婚，所以小朋友的出世是要讓他們兩人共修夫妻之緣，可見這段婚姻有許多問題及功課要去磨合。」

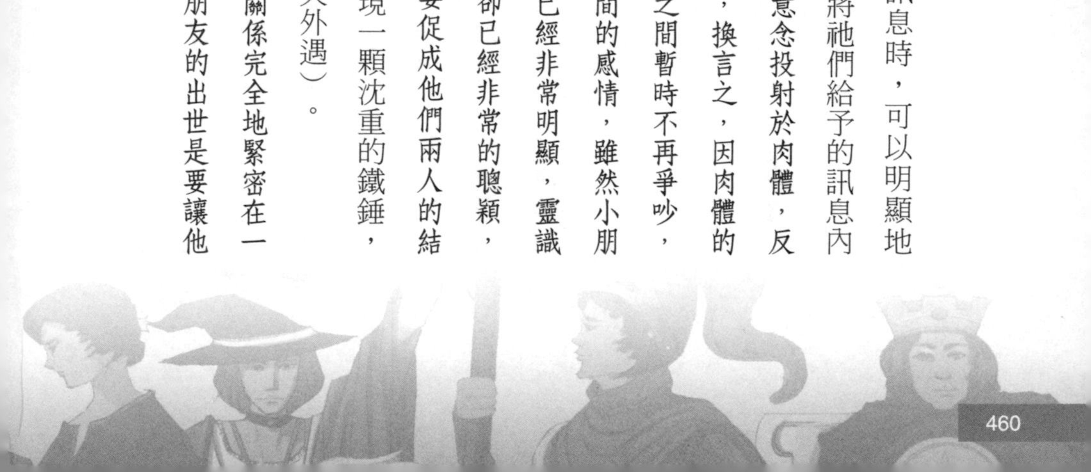

「小朋友在去年應有發生過似乎今年的狀況，莫名地身體不適，這也是小朋友先天靈內在投射於肉體的狀況，希望藉此吸引父母的注意而化解兩人之間的不和，這個小朋友非常的聰穎，但目前因受於環境影響顯得內向與不安，這是父母要自我改善之處。」

朋友聽到我如此解釋，恍然大悟地說：「難怪我剛才有一種想要哭泣的感覺，原來小朋友所傳遞過來的能量。」她告訴我：「最好夫妻不要離婚，如真要離婚或許跟媽媽是比較好。」朋友的一句話才讓我想起來，個案中的女性朋友找我占卜時，對於離婚後小孩歸屬問題該如何處理，占卜結果顯示小朋友如果在夫家，對於身心靈上發展幫助性不大，以現在的時間回推當時小朋友的年紀大約是一歲或不到一歲，那時諮商內容大部分是夫妻之間相處為討論重點，對於小朋友部分反而沒有探討太多，事隔許久，學員相同的看法反而又再次點醒我小朋友的問題應更甚於大人。誠如朋友：**小孩是無辜的，為何要承受大人的負面能量。**

看似簡單的問題，背後隱藏著許多值得探討與思考空間。

事後她來信告訴我：「謝謝你的來信，小朋友的確是婚前就懷上的，關於你告訴我的這些狀況，其實我自己直覺也是如此，只是沒想到小朋友對陌生人剛開始會有的害羞防水的任務是什麼？

它會被改變嗎？

何種物質會改變它的本質？

它是如何產生？當你看到它時，它已經經過多少路程？是不是很複雜的思考……如果連眼前的水都存在這麼多複雜難解的「道理」，人與人之間的因因果果，又如何能看透、悟透呢？修行的道途便是人生的旅程，在人生旅程中充滿了值得深思與學習的地方。以不同的角度看待親子關係，或許，人生就會有更多想像不到的成長。

◎塔羅牌的生命輪迴—占卜是一種與人溝通的工具

有人曾問我，塔羅牌對於我的意義？我不假思索回答：「與人溝通的工具。」暫不去討論塔羅牌占卜的準確度如何，更無需賦予它任何超現實與神祕的色彩，它就只是一個人與人之間溝通的橋樑，如真要探討它的準確度，倒不如換一個角度思考：**在占卜過程中，占卜師所傳遞的信息是否有助於個案心靈上的提升**。占卜師不是心理醫生，絕無法取代正

統醫療的角色，但他與問卜者之間，卻多了一層信任關係，就如同這篇故事，當問卜者尋問尚未發生的事情時，占卜師的角色以引導正面思考的方式占卜，而與個案的互動與討論的過程，取決於占卜師的價值觀與生活體驗。

一個具正信的命理師、占卜師，不應該放大命理工具而忽略了人與人之間的溝通，命理工具僅是預測未來的參考依據，真正的問題核心來自於人們的心性，同樣，一個命理工作者如果沉溺於工具中，便會遺漏掉「訊息」有時不在工具中，反而應該在個案身上尋找。在我個人占卜經驗中，亦會遇到無法解讀的牌面，便會自責是本身的功力不精所致，後來，有一次祂們告訴我，因我缺乏慈悲心與同理心時，便看不到牌面更深層所要透露的信息，我應要反過來從個案身上得到天啟。有了祂們所給予的提醒，從那一天起，我開始專注於「傾聽的藝術」。而不再將占卜侷限在我講他聽，而是建立在良性互動溝通上。傾聽過程中，不僅是個案說我在聽，而是以全然開放的覺知面對個案。

一行禪師在他的著作《佛陀之心：一行禪師的佛法講堂》中提到，關於傾聽與佛法之間的智慧：

正念地傾聽，重啟溝通

深入傾聽是正語的根基，倘若我們不能以正念傾聽，就無法修習正語，不論說什麼都不會是正念分明的，因為我們說的只是自己的想法，而非針對對方的回應。《法華經》勸人以慈眼見、聞，慈心傾聽則可療傷止痛，當有人如此傾聽我們說話時，我們馬上就會感到幾分寬慰。好的心理治療師總是不停練習深入、慈悲地傾聽，我們也要學習如此做，才能治好自己所愛的人，重建與他們的溝通管道。……觀音菩薩就是傾聽世間哀嚎的人，她具有深入傾聽而不加以評斷或反應的特質。當我們全心全意地傾聽時，很可能就拆除了一堆炸彈；倘若對方覺得我們批評他或她所說的話，他們的痛苦就得不到紓解。當心理治療師正確傾聽時，患者便有勇氣說出以前一直無法對任何人開口的事。深入傾聽會讓說話者和傾聽者雙方都得到滋養。……因此，若你真的愛某個人，就訓練自己成為一個善於傾聽的人，成為心理治療師吧！

學習觀音菩薩，慈悲地傾聽

佛教徒經常會談到觀音菩薩，那是個具有非凡能力的人，可以慈悲且真誠投入地傾聽。「觀音」代表的是能傾聽且瞭解世間音聲（即眾生在苦中哀嚎）的人，心理治療師努力如此修習，他們滿懷慈悲，靜靜地坐著聽你說話，不評斷、不批評、不譴責也不做價值判斷，只是單純地為了幫助你減輕痛苦。當心理治療師能如此聽你說話一小時，你就會感覺好過多了。而，心理治療師必須修習才能永遠保有慈悲、專注和深入傾聽的能力，否則他們傾聽的品質會相當低劣，聽了一小時後，你也不會覺得有任何改善。我們要修習正念地呼吸，這樣慈悲才能在心中長存。「我正在傾聽他講話，不僅因我想知道他心裡想什麼，或想給他忠告，更是因為我想減輕他的痛苦。」這就稱為慈悲的傾聽，在整個傾聽過程中要心懷慈悲，以此方式傾聽就是傾聽的藝術。

傾聽能量相當奇妙與感性，當我專注於傾聽個案，述說著生活中種種不愉事情時，常常會發生因專注而產生彼此在能量上的共鳴。傾聽會像是一道彩虹流入個案的內心世界，不斷地清除個案心中的負面情緒，你會看到那股能量從心中不斷地流洩出來，你完完全全不會因負面情緒而產生任何的不適，我從未因占卜時間過長而感到精神不適，除非是肉體本身的疲倦，在這過程中，因為全然的開放心而得到更多正面的能量，也正在洗滌我們身上的負能量，占卜師與個案正處於相同的共振頻率中。

一顆開放的心，以及對於每一個個案抱以感恩的心，是任何一位命理工作者應該有的基本態度。

Q20：不可不知的祕密—該如何瞭解今世的轉世原因？真的有必要知道嗎？又該如何像你一樣知道知道今世的學習功課？

轉世原因存在生活中　等待我們的體悟

對於一個靈修人而言，啟靈並不等於能夠馬上知道今世以及過去世的一切，主因來自於缺少了自我探求的心，以及真正地達到「明心見性」的修心。探尋過去世的種種，是一趟永無止盡的旅程，有時答案並不在終點站，而是在追求靈性成長的過程，稍微地不留心便會在急瞬間消失。

我在一次靈修自我修練中，無意中地開啟了轉世的源頭，那一刻，就像是《阿凡達》的電影情節，人類的意識注入到納美族的身體，今世與過去世在瞬間時空交遞。即刻間，完完全全地瞭解了轉世的原因。（《我在人間與靈界對話II》中將有詳細地說明）

從我的親身經歷以及為許多個案探尋的今世學習功課時，我有一個深深的體悟：不論轉世的起因是一件事情，或者在靈界與其它「人」的愛恨情仇，以上的種種早已幻化成今世的人、事、物。不管如何，都是要我們學習藉「外境磨練今世尚不圓滿的心性」。

在現實的生活中，不論前世的角色扮演如何，它都只是「轉世原因」所幻化出來的一部分，仔細分析探究你會發現，「今世是前世翻版，前世又是前前世的延續」，是貴族、國王、乞丐、富人、男人、女人……皆是一個色身罷了，未能看透人生及反省的人，轉世便只是以不同角色重演相同戲碼罷了。我們應是要去反省「心念」是如何來面對今世發生在生命中的每一刻，才能夠止息承接每一世新的業力。

「自性‧覺醒靈動」是我在教導啟靈的朋友，如何以開放的角度看待靈修的課程，在課程中，我送給每一個學員一份禮物：**今生轉世的任務與原因**。每一個人來到人世間，大部分都是夾雜著許多原因而來，暫撇除天命與天職之說，就我在許多學員身上以及個案中所觀察到，大多數的人都是因需要調整內在缺點而來到今世，說穿了，**這些缺點皆存在我們生活當中，只是我們不想或不願去面對它罷了。**

有一句話是這麼說的：看見自己很簡單，但願意並坦然接受自己的缺點很難。

人們內在的心性就像一顆爛掉的蘋果，為了「保護」這顆爛掉的蘋果，我們不斷地在這顆爛蘋果上面塗上許多美味又好看的糖衣。上許多身心靈成長課程、看書、外表裝飾、用美言來包裝自己的缺點……假使不願意真正面對自己，就算糖衣包裹再多層再華麗。只是加速了蘋果爛掉的速度罷了。靈修是一門非常奧妙的修行，母娘圓盤說、未法時期說、會五母五公、書天文赦因果等等……這都是只是外在的形式，一個不願真誠面對自己的人，一顆外求的心只是讓自己蒙蔽在其中而已。

修行不是在爛蘋果上面塗上糖衣，反而是像剝洋蔥一樣，一層又一層地向內在掘開。修行的難處不在於追求外在的儀式，或是漫無目的地花費鉅資，報名一堂又一堂昂貴的課程，捫心自問，我們上完靈性課程後，是否真正以一顆大無畏的心來面對自己的一切。「見性成佛」，我對佛法認識不深，但我相信，一個真正懂得自己、願意接納自己的，總是有一天能夠學習到如何不受外境影響，跳脫生活紅塵的紛紛擾擾，尋求到一顆平靜的心。

「靈修．覺醒旅程」中有個學員，在今世有三個原因阻礙著靈性成長，而這三個原因，會造成他今世常常心有所想卻力不從心——承接祖先習性、元神轉世心性與元神圓滿性（礙於隱私，保留細節）。轉世之說最好的印證就是反思生活。顯現在生活上的一切便是轉世的果，而從果去反推就能多少瞭解到轉世的因。因果之說雖然摸不得也看不到，保持一顆平靜心卻能參透因果脈絡。

我要他去反思我所言的三個原因，是否確切地存在他生活當中。他沒有否認我的看法，僅問我，為什麼他要承受祖先業。針對這問題我沒有回覆他，僅反問他，家中兄弟姐妹中是否只有他對於家族的牽絆甚深。他告訴我，假使願意他會放下。我笑笑地告訴他：很難。假使「心」真的放得下，今日的你便不會是如此。

他問我該如何去改善？我送他一句話：**不要去想業力之說，不要去想鬼神之論，一切從生活中做起，既然轉世當人，就要有「人」的當擔，每天想鬼神之事無助於成長，從生活中立訂一個目標，努力去完成它。而不要用許多藉口與理由來說服自己與他人「做不到」。一個男人在事業上、生活上充斥藉口與理由，一輩子很難會有成就。**

走在人世間遇到逆境時，與其花費時間瞭解轉世的原因，倒不如反省自己的心念是如何看待人性，不瞭解自己的人又如何創造新的人生格局！有人曾問我，為什麼有些走靈修的人（泛指一切的修行），反而越走生活越不順遂。我個人看法是，**帶著一顆外求的心來接觸靈修，只是讓我們離「心」越來越遠。乞求祂們帶給我們幸運與財運，我們是希望融入靈修的境界？還是希望靈修來滿足自己的私慾？想一想！靈修應該是，帶著一顆內求的**

心來接觸靈修，藉由靈修上的體悟與修正，漸漸地便能改變了生活上的習性，進而創造新的不同人生格局。

該如何瞭解轉世的原因？每天在入睡前的半刻時間，以旁觀者角度，平靜地思索今日、昨日、前日、上週、上月、去年困惑你的事情，Ex：感情、工作、財務等，重新地審視同一類型事件背後的核心價值，反覆地思索、觀察，訓練一顆明察秋毫的心，以全然的「大我」觀一切的事物，有一天，你會發現，轉世原因其實就在事情背後。

國家圖書館出版品預行編目資料

當東方通靈人遇到西方塔羅牌占卜師／李振瑋著.
－－第一版－－ 臺北市： 宇河文化 出版；
紅螞蟻圖書發行， 2011.6
面　　公分－－(零度空間；4)
ISBN 978-957-659-847-0（平裝）

1.占卜

292.96　　100009108

零度空間 04

當東方通靈人遇到西方塔羅牌占卜師

作　　者／李振瑋
美術構成／ Chris' office
校　　對／楊安妮、朱慧蒨、李振瑋
發 行 人／賴秀珍
榮譽總監／張錦基
總 編 輯／何南輝
出　　版／ 宇河文化出版有限公司
發　　行／紅螞蟻圖書有限公司
地　　址／台北市內湖區舊宗路二段121巷28號4F
網　　站／ www.e-redant.com
郵撥帳號／1604621-1　紅螞蟻圖書有限公司
電　　話／(02)2795-3656（代表號）
傳　　眞／(02)2795-4100
登 記 證／局版北市業字第1446號
港澳總經銷／和平圖書有限公司
地　　址／香港柴灣嘉業街12號百樂門大廈17F
電　　話／(852)2804-6687
法律顧問／許晏賓律師
印 刷 廠／鴻運彩色印刷有限公司
出版日期／2011年 6 月　第一版第一刷

定價 360 元　港幣 120 元

ISBN 978-957-659-847-0　　Printed in Taiwan